양지회관의 소년 세계로 향하다

양지회관의 소년 세계로 향하다
끝없이 도전하는 사람은 길을 잃지 않는다

임상천 지음

좋은땅

프롤로그

　그 옛날, 양지회관에서 꿈을 키우던 신문배달 소년이었던 나는 어느덧 64세가 되어 은퇴를 결심하게 되었다. 한국을 시작으로 중국, 미국, 그리고 중동에 이르기까지, 나는 대륙을 넘나들며 40여 년간 치열하게 경제 활동을 펼쳐 왔다.

　나의 커리어는 대우그룹에서 시작되었다. 대우의 사가(社歌)에 담긴 뜻처럼, 나는 대륙과 대륙을 넘으며 세상을 내 집 삼아 도전과 희생, 창조의 정신으로 살아왔다. 그 긴 여정 속에서 수없이 많은 고비를 마주했지만, 초라하고 지친 나를 일으켜 세운 것은 언제나 하나님의 은혜였다. 그 은혜 덕분에 나는 비굴하지 않고, 당당하게, 그리고 보람 있는 인생을 걸어올 수 있었다고 자부한다.

　오랜 시간, 나는 언젠가 귀인이 나타나 나를 구해 줄 것이라 믿었다. 그리고 그날을 기다려 왔다. 그러나 최근에야 비로소 깨달았다. 내 인생의 진정한 귀인은 다름 아닌 바로 '나 자신'이었다는 것을.

　그 깨달음 끝에 나는 붙잡는 손을 뿌리치고 남을 위해 헌신하는 삶을 살기 위해 스스로 조기 은퇴를 선택했다. 이제는 내 인생의 마지막 장을 준비하며, 다음 세대를 위한 역할을 고민하게 되었다. 젊은 시절 방황하던 나처럼, 지금도 꿈과 현실 속에 갈등하는 젊은이들을 보며, 그들의 앞길에 작은 등불 하나라도 밝혀 주고 싶은 마음이 커졌다. 이 회고록은 바로 그 화두를 던지기 위한, 나의 첫 번째 작은 선물이다.

이 책은 도전 없이는 결코 겪을 수 없었던 수많은 시련과 고민, 그리고 그것을 헤쳐 나가기 위해 내가 쏟아 부은 열정과 노력을 기록한 것이다. 나라별, 사건별로 정리된 나의 경험이 지금을 살아가는 젊은이들에게 실질적인 참고가 되기를 바란다. 나의 이야기가 그들에게 영감과 지혜가 되어, 각자의 길을 찾는 데 조금이라도 도움이 되기를 진심으로 소망한다.

이제 나는, 나의 지난 여정을 돌아보며 그 속에서 얻은 교훈과 감사를 담아 이 책을 남긴다. 이 책이 젊은이들이 꿈을 향해 나아가는 길에 작지만 든든한 등불이 되기를 바라며, 지금 이 순간, 나의 인생을 기록할 수 있음에 깊은 감사를 느낀다.

마지막으로, 91년 인생을 가족을 위해 희생을 하시며 든든한 버팀목이 되어 주신 어머님 홍경희 여사님께, 그리고 34년간 변함없는 믿음으로 제 곁을 지켜 준 아내 김영화 님께 이 글을 바친다.

임 상 천

목 차

프롤로그 • 4

1장 양지회관에서의 꿈, 그 뿌리의 시간

달빛 아래 처음 느낀 행복	• 12
반짝이는 꿈, 붉은 흙길 위의 현실	• 13
없는 것에 익숙했던 시절, 그러나 잃지 않았던 것들	• 15
양지회관에서 시작된 나의 꿈	• 23
신문배달 소년의 새벽, 책임감이 자라는 시간	• 24
자유와 책임 사이, 경기상고 시절	• 32
처음 겪은 좌절과 절망의 치유	• 38
대우실업의 선택, 그리고 처음 본 세상	• 43
쪼개진 가정, 그리고 쪽방에서 얻은 따뜻함	• 50
기회와 현실 사이, 그리고 내 첫 번째 결단	• 52
가지 않은 길, 재수생이 되다	• 58
격동의 해, 대학에서 운명을 마주하다	• 65
ROTC에서 배운 삶의 자세	• 67
마음을 다스리지 못하면 평화가 없다	• 73
스스로를 칭찬하며 작은 성취를 이뤄낸 시간	• 75

2장 도전, 희생, 창조를 통한 배움과 성장의 시간

보병 학교 입교와 최승균 소위, 그리고 사필귀정	· 82
철책선 소대장, 사격장과 우물장에서 얻은 것들	· 86
수해와 무너진 철책선, 지뢰지대에서의 결단	· 95
다른 중대로의 전출과 소대 운동회	· 97
주삼신(酒三神)	· 102
13명의 무장탈영	· 104
세 번째 보직 변경과 안수태의 선택	· 107
대우와 현대 사이, 나는 미래를 선택했다	· 111
진정한 보스, 박성훈 차장	· 116
반짝인 성과, 반쪽의 무게	· 119
무역 대학원 진학과 해외근무의 열망	· 127
리비아에서 시작된 두 번째 군 생활	· 130
돌관 작업과 현장의 분노	· 134
동독회사 VUKO와의 계약과 미수금 회수	· 138
트리폴리 스포츠센터 미수금 회수	· 142
트리폴리 메인 스타디움의 사고와 대처	· 147
흙으로 맺은 우정, 모래보다 단단했다	· 150
아스팔트 콘크리트 공장과 권총 협박	· 157
10년 만의 휴가, 돌아오지 못한 길	· 159
건설을 떠나, 세계경영의 첨병이 되다	· 161
허공으로 날아간 나의 첫 사업	· 166
베이징 루프트한자 센터, 나의 사관학교	· 169
중국을 향한 용기와 열정	· 174
그날, 나는 아빠였고 회사원이었다	· 181

임대계약으로 떠난 15개월의 북경 생활	• 184
성공보다 아쉬움이 길게 남은 연변대우호텔의 투자	• 189
계림은 품었고, 서안은 내려놨다	• 193
중국통으로의 성장과 삶의 축복	• 197
산동성(山東省) 제남(济南)의 골프장 사업	• 200
결단의 문 앞에서, 다시 길을 묻다	• 203
북경과기대학(北京科技大學)에서 1년간의 중국어 연수	• 208
소통의 열쇠, 중국어로 얻은 신뢰	• 212
3년의 숙제, 10개월의 정리	• 214
유태인 보스의 신뢰와 인정	• 219
골프 광풍이 몰아치다	• 222
황당한 요구와 우리 기업의 의전 문화	• 224
팽창의 끝과 IMF 사태 발생	• 226
계림 쉐라톤 호텔의 사장이 되다	• 228
생존을 위한 처절한 투쟁과 끝없는 개혁	• 231
나는 럭키보이, 만화 같은 기적을 이루다	• 243
대우그룹의 해체, 나의 새로운 도전	• 252
가족의 행복과 나의 꿈 사이에서의 갈림길	• 255

3장 급변하는 세계경제 속에 대륙을 넘나드는 거침없는 도전

론스타 코리아에서의 새로운 출발	• 260
사라질 뻔한 공장, 되살린 희망	• 263
강남파이낸스센터 인수, 협상의 마무리 그리고 묘한 기분	• 265
론스타는 '을' 당신은 '갑'	• 272

믿음과 결단 사이, 스스로 길을 선택한 순간 · 276
작은 시작, 큰 기대, 그리고 험난한 현실 · 278
다시 돌아온 대우, 그리고 다시 중국으로 · 280
중국 부동산 열풍, 성공을 위한 발판을 놓다 · 282
신안빌딩(訊安大廈)에서의 좌절과 다시 만난 기회 · 287
미국으로, 그러나 리만브라더스의 파산 · 292
아랍의 기업문화와 철마는 달리고 싶다! · 294
다시 시작된 도전, 잃어버린 신뢰 · 302
안일하게 쉬운 길을 선택한 대가는 혹독했다 · 308
후배와의 동행, 신뢰의 끝에서 멈춘 발걸음 · 311
더 이상 내 운명을 남의 손에 맡기지 말자 · 314
운명처럼 다가온 미국 사업 · 318
전장으로 떠나는 장수의 심정으로 미국땅을 밟다 · 322
태극기 아래 쓴 미국 성공기 · 325
아메리칸 드림의 문을 열다 · 347
마진 회장과의 만남 · 349
가자 두바이로, 마지막 도전을 위하여… · 354
과감한 구조조정과 속도경영 · 359
고 선배의 암투병과 코로나19 팬데믹 · 368
멈춰진 세상 속에 도약하는 할로우 그룹 · 372
인생무상, 그리고 나의 Final Mile을 위하여 · 374

에필로그 · 380

1장

양지회관에서의 꿈, 그 뿌리의 시간

달빛 아래 처음 느낀 행복

내 인생에서 처음으로 진정한 행복을 맛보았던 그 순간은, 고향 경기도 영북면 운천의 어느 추석날이었다. 초등학교에 들어가기 전이니 아마 1965년이나 1966년 가을쯤이었던 것 같다. 어머니의 따뜻한 손을 잡고 동네에서 가장 높다는 '백두산'에 올라 휘영청 밝은 추석 보름달을 바라보며 소원을 빌었던 그 시간은 지금도 생생하다.

칠흑 같은 밤하늘을 환하게 비추던 맑고 순수한 보름달, 그리고 우리나라의 모든 산을 '백두산'이라 부르던 어린 시절의 순진함과 따스함이 지금도 가슴속에 고스란히 남아 있다. 그 순간의 평화와 행복은 여전히 내 마음 한편을 따뜻하게 감싸고 있다.

어머니의 손에 이끌려 시키는 대로 따라하며 "달님! 달님! 내 소원 들어주세요!"라고 외치고, 부모님 말씀을 잘 듣고 공부도 잘하는 착한 어린이가 되게 해달라고 빌었던 기억이 난다. 그렇게 순진무구한 마음으로 달님에게 소원을 빌던 그 순간, 내 마음도 추석 보름달처럼 밝게 빛났다.

60여 년 세월을 돌아보니, 그때가 어린 시절 어머니가 일을 하지 않고 온전히 내 곁에 계셨던 유일한 시간이 아니었나 싶다. 그래서인지 그때의 기억은 세월이 흘러도 변치 않는 소중한 추억으로 남아, 여전히 내 삶의 밑바탕을 이루고 오늘을 살아가는 데에도 따뜻한 위로가 되어 준다.

반짝이는 꿈, 붉은 흙길 위의 현실

1967년, 초등학교 1학년 여름방학이 끝나갈 무렵이었다. 온 가족이 서울로 이사를 간다는 소식을 들었을 때, 말로만 듣던 서울에서 살게 된다는 생각에 어린 마음은 한껏 들떴다. 동네 형들과 아이들에게 우리가 서울로 간다는 자랑을 쉴 새 없이 되풀이했던 기억이 아직도 선명하다. 운천의 작은 마을을 감싸며 흐르는 한탄강에서 동네 아이들과 맨발로 뛰어놀던 따스했던 여름날들을 뒤로하고, 우리 가족은 그렇게 서울로 이사를 하게 되었다.

하지만 그토록 동경했던 서울의 첫인상은 생각과는 사뭇 달랐다. 도봉동의 성황당이라는 버스 정류장에서 내리는 순간, 어린 눈에도 내가 자란 운천보다 더 낙후된 풍경이 펼쳐졌다. 주변 환경이 영 마음에 들지 않아, 어린 마음속에는 '뭔가 잘못됐다'는 생각이 스쳤다.

그곳은 지금도 성황당이라 불리는 버스 정류장이었지만, 당시에는 좁은 소롯길 옆에 커다랗고 오래된 서낭당 느티나무가 우뚝 서 있었다. 나뭇가지마다 오방색 천들이 주렁주렁 매달려 있었고, 그 아래에는 누군가 바친 듯한 음식과 해어진 짚신들이 여기저기 널브러져 있었다. 그 기이한 풍경은 어린 나에게 무척 으스스하고 무섭게 느껴졌는데, 그때의 느낌은 지금도 생생히 기억난다.

성황당 역에서 내려 집을 찾아가는 길은 서울과 의정부를 연결하는 신작로 공사로 인해 온통 흙먼지로 뒤덮여 있었다. 갈기갈기 파헤쳐진 시뻘건 흙길은 끝없이 펼쳐진 논밭과 어우러져 마치 미완성의 풍경화를 연상시켰다. 붉은 흙길을 지나 좁다란 논둑길을 한참 걷다 보니, 마치 하모니카의 금속판이 빼곡히 배열된 듯한 판자촌이 나타났다. 요즘 탈북민들이 회상하는 '하모니카 집'이 바로 이런 모습이 아니었을까 싶었다.

슬레이트 지붕 아래 창문 하나 없는 단칸방과 부엌, 그것이 전부인 공간에서 나의 서울 생활은 시작되었다. 하지만 그곳에서 나를 기다리고 있던 것은 밤마다 천장을 달리던 쥐들의 발소리와, 그들이 남긴 검붉은 오줌 자국들이었다. 어린 마음에도 이 낯선 풍경은 의문으로 다가왔다.

'이게 정말 서울인가?'

열두 가구가 양옆으로 빼곡히 늘어선 하모니카 같은 주거 공간은 각 집마다 아궁이 하나가 전부였다. 창문은커녕 고작 다섯 평 남짓한 공간을 여러 가구가 이어 쓰다 보니, 쥐들은 마치 자기 세상인 양 종횡무진했다. 모두가 똑같은 가난을 안고 살아가던 이 동네에서 나의 유년은 예상과는 전혀 다른 방식으로 시작되고 있었다.

어린 시절 상상 속의 서울은 반짝이는 불빛으로 가득한 도시였다. 하지만 현실은 오히려 고향보다 더 초라한 풍경이었다. 그럼에도 이 좁고 어두운 판자집은 이후 펼쳐질 나의 삶이 뿌리내릴 첫 흙이 되어 주었다. 비록 가난했지만, 그곳에서 본 모든 것들은 오히려 세상을 바라보는 새로운 눈을 뜨게 해 주었다.

없는 것에 익숙했던 시절, 그러나 잃지 않았던 것들

그때는 대부분의 집에서 3~4명의 아이들에 때로는 조부모님까지 함께 살고 있어, 여름이면 집안이 찜통처럼 더워질 수밖에 없었다. 많은 사람들이 더위를 피해 동일천 뚝방으로 나와 잠을 청했다. 강

바닷의 모래톱에서는 쑥을 태워 모기를 쫓으며 잠드는 사람들이 많았고, 마을 전체가 하나의 커다란 열린 침실 같았다.

하지만 지금도 생생히 기억나는 것은 100가구마다 하나씩 있던 공중변소다. 나무로 지어진 그곳에는 남녀 구분 없는 여섯 개의 푸세식 변기가 줄지어 있었고, 아침이면 그 앞에 긴 줄이 늘어서곤 했다. 인내심이 부족한 사람들, 이미 한계를 넘어선 사람들 사이에서 다툼이 벌어지는 건 흔한 광경이었다.

그러나 진정한 시련은 여름이 찾아올 때였다. 찌는 듯한 더위 속에서 피어오르는 악취는 물론, 하얗게 우글거리는 구더기들까지, 어린 나는 볼일을 보는 내내 눈을 감아야 할 정도로 그곳은 고통스러운 공간이었다. 지금 생각해도 그 악취와 끔찍한 풍경은 잊을 수 없는 기억으로 남아 있다.

그 시절을 돌이켜 보면 모두가 못살던 그 마을에서는 친구와 동네 형들과의 유대관계가 남달랐던 것 같다. 그 흔한 과외공부도 특별한 가정이 아니면 엄두도 낼 수 없었기에 학교에서 돌아오면 해가 질 때까지 함께 노는 것이 우리들의 일과였다. 동네 형들이 "뚝방에 모여라" 하면 우린 그곳으로 달려가 형들이 시키는 대로 풀도 뽑고, 긴 풀잎들을 모아 하늘을 덮어 요새를 만들면서 마치 우리 동네 또래들의 아지트처럼 삼았다. 그곳에서의 시간은 마치 작은 왕국을 꾸리는 듯 신나고 자유로웠다.

저녁이면 동네 유일한 짜장면 집의 형이 이소룡의 무술을 따라 하는 모습을 구경하곤 했다. 그 형의 열정적인 시범은 우리에게도 무술에 대한 꿈을 키워 주었다. 부모님들은 우리가 밤늦게까지 놀아도 크게 걱정하지 않았고, 그 덕에 우리는 별다른 제약 없이 동네를 누비 수 있었다. 정확히 무엇을 했는지는 기억나지 않지만, 그저 모여서 놀다가 더우면 동일천에서 고기도 잡고 물장구도 치며 즐거운 시간을 보냈다.

특별한 추억 중 하나는 용달차 운전사를 아버지로 둔 동네 유지 형네 집에서 슬라이드를 보았던 순간이다. 어두운 방 안에 비춰진 슬라이드 영상은 마법처럼 느껴졌고, 그 시간은 유년 시절 내가 경험한 가장 고급스러운 순간이었다.

초등학교 5학년 말, 아마도 12월 초였던 것으로 기억된다. 아침 조회 시간에 담임선생님의 호명으로 여러 명의 급우들과 함께 불려 나갔다. 육성회비를 체납한 것이 원인이었는데, 선생님은 그 추운 겨울 아침에 우리의 뺨을 몇 대씩 때리고, 집에서 돈을 가져와야만 수업에 들어올 수 있다고 집으로 돌려보냈다. 혼자만 맞았다면 억울하고 슬펐겠지만, 여러 명이 함께 맞아서였는지 별로 원망스러운 생각은 들지 않았다.

급우들과 함께 학교를 나와 집으로 돌아와 보니, 여느 때처럼 아버지는 캄캄한 방에서 담배를 피우고 계셨다. 아버지는 왜 이렇게 일찍 집에 왔냐고 물으셨고, 나는 "학교에서 육성회비 가져오래요!"라고 대답했다. 예상했던 대로 아버지에게서는 "돈 없어!"라는 말 한마디가 나올 수밖에 없었다. 집안 사정을 잘 알고 있던 나로서는 아무 대꾸도 하지 못한 채 다시 학교로 돌아가야 했지만, 교실에는 무서운 선생님이 기다리고 있었기에 감히 들어갈 엄두가 나지 않았다.

예전에는 12월이 참으로 추웠던 것 같다. 날씨도 날씨였지만, 어려웠던 가정 형편 탓에 내가 입고 있던 옷과 양말은 어머니가 직접 실을 사다 손수 뜨개질해 만들어 준 것이었고, 외투도 별로 신통치 않아 찬바람을 막아 주지 못했다. 게다가 육성회비 미납으로 몇 대 얻어맞은 탓에, 나의 마음은 더욱 우울할 수밖에 없었다.

학교 교실이 바라다보이는 무수천 변에서 서성이다 보니 아직 학교에 들어가지 않은 꼬마들이 보였다. 나는 그 아이들에게 집에 가서 성냥을 가져오면 불장난하는 데 끼워 주겠다고 했다. 덕분에 무수천 한편에 바람이 덜 부는 곳에 자리를 잡고 불을 피웠고, 꼬마들은 내 명령에 따라 열심히 탈만한 부스러기들을 모아왔다.

점심때가 되자 그 아이들의 엄마들이 하나둘씩 나와 아이들을 데리고 갔고, 결국 나 혼자만 남게 되었다. 나는 불이 꺼지지 않도록 열심히 주워다 불을 때며 추위를 피했는데, 그때의 모습이 지금도 또렷한 기억으로 남아 있다.

마침내, 마지막 수업이 끝나는 종소리가 학교 밖에 있는 내 귀에도 들렸고, 창문 안으로 책상 위에 올려진 걸상을 보고 난 후 교실로 돌아갔다. 책가방을 들고 집으로 돌아왔지만 아버지는 내게 아무런 말씀도 하지 않았고, 나 역시 더 이상 아무런 말을 하지 않았다.

그렇게 나는 5학년의 마지막 한 달을 매일 아침 집으로 돌려 보내졌고, 첫날 이후에는 집에조차 가지 않고 무수천 주변을 서성이며 불을 피우며 수업이 끝나기만을 기다렸다. 그러면서 방학을 맞이하게 되었고, 그제야 작은 기쁨과 행복을 느꼈다. 방학이 끝난 후, 6학년이 될 때까지 많은 인내심을 발휘한 끝에 결국 그해 미납된 육성회비를 몸으로 때워야만 했다.

  삼 형제 중 차남으로 태어난 나는 그 시절 모두가 어려웠다고 하기에도 너무나 고단한 삶을 일찍부터 겪어야 했다. 아버지는 일자리를 찾지 못했고, 어머니는 쉴 새 없이 돈이 되는 무언가를 해서 먹을 것부터 해결해야 했던 날들이 계속되었다. 다섯 평 남짓한 단칸방조차 월세로 전전하다 보니, 허구한 날 우리는 짐을 싸서 이사를 다녀야만 했다.

  그래도 다행이었던 것은 우리 집 살림이 워낙 없어, 리어카 한 대와 삼 형제가 각자 짐 하나씩만 들면 그것으로 이사를 마칠 수 있었으니 아마도 우리 부모님 역시 잦은 이사를 그리 큰 부담으로 여기지 않으셨던 것 같다.

  당시 학교에서는 학년이 바뀔 때마다 가정환경 파악을 위한 설문지를 제일 먼저 나눠 주었다. 그 내용들을 작성해 학부모의 서명을 받아 제출하게 되어 있었는데, 부모님의 학력과 직업, 집의 자가 여부, 라디오, 전화, 재봉틀, 자전거 같은 물건의 유무를 기재해야 했다. 우리 집으로서는 하나도 해당 사항이 없었다. 우리 집에 라디오가 있었던 것은 내가 아마도 초등학교 6학년쯤이었고, 그 흔한 찬장과 옷장은 중학교 2학년이 되어서야 겨우 생겼다. 그전까지는 아궁이 옆 부뚜막 위에 플라스틱 박스를 두고 식기를 담아 살았다. 텔레비전은 내가 고등학교 3학년이 되어서야 장만할 수 있었다.

  당시 나는 물건이 없는 것에 대해서는 원래부터 없었기에 별다른 부끄러움이 없었지만, 매년 아버지의 직업을 무직이라고 써야 하는 것에 대해서는 마음속 깊이 열등감이 있었다. 그래서 나는 아버지 직업란에 늘 '상업'이라고 적었다. 무직인 아버지를 상업이라고 쓰는 것은 거짓말이었기에 항상 마음 한편이 편치 않았다. 결국 나의 아버지는 72세가 되어 영면하실 때까지 변변한 직업을 가지지 못하셨다.

우리 동네 근처에는 수락산과 도봉산이 있다. 일요일이 되면 동네 친구들과 형들과 함께 수락산의 물개바위까지 자주 올라가 놀았던 기억이 있다. 그곳에는 수락산에서 가장 물이 많고 깊게 고인 연못이 있었는데, 우리에겐 넓고 크고 깨끗한 최고의 무료 수영장이었다. 도봉산에도 자주 갔지만, 그곳엔 유료 수영장이 있고 계곡마다 식당이 즐비해 우리가 마음 놓고 놀 만한 공간이 별로 없었기 때문에 주로 수락산으로 향했다.

어느 여름, 비가 많이 오던 날이었다. 이발소 집 아들 김용현과 최상조가 수락산에 가자고 했고, 이렇게 비 오는 날이면 물개바위 수영장을 우리들만 독차지할 수 있을 거라며 나를 꼬드겼다. 한참을 수영하다 보니 몸이 춥고 배가 고파져서 서둘러 하산을 시작했다. 얼마쯤 내려오던 중, 평소 손님들로 붐비던 임시 막사 형태의 식당이 비가 오는 탓에 마침 문을 닫고 있었다. 우리는 그 집에 분명 라면이 있을 거라 생각하고 그것들을 서리하여 배를 채우기로 했다.

막상 들어가 보니 먹을 것은 아무것도 없었고, 대신 닭 몇 마리만 있었다. 용현이는 그중 한 마리를 붙잡아 들고 나오면서 성냥까지 챙겼다. 난생 처음 해 보는 서리질에 얼마나 가슴이 뛰었는지 모른다. 우리는 무작정 산 위로 뛰어올라 촘촘한 바위 틈 사이로 들어가 비를 피했다. 셋이 앉기에 충분한 공간을 찾아 불을 피웠다.

불을 피우고 얼마 지나지 않아 좁은 바위 사이 공간이 훈훈해지자, 그제야 콩닥거리던 가슴속 긴장이 풀렸다. 우리는 서리해온 닭을 불 위에 올려 구워 먹기 시작했다. 아무런 양념도 없었던 그날의 닭고기가 얼마나 맛있었는지, 단지 초등학교 6학년 어린아이들이 등산과 수영 후 느끼는 배고픔만으로는 설명할 방법이 없었다. 그 서리한 닭으로 허기를 채우며 우리는 말할 수 없는 큰 기쁨을 나누었다.

그날 함께했던 내 친구 용현이는 훗날 육군 삼사관학교를 나와 장교가 되었다는 소식을 들었고, 나 또한 학군 장교로 전방에서 소대장 생활을 마쳤다. 지금 돌이켜 보면, 이 사건은 우리 둘에게 있어 평생 처음이자 마지막으로 양심에 거리끼는 행동이었기를 바랄 뿐이다.

어느 봄날, 학교에서 돌아오니 집 한구석에 오래된 신문 한 꾸러미와 책 몇 꾸러미가 놓여 있었다. 내가 이것들이 왜 여기 있느냐고 묻자, 어머니는 부엌에서 조그만 양은 냄비에 풀을 쑤며 오늘부터 이것들로 봉투를 만들어 팔기로 했다고 말씀하셨다.

당시엔 지금처럼 쌀집이나 시장 상인들에게 비닐봉지 같은 것이 없어서 대부분 헌 교과서나 신문으로 만든 봉투를 쓰던 시절이었다. 변변한 일자리조차 구하기 어려웠던 그 시절의 경제 상황에서 선택할 수 있었던 몇 안 되는 돈벌이였겠지만, 그 수입은 두 사람의 노력에 비해 정말 보잘것없었으리라 추측된다.

나는 책을 분해했고, 어머니는 풀을 쑤어 봉투를 만들었다. 작은 봉투보다 큰 봉투가 더 값이 나간다고 했지만, 우리는 그나마도 자본이 없어 다른 생각을 할 여유조차 없었다. 봉투 만드는 방법은 정말 단순했다. 종이 두 장을 엇붙여 놓고 풀을 바른 후 접으면 봉투가 만들어졌다. 어머니와 나는 열심히 그 일을 했고 때로는 고구마도 구워 팔았다. 무엇이든 해야만 했던 그 시절, 어머니와 나는 좋은 콤비가 되어 함께 열심히 삶을 살아 냈다.

우리 동네에는 도봉시장이라는 전통시장이 있었다. 시장 골목 초입에는 순대국을 파는 대포집이 있었는데, 당시에는 밤 12시면 통행금지가 시행되어 내 기억으로는 밤 11시쯤이면 가게에서 하루 종일 돼지머리와 뼈를 끓였던 육수를 버리곤 했던 것 같다. 어느 날, 아버지가 내게 임무 하나를 주셨다. 밤 10시쯤 큰 냄비를 가져가면 순댓국 주인 아저씨가 육수를 줄 테니 그것을 가져오라는 것이었다. 나는 그날부터 매일 밤 10시가 되면 우리 집의 만년 당번으로 남은 육수를 가지러 갔다.

우리는 당시 참으로 곤궁했기에 삼 형제 모두 영양결핍 상태에 놓여 있었던 것 같다. 어느 날 형이 학교에서 쓰러져 병원으로 옮겨졌는데, 의사가 영양실조라는 진단을 내려 크게 놀랐던 적도 있다. 우리는 매일 아침, 전날 내가 가져온 육수에 굵은 소금을 타서 보리밥과 함께 먹었다.

딱히 기억할 만한 반찬도 없었지만, 이 돼지머리 육수 덕분인지 이후엔 영양 걱정 없이 유년 시절을 보낼 수 있었던 것 같다. 지금 내가 타고난 건강을 유지하는 이유는 어쩌면 그때의 순대 국물 덕분이 아닐까 하고 믿고 있다.

양지회관에서 시작된 나의 꿈

　5학년 즈음이었다. 동네에 있는 성균관대 야구장 옆에 양지회관이라는 마을 도서관이 생겼다는 이야기를 듣고 친구들과 함께 가 보았다. 대여섯 평의 셋집을 전전하던 나에게는 그렇게 크고 넓은 장소가 책과 책상으로 가득 차 있고, 공짜로 편안하게 책을 읽을 수 있는 곳이 우리 마을에 생겼다는 것이 너무나 좋았다.

　양지회관은 당시 박정희 대통령의 부인인 육영수 여사가 장관들의 부인들과 기업들과 연계하여 가난하고 소외된 마을에 도서관을 세우는 비영리 단체가 설립한 마을 도서관이었다. 초등학교에도 도서관이 없던 그 시절에 위인전집과 백과사전, 신화, 소설과 각종 어린이 잡지들이 매월 신간까지 제공되는 양지회관은 나에게 보물섬이나 해방촌과 같은 존재였다.

　학교가 끝나면 나는 매일 뛰어서 양지회관에 도착하는 부지런한 학생이었다. 나는 이곳에서 세상을 보기 시작했다. 건설 중이던 소양강댐의 규모와 사진, 아폴로 11호의 달 착륙 사진과 영국 원저성의 근위대 교대식, 파리의 에펠탑, 멋진 투우사의 모습 등을 당시로서는 보기 드문 컬러 사진으로 볼 수 있었다. 그리스 신화를 비롯해 수많은 위인전들이 나를 기다리고 있었.

　고단했고 아무런 희망이나 목표가 없던 그 시절의 암울한 생활은 이 시점을 기준으로 서서히 바뀌었고, 나는 미래에 대한 꿈을 꾸기 시작하는 결정적인 계기를 맞았다. 만약 이런 시설이 없었다면, 당시 경제 사정으로는 책을 사 볼 여유가 전혀 없던 나는 미로 속을 살아가는 꿈 없는 소년에 머물렀을 것이 분명하다고 단언할 수 있다.

특히 위인전을 읽을 때면 어렵고 힘들었던 내 모습을 되돌아보게 되었다. 비록 오늘은 육성회비를 내지 못해 밖에서 방황할지라도, 훗날 나의 미래에 꼭 필요한 자양분이 될 것이라는 믿음을 갖게 해 주었다. 어린 나이에 주어진 이런 어려움을 이겨 낸다면, 나는 반드시 미래의 목표를 이룰 수 있을 것이라고 굳게 믿었다.

그리고 이때쯤 나는 내 인생의 목표를 세우게 되었다. 그것은 '돈을 무지무지하게 많이 벌어 우리 부모님과 가족을 행복하게 해 주자!'라는 것이었다. 이후에 독자들이 읽게 될 목표의 수정은 있었지만, 이 목표를 이루기 위해 나는 첫째, 늘 근면하자! 둘째, 도전과 시련을 두려워하지 말자! 셋째, 우리 집의 가난은 내가 반드시 끊겠다! 그리고 세상을 정직하게 살자는 것을 평생의 화두로 삼고 지금까지 살아왔다. 생각하고 바라던 만큼 성공적인 삶을 살았다고 할 수는 없겠지만, 큰 틀에서 볼 때 나는 이 목표들을 지키며 살아왔다고 자부한다.

신문배달 소년의 새벽, 책임감이 자라는 시간

이렇게 양지회관에서 책을 읽으며 세상에 대한 도전의식이 싹트기 시작하던 그때, 형이 나에게 신문 배달을 하자고 제안했다. 동네에 아는 형이 있었는데, 그는 동사무소에서 하는 취로사업에 다니고 있었다.

어느 날 그 형을 따라가 나도 할 수 없느냐고 물었지만, 초등학생이라는 이유로 거절당한 지 얼마 되지 않았던 터라 기대는 크지 않았다. 그러나 형은 이미 한국일보의 총무와 이야기를 마친 상태였다. 신문사 지국은 성균관대 야구장과 가까웠고, 집에서도 멀지 않아 형제가 함께 시작하기로 했다. 나는 별다른 고민 없이 형을 따라 나섰다.

조간 신문을 배달해야 했기에 아침 4시 40분까지 지국에 도착해야 했다. 형과 나는 4시 30분에 일어나 첫 출근을 했다. 총무는 신문 대금을 수금까지 하면 월 2,000원, 배달만 하면 월 1,500원을 준다고 설명했다. 또한, 일주일 동안은 전임자로부터 배달 가정을 인수인계 받는 기간이라서 혼자 배달할 수 있을 때까지 매일 25원과 신문 한 부를 줄 테니 그것을 팔아서 내가 가질 수 있다고 했다.

대략 70부를 돌리게 되었는데, 70부는 어린 나에게는 꽤 무겁게 느껴졌다. 새벽에 신문을 들고 나가 보면 길거리에 다니는 사람이 아무도 없었다. 당시엔 밤 12시부터 오전 4시까지 통행금지 시간이었기 때문에 가장 먼저 움직이는 것은 지국까지 신문을 배달하는 차량이었고, 그 다음이 우리 신문 배달부였다. 한 시간 정도 배달하다 보면 동네 작은 상점에 두부와 콩나물을 배달하는 아저씨가 나타났다. 그 다음으로 우유 배달부나 청소차가 보이기 시작하면 서서히 각 가정의 창문 밖으로 불이 켜졌다.

나는 백묵 하나를 들고 인수인계를 시작했고, 중간중간 나만이 알아볼 수 있는 표식을 해 놓으며 4일째 되는 날부터 혼자 배달할 수 있었다. 그런데 몇 달 후 문제가 생겼다. 형이 갑자기 신문배달을 못하겠다고 한 것이다. 곧 중학교 3학년이 되어 공부도 해야 하고, 생각보다 너무 많은 시간이 빼앗긴다고 했다. 사실 나 역시 내심으로는 힘들어 고민하고 있었지만, 형과 함께 처음 하는 일이라 내가 그만두면 형이 더 힘들어질까 봐 말을 꺼내지 못하고 있었다.

막상 형이 먼저 안 하겠다고 하니, 나까지 그만둔다고 하면 지난 몇 달 동안 친절하게 대해 준 총무 형에게 너무 미안할 것 같았다. 게다가 내가 맡은 구역은 다른 지역에 비해 훨씬 멀리 떨어져 있고, 수락산을 끼고 있어 가장 험난한 곳이었기에 선뜻 맡으려고 하는 사람이 없었다. 이미 그만둔 전임자를 다시 불러오는 것도 어려울 것 같아 고민이 깊어졌다. 한참을 숙고해 보니 형제가 나란히 그만두면 왠지 자존심이 크게 상할 것 같아 나는 계속하기로 결심했다.

겨울이 오기 시작하면서 내가 새벽에 집을 나설 때면 주변은 점점 캄캄해져 갔다. 12월이 되자 새벽 배달을 끝내고 돌아오는 시간에도 동이 트지 않아, 어린 나는 어둠의 공포와 추위에 시달렸다. 게다가 전날 저녁밥을 6시쯤 먹은 내가 아침 7시가 넘도록 신문을 들고 뛰어다녀야 했기에 배고픔까지 절실히 참아야 했다. 그야말로 춥고 어둡고 배고픈 시간을 이겨 내야 하는 고단한 날들이 계속되었다.

지금에 와서 이 세 가지 어려움에 굳이 순위를 정하라면, 어둠의 공포가 단연 첫째라고 할 수 있고, 둘째는 열두 살 소년이 감당하기엔 너무나 가혹했던 추위였다. 상대적으로 배고픔은 나의 마음먹기에 따라 극복할 수 있는 조건이라는 것을 어린 나이에도 일찌감치 깨닫게 되었다.

무엇보다도 공포스러웠고 끝내 극복할 수 없었던 것은 초상이 난 집에 신문을 배달하는 것이었다. 당시엔 아파트도 없었고 병원과 장례식장도 따로 없어, 인가에 초상이 나면 온전히 3일장으로 고인을 집에서 모시던 시절이었다.

캄캄한 새벽 골목길 한가운데 집을 배달했던 어느 날, 불이 환하게 켜진 골목길에 근조(謹弔)라고 씌어진 등과 함께 짚신과 밥, 콩나물 등 몇 가지 나물 반찬을 문 밖에 내놓은 것을 보게 되었다. 그것은 귀신을 영접하는 사자밥이라는 오랜 풍습이었다. 환히 켜진 문 안쪽에서는 많은 조문객들이 화투를 치며 상주들과 밤을 새워 주는 풍습이 있었던 시절이었기에 어두웠던 골목길에 밝혀진 근조 등과 조문객들의 존재는 그나마 큰 위안이 되었다.

그러나 3일 후 출상을 마친 그 고요하고 칠흑처럼 어두웠던 골목길과 그 집은, 어린 소년이었던 나에게는 너무나 무서운 공포의 길 그 자체였다. '저 집에서 사람이 죽어 나갔는데… 저 집에 신문을 넣어야 하는데….' 너무나 무서워 꼼짝도 못 하고 앞으로 나아갈 수조차 없었다. 양지회관에서 읽었던 책들 중에 "귀신은 세상에 없다, 인간이 만들어 낸 허상일 뿐이다"라는 내용을 머릿속으로, 심지어 입으로 수없이 되뇌면서 신문을 다시 한번 접어 그 골목으로 뛰어 돌진했다.

그 집 앞에 도착할 때쯤 꼭꼭 접은 신문을 문 위로 힘껏 던졌지만, 불행히도 그 신문은 마당에 떨어지지 않고 대문 위 처마에 걸리고 말았다. 어떻게 해야 할지 난감했다. 신문 배달 코스는 일렬로 동선이 짜여 있어 신문을 다 돌린 후 다시 이곳으로 돌아온다면 학교에 지각할 수밖에 없는 상황이었다. 많은 고민 끝에 나는 그 캄캄한 새벽에 막 초상을 치른 그 집의 대문 처마 위로 올라가야 했고, 그 신문을 집어 다시 마당에 던져놓던 그날의 공포를 오랫동안 간직하며 살아야 했다. 이후 유사한 공포의 상황에 놓일 때마다 나는 그때를 회상하며 극복하곤 했다.

내 배달처 중 마지막 세 부는 수락산에 있는 염불사라는 절에 한 부, 그 옆에 있는 대린원(현재의 양로원)에 두 부를 넣는 것이었다. 성대 야구장에서 시작해 삼영모방과 삼양라면 공장을 지나 지금의 창포원을 거쳐 동일천을 건너면 수락산 밑의 노원 마을을 돌게 되었고, 수락산 중턱에 위치한 이 두 곳까지가 나의 마지막 임무였다.

지금은 아침 운동을 위해 산에 다니는 사람들이 많지만, 당시에는 건강을 위해 이른 아침 산을 찾는 사람이 전무했다. 수락산 입구부터 덕성여자대학 생활관을 지나 염불사와 양로원까지는 아무런 건물도 없었다. 산을 오르는 길 주변으로 산소들이 여기저기 흩어져 있어, 무서움을 떨치기 위해 늘 그 길을 뛰어다녀야 했다. 겨울이 오면 지금과 달리 엄청난 폭설이 자주 내렸고, 나는 캄캄한 새벽에 잘 보이지 않는 길을 따라 변변치 않은 신발과 어머니가 짜준 양말을 신고 눈길을 헤치며 나의 일을 마무리해야 했다.

그때의 찬 바람과 눈보라 속에서 꽁꽁 얼어 유리알처럼 변한 나의 발, 그리고 에이는 듯한 바람에 얼어붙은 손과 뺨을 어떻게 해야 좋을지, 그 새벽 눈밭 위에서는 아무런 방법이 없었다. 신문을 던져 버릴 수도, 태워서 몸을 녹일 수도 없는 노릇이었다. 오직 앞으로, 또 앞으로 나아가는 것 외에는 다른 방도가 없었다.

성인이 되어 여러 번 수락산에 올랐지만 지금도 수락산 입구에서 그 절까지의 거리는 성인인 나에게도 먼 길이었다. 언젠가 한 번쯤은 이 순례의 길을 나의 두 딸과 함께 걸으며 옛 추억을 이야기하고 싶었지만, 그런 기회는 오지 않았다.

나는 그 길을 2년 반 동안 매일 오르내렸고, 단 한 번의 배달도 빼먹지 않았다. 그 덕분에 지금까지 누구보다도 탄탄한 하체를 가질 수 있게 되었다. 그리고 무엇보다도 소중했던 경험은 어둠과 공포, 추위 속에서 내가 몸소 쌓을 수 있었던 책임감이었다. 훗날 살아가는 동안 마주했던 어떤 어려움도 그 시절 겪었던 것보다 더 힘든 시련은 없었던 것 같다. 때로는 회피하고 싶었던 수많은 일들도 남다른 책임감을 가지고 끝까지 정면 돌파하여 완수할 수 있었는데, 이는 모두 그때 배우고 다지기 시작했던 책임감 덕분이라고 믿는다.

앞서 이야기했듯이 나는 노동의 대가로 인생 첫 월급으로 1,500원을 벌었다. 이 돈으로는 당시 인기가 있던 범표나 말표 운동화를 한 켤레 살 수 있었다. 운동화 가격이 대략 1,200~1,300원이었으니 신발을 사고도 200여 원이 남는 셈이었지만, 나는 이 일을 정말 열심히 그리고 잘 해냈다. 또한, 저축을 하면서 돈을 모으는 재미도 느낄 수 있었다.

월급 외에 매일 신문 한 부씩을 더 받았는데, 당시엔 신문 가판대가 없어 뉴스를 기다리던 사람들에게 쉽게 팔 수 있었지만, 2년 반 동안 나는 단 한 부의 신문도 팔지 않고 집으로 가져왔다. 그 이유는 집에 라디오도 없어 종일토록 무료하게 지내시는 아버지의 무료함을 달래 드리기 위해서였고, 실제로 아버지는 하루 종일 한국일보를 광고까지 숙독하시는 듯했다.

이렇게 나의 첫 월급은 단순히 돈을 벌었다는 의미를 넘어 가족을 위한 헌신과 책임감을 배우는 소중한 경험이었다. 그때의 어려움과 고통은 지금의 나를 만든 밑거름이 되었고, 그 시절의 추억은 여전히 내 마음속에 깊이 새겨져 있다.

중학교 2학년이 시작될 무렵부터 나의 삶은 바쁘고 힘겨운 일상으로 가득 차 있었다. 아버지께서는 상계동에서 양돈을 시작하셨고, 나는 신문 배달과 학교, 그리고 양돈장 일을 병행하며 하루하루를 쫓기듯 살아가고 있었다. 도봉동에서 신문 배달을 마치고 수유리에 있는 수유중학교까지 제 시간에 등교하려고 하니 늘 뛰어다닐 수밖에 없었고, 수업과 시험 준비에도 버거움을 느끼며 생활했다.

아버지의 양돈사업은 어미 돼지 세 마리로 시작했기에 처음엔 우리 형제의 도움이 그다지 필요하지 않았다. 그러나 어미 돼지가 한 번에 열두 마리가 넘는 새끼들을 낳기 시작하자, 불과 몇 달 만에 돼지 수가 사십 마리를 넘겼다. 그것들을 팔아 다시 어미 돼지를 사들이다 보니, 얼마 지나지 않아 백 마리가 넘었다. 돼지들의 번식력은 생각보다 엄청나게 빨라서 양돈장을 계속 확장해야 했고, 형과 나는 틈틈이 아버지를 도와야 했다.

우리의 양돈장은 빠르게 커졌고 돼지들은 계속해서 불어났다. 처음에는 그 성장이 마냥 기쁘기도 했지만, 점점 해야 할 일들이 늘어나기 시작했다. 학교에서 돌아오면 곧바로 양돈장으로 가서 사료를 주고, 똥을 치우고, 볏짚을 깔아 주는 일이 나의 일상이 되었다. 그렇게 하루하루를 보내면서 나는 우리 집이 곧 부자가 될 것이라는 희망에 부풀어 있었다.

중학교 3학년이 되었고, 신문배달도 하기 좋은 계절이 되었던 어느 봄날이었는데, 뜻하지 않은 사건이 발생했다. 연립주택에서 신문을 배달하고 나오던 중, 무심코 발로 찬 샌들 한 짝 때문에 신발 도둑으로 몰리고 만 것이다. 그 순간 화장실에서 나온 아주머니가 나를 붙잡고 소리를 지르기 시작했고, 주변 어른들이 몰려들었다. 아무리 아니라고 말해도 그녀는 "요즘 신문 배달하는 애들은 모두 도둑놈"이라고 외치며 나를 도둑으로 몰아세웠다. 어린 나이에 그 상황에서 벗어날 방법은 없었다. 결국 어떤 어른의 도움으로 겨우 그 자리를 벗어났지만, 그날의 상처는 깊게 남았다.

그 사건 이후 나는 신문 배달을 그만두기로 결심했다. 학교에서 돌아오는 길에 신문사 지국에 들러 총무에게 상황을 설명하고, 아버지의 양돈장 일을 도와야 한다는 이유로 일을 그만두겠다고 말했다. 그렇게 나의 첫 직장 생활은 막을 내렸다. 초등학교 6학년 때부터 시작한 신문 배달은 2년 반 동안 이어졌고, 그 시간은 나에게 탄탄한 체력과 어려움을 이겨 낼 수 있는 자신감을 남겼다.

이제 긴 잠을 잘 수 있게 되었고, 아버지의 양돈장 일에만 집중하게 되어 생활이 많이 익숙해질 즈음이었다. 그런데 전국적으로 돼지 파동이 일어나 많은 양돈 사업가들이 도산했고, 우리 집도 그 위기를 피하지 못했다. 미련을 갖고 버티시던 아버지는 더 이상 손해를 감당하기 어려워지자 돼지를 모두 처분한 뒤 집을 나가셨고 오랫동안 연락이 끊겼다. 몇 달 후 아버지는 어머니에게 장문의 편지를 보내셨지만, 그 내용은 나에게는 알려지지 않았다.

지금 돌아보면 그 시절의 나는 힘들고 지쳤지만, 그 속에서도 희망을 잃지 않았다. 그런 시간들이 없었다면 지금의 나도 없었을 것이다. 쫓기는 삶 속에서도 나는 작은 희망을 찾아내며 스스로를 단련해 나갔다. 그 경험들은 나에게 큰 자신감을 주었고, 지금의 나를 있게 해 준 소중한 시간들이었다.

자유와 책임 사이, 경기상고 시절

1975년 가을, 고등학교에 진학할 시기가 되었을 때 나는 진로에 대해 진지하게 고민해야 했다. 대학 진학은 우리 집안 형편으로는 꿈도 꿀 수 없는 선택이었기에 실업계 학교인 공고나 상고 중 하나를 선택해야 했다. 동네 선배들의 조언을 들어 보니 상고를 나오면 은행이나 큰 회사에 취직할 수 있다는 말이 있었고, 나는 상업학교 진학을 결심했다.

청와대 옆에 자리한 경기상업고등학교는 나에게 새로운 시작이었다. 도봉동에서 먼 거리였지만, 이 학교는 나에게 심리적 안정을 주었고 학교 생활을 누구보다 즐겁게 할 수 있게 해 주었다. 720명 동급생들의 생활 수준이 비슷했기에 특별히 잘난 체하는 아이들도 없었고, 도시락도 중학교 때처럼 부러움을 살 만한 정성스러운 반찬을 담아 오는 아이들은 드물었다. 그래서인지 고등학교 동창생들은 남을 배려하고 나누는 마음이 많았고, 흉금을 터놓고 이야기할 수 있는 친구들도 많았다. 나의 고등학교 시절은 그런 좋은 기억들로 가득 차 있다.

집에서 멀리 떨어진 고등학교에 진학하면서 나는 완벽히 나를 숨기고 새로운 모습을 만들어 갈 수 있었다. 가난에서 오는 열등감과 무력감은 점차 사라졌고, 점점 활달해지는 나 자신을 발견하며 기뻤다. 고등학교는 나에게 새로운 출발점이었으며 그곳에서 나는 진정으로 나 자신을 찾아갈 수 있었다.

우리의 목표는 확고했다. 3학년 2학기가 되면 사회로 나가 직장인이 되는 것이었다. 우리는 항상 어떤 회사가 월급을 얼마나 주는지, 대우는 어떤지에 대해 이야기했고, 선배들에게 취업에 대한 조언을 구했다. 특히 나는 대한항공에 대한 동경이 컸다. 초등학교 때 양지회관에서 본 대한항공의 화보가 나에게 깊은 인상을 남겼고, 해외로 나갈 수 있는 기회와 높은 월급에 대한 선배들의 이야기는 나를 더욱 설레게 했다. 나의 선택은 이미 정해져 있었다.

학교는 100년이 넘는 역사를 가진 명문 학교였고 실업학교였지만, 사회에 많은 인재를 배출했으며 당시로서는 꽤 괜찮은 시설을 갖춘 AID 차관 시범학교였다. 나는 애당초 대학에 갈 마음이 추호도 없었기에 취직이 잘 되는 이 학교에 자부심을 느꼈고, 조기 취업에 대한 확신으로 태평하게 시간을 보냈다. 선배들로부터 들은 바에 따르면 나의 성적은 대한항공에 추천받기에 충분했기에 나는 그날을 기다리며 학교 생활에 충실했다.

고등학교에 입학한 후 나는 타자기를 처음 보았다. 손이 보이지 않을 정도로 빠르게 타자를 치는 선배들을 보며 신기해했고 특별 활동으로 타자반을 선택했다. 하지만 타자반에서의 1학년 생활은 지옥과도 같았다. 선배들의 구타는 일상이었고 오타를 내면 그만큼 맞아야 했다. 1학년 내내 맞은 구타는 몇 백 대를 넘길 정도였다. 하지만 그렇게 얻은 타자 실력은 우리 학교가 전국대회에서 우승하는 데 기여했고, 나는 그 과정에서 끈기와 인내를 배울 수 있었다.

때리고 맞는 만큼 정이 든다는 말이 있었다. 그 말이 허무맹랑하게 들릴지 모르지만, 그 시절의 우리에게는 진실로 다가왔던 말이었다. 1학년 때는 선배들에게 얻어터지며 지냈지만, 2학년이 되자마자 그 관계는 자연스럽게 정상적인 관계로 변했다. 그렇게 우리는 선배들과의 거리감을 좁히며 새로운 세상으로 발을 내딛기 시작했다.

당시 우리에게는 입시 부담이 없었고, 졸업만 하면 거의 100% 취직이 잘되는 학교였기에 학기 중에도 주말마다 여행을 다니는 것이 일상이 되었다. 경의선과 경춘선은 나에게 익숙한 길이 되었고, 소요산, 초성리, 한탄강, 대성리, 천마산, 강촌, 청평, 남이섬은 여러 번 다녀온 단골코스였다. 돈이 없었던 우리였지만, 선배들은 항상 우리를 챙겨 주었다. 술도 사 주고 밥도 사 주며 함께 기타를 치고 춤을 추며 놀았다. 그 시절은 어쩌면 내 인생에서 가장 자유로웠던 시간이었던 것 같다.

우리들의 부모님은 대부분 고단한 삶을 살고 계시는 분들이었다. 그래서인지 우리가 어디서 무엇을 하는지에 크게 신경 쓰지 않으셨다. 인문계 자녀를 둔 부모님들에 비해 우리 부모님들은 그럴 겨를도 없으셨던 것 같다. 이 점은 나에게는 행운이었다. 인문계를 간 친구들은 체력장과 입시 준비에 지쳐 다른 생각을 할 수 없었던 반면, 우리는 자유롭게 여행을 다니며 친구들과 농구와 축구를 즐겼다. 종로와 명동 거리를 쏘다니며 밤을 지새우기도 했다.

돈이 없어 어려울 때면 우리는 취직을 나간 선배들을 찾아갔다. 그들은 우리에게 짜장면을 사 주거나 용돈을 조금씩 나눠 주며 도움의 손길을 내밀었다. 특히 선배들이 첫 월급을 타고 학교로 찾아오면 타자반 전원을 데리고 중국집에 가서 짜장면이나 짬뽕을 사 주는 전통이 있었다. 물론 모든 선배들이 그런 것은 아니었지만 몇몇 선배들은 그 전통을 꼭 지켜 주셨다. 나 또한 그 전통을 이행했던 기억이 있다. 진명여고 옆 진성각에서 군만두와 소주를 얹어 한턱을 냈던 그 순간들은 지금도 뿌듯하게 남아 있다.

여러 가지 악기를 배울 수 있었던 밴드부에 가입하고 싶었지만, 타자부의 강압적인 분위기에 눌려 결국 그렇게 하지 못했다. 밴드부는 늘 나에게 로망이었다. 밴드부의 연주를 들을 수 있는 시간은 방과 후 연습시간과 월요일 조회 시간이나 교련 사열 준비 때였다. 그때마다 나는 밴드부에 대한 동경심과 아쉬움을 느꼈다. 지금도 그 아쉬움과 미련은 마음속에서 떠나지 않고 있다.

그러던 어느 날, 어처구니없는 소식이 전해졌다. 밴드부가 해체된다는 것이었다. 그것도 말도 안 되는 이유로. 1978년 봄이었던 것 같다. 유신 체제가 종말로 치닫고 있던 시절, 박정희 정권의 비서실장 차지철은 청와대 인근의 모든 학교에 밴드부를 해체하라는 지시를 내렸다.

 이유는 간단했다. 밴드 연주 소리가 청와대까지 들려 각하께서 불편을 느끼신다는 것이었다. 그날부터 우리는 더 이상 브라스 밴드의 울림을 들을 수 없었다. 작은 스피커 반주에 맞춰 조회나 교련 사열을 하게 되었고, 그 소리 마저도 제대로 들리지 않을 정도로 학교 당국은 그 지시에 순응했다.

 이렇게 해서 우리 학교와 경복고등학교, 진명여고 등은 밴드부를 해체했다. 정권이 종말로 가는 길에 이러한 독재적인 발상이 시작의 단초가 되었으리라 믿지 않을 수 없다. 그 시절의 아쉬움과 미련은 여전히 내 마음속에 남아 있다. 밴드부의 해체는 단순히 음악의 상실이 아니라, 우리의 자유와 꿈이 짓밟힌 순간이었던 것 같다.

 그럼에도 불구하고 그 시절의 추억은 여전히 내게 따뜻하게 남아 있다. 자유로웠던 고등학교 시절, 선배들과의 여행, 친구들과의 농구와 축구, 그리고 밴드부에 대한 아쉬움까지. 그 모든 것이 지금의 나를 만든 소중한 시간들이었다.

 1978년, 드디어 나는 취업을 앞둔 3학년이 되었다. 학도호국단 간부로 선발되어 졸업 전에 학교에 봉사할 수 있는 기회를 얻었다. 그런데 3학년 생활은 생각보다 너무 짧게 느껴졌다. 학년이 시작되자마자 학교의 가장 큰 행사였던 교련 사열 준비에 모든 시간을 쏟아야 했기 때문이다.

 3월과 4월은 전교생이 교련복을 입고 열병 연습과 총검술을 하느라 시간이 어떻게 흘러갔는지 알 수 없었다. 인문계 학교는 이 행사를 그다지 중요하게 여기지 않았지만, 실업계 학교였던 우리 학교는 매년 이 행사를 위해 적지 않은 시간을 학생들에게 강요했다. 교장 선생님의 특별한 방침이었을까? 뭔가 특별한 상을 받아 학교 평가를 높이려는 의도가 느껴지기도 했다.

나는 훗날 ROTC 코스를 통해 장교가 되어 국무총리 앞에서 임관식 열병에 참여한 적이 있다. 하지만 단언컨대, 1978년 경기상고의 열병식은 그 어떤 장교 임관식보다도 절도 있고 패기가 넘쳤다고 자부한다. 그러나 과연 어린 학생들에게 그렇게 많은 시간을 강요하며 군인만큼의 기량을 요구했어야 했을까? 그 행사를 이끌었던 나조차도 그때나 지금이나 여전히 의문을 품고 있다.

처음 겪은 좌절과 절망의 치유

5월 말이 되자 드디어 학교에 취업 의뢰가 들어오기 시작했다. 그토록 고대하던 대한항공에서 첫 번째로 취업 의뢰가 들어왔을 때의 기쁨은 이루 말할 수 없었다. 취업 의뢰가 곧 100% 취직을 의미하는 것은 아니었지만, 우리 학교는 추천만 되면 거의 합격하는 전통이 있었다. 그래서 나는 추천만 받으면 된다는 자신감이 있었다. 추천 의뢰는 10여 명 정도였고, 반별로 한 명씩 추천을 받게 되었다. 우리 반에서는 내가 추천을 받게 되었고, 담임인 윤양희 선생님은 부모님을 모셔 오라고 하셨다.

집에 돌아와 아버지와 어머니에게 대한항공 추천을 받게 되었다는 소식을 전했다. 만약 취직이 되면 한 달에 꽤 괜찮은 월급을 받을 수 있다는 말에 두 분은 진심으로 기뻐하셨다. 그날 나는 난생처음으로 부모님의 그런 모습을 보았다. 아버지와 어머니의 눈빛에서 자랑스러움과 기쁨이 느껴졌다. 나는 그날 밤 단칸방 한구석에서 웃음을 지으며 잠들었다. 마치 내가 효자가 된 듯한 기분이 들었다.

어머니는 일을 나가고 계셨지만, 기꺼이 학교 방문 일정을 잡아 주셨다. 시간은 오후 두 시로 정해졌다. 그날 아침부터 나는 들떠 있었다. 입학식과 졸업식을 포함하여 한 번도 부모님이 학교에 오신 적이 없었기 때문에 이번 방문은 나에게 특별한 의미가 있었다. 수업 중에 어머니가 선생님을 만나고 돌아가셨다는 소식을 들었다. 나는 모든 일이 잘 되었으리라 믿고 집에 일찍 돌아갔다.

하지만 집에 도착하자마자 청천벽력 같은 소식이 나를 기다리고 있었다. 어머니는 선생님이 나보다 성적과 자격증이 더 좋은 학생을 대한항공에 추천하기로 했다는 말을 전했다. 나는 그 말을 믿을 수 없었다. 덧붙여 선생님은 "상천이는 좋은 학생이니 걱정하지 말라. 책임지고 좋은 회사에 갈 수 있도록 힘써주겠다"는 말을 했다고 했다. 그 순간 나는 말로 표현할 수 없는 상실감과 분노에 휩싸였다. 그토록 열심히 살아왔고, 열심히 노력하면 무엇이든 이룰 수 있다는 믿음과 오랜 꿈이 한순간에 무너져 내렸다.

'누굴까? 나보다 더 나은 학생이?' 머릿속이 복잡했다. 어제 아침에 김한웅의 아버지가 선생님을 만나고 갔다는 급우들의 이야기가 떠올랐다. 한웅은 나와는 친한 친구로서 학업이나 자격증 등 취업 조건 면에서 나보다 우월하다고 생각한 적이 없었고, 내가 대한항공에 단독 추천을 받았을 때 축하까지 해 줬던 성격이 담백한 아이였다. 설마 하는 마음과 복잡한 생각으로 그 밤을 새웠다.

다음 날 아침, 나는 일찍 학교에 가서 한웅을 기다렸다. "너, 대한항공 가겠다고 했니? 네 아버지가 어제 아침에 오셨다는 게 그 때문이었어?"라고 다그쳤다. 한웅은 당황한 얼굴로 말했다. "그저께 친구가 대한항공 추천을 받았다는 말을 아버지께 했더니, 안 된다, 네가 가야 한다고 하시면서 선생님께 연락을 하셨다"고 했다.

참으로 기가 막힐 노릇이었다. 나의 꿈과 희망이 한순간에 무너져 내린 순간이었다. 그날의 아픔은 지금도 내 마음속에 남아 있다. 그때의 상실감과 분노는 시간이 지나도 쉽게 잊히지 않는다. 하지만 그 경험은 나에게 삶의 무게와 현실의 냉정함을 가르쳐 준 소중한 교훈이 되었다.

아침 조회가 끝나자, 나는 교무실로 향했다. 발걸음은 무겁고 마음은 복잡했다. 선생님을 찾아가는 동안 머릿속에서는 수없이 되뇌었던 말들이 꼬리를 물고 이어졌다.

"어떻게 이럴 수가 있습니까? 제가 성적이 한웅보다 모자라다고 하셨어요? 자격증도 부족하다고 하셨어요? 왜 하루 벌어 하루 먹는 바쁘신 어머니를 학교에 오시게까지 했어요?"

그렇게 따지며 말을 이어 가던 중, 목소리가 점점 울먹임으로 바뀌어 갔다.

선생님은 내 말을 듣고도 아무런 동요 없이 담담히 설명했다. 한웅의 아버지가 한진그룹 관계 회사의 전무라는 사실, 그가 한웅을 추천해 주면 100% 합격을 보장하겠다는 사실, 한 명이라도 더 취직시켜야 하는 담임으로서 그런 판단을 할 수밖에 없었다는 것, 그리고 나는 더 좋은 회사에 취직시켜 주겠다는 말씀이었다.

그 말을 들으며 나는 속으로 치를 떨었다. 한 아이의 인생이, 그토록 열심히 노력하고 간절히 갈망했던 목표가 한순간에 뒤바뀌는 상황을 선생님은 이해하지 못하는 듯했다. 그날의 쓰디쓴 경험은 내 인생에 깊은 상처를 남겼다. 어른들의 안이한 게임에 희생된 첫 좌절이었다. 그때의 아픔은 이후에도 두고두고 나를 따라다니며 큰 교훈으로 남았다.

돌이켜 보면, 실업학교에서 취직을 할 때 추천권을 쥔 선생님이 부모님을 불러 면담을 해야 했던 이유는 무엇이었을까? 다른 학생과 경쟁이 있었다면 합리적으로 조정하는 것이 담임의 역할이었을 텐데, 그런 과정도 없이 부모님을 불러 약속까지 잡아 놓고 갑자기 한웅이를 추천한 것은 도대체 무슨 이유였을까? 그저 한웅이 아버지의 지위 때문이었을까? 항상 어렵게만 살아온 나로서는 생각을 하면 할수록 가슴이 답답해졌다.

그 사건 이후, 나는 선생님에 대한 기대를 접기로 했다. 하루라도 빨리 학교를 떠나고 싶은 마음이 점점 커져만 갔다. 집에서도 부모님께 면목이 없었다. 도봉동 뚝방 밑의 슬레이트 지붕 하모니카 집을 하루빨리 벗어나고 싶었지만, 그런 꿈은 점점 희미 해져만 갔다. 부모님께 실망을 안겨 드린 것 같아 마음이 무거웠다.

나는 매일 학교에 가서 신문을 보며 구직 광고를 찾기 시작했다. 당시에는 군필자나 군 면제자를 찾는 회사가 많았지만, 나와 같은 고등학교 3학년 학생을 채용하는 곳은 드물었다.

그러던 어느 날, 동아일보 구직란에서 한국화약 주식회사(현 한화그룹 모회사)가 미필자도 채용한다는 광고를 발견했다. 미련 없이 이력서를 제출했고, 운이 좋게도 서류 전형에 합격했다. 면접을 보러 오라는 연락을 받았을 때의 기쁨은 잠시뿐이었다. 이번에는 누구에게도 그 소식을 알리지 못했다. 얼마 전의 실패를 다시 겪을 수는 없었다.

면접 날, 나는 떨리는 마음을 억누르고 덕수궁 옆에 위치한 한국화약 주식회사로 향했다. 면접관들은 내 가슴에 달린 학도호국단 간부 배지를 보고 무슨 배지냐고 물었고, 운동을 잘하느냐는 질문도 했다. 아버지가 무슨 일을 하시냐는 질문에는 "상업을 하신다"고 옹색하게 대답했다. 그 순간 나는 부모님의 가난한 삶을 떠올리며 마음이 무거워졌다. 하지만 결과는 합격이었다. 내 힘으로 취직한 것이 너무나 자랑스러웠지만, 동시에 대한항공의 기회를 잃어버린 아쉬움이 더 컸다.

출근은 여름 방학이 끝난 후로 예정되었다. 나는 선생님과의 관계도 그렇고 해서 조용히 출근 날을 기다리기로 했다. 학교를 떠날 준비를 하며, 나는 제일 친한 친구 몇 명과 집안 식구들에게만 그 소식을 알렸다. 꿩 대신 닭이라는 말이 실감 났다. 기뻐해야 할 상황이었지만, 나는 덤덤한 마음으로 출근 통지만을 기다리며 조용히 방학이 되기만을 기다렸다.

그때의 경험은 나에게 큰 교훈을 남겼다. 이후 나는 두 딸이 학교를 다니는 동안, 마음의 성의를 다해 학교와 학생들을 위해 봉사하는 것 외에는 나의 아이들만을 위한 목적으로 학교를 찾는 것을 절대 삼갔다.

대우실업의 선택, 그리고 처음 본 세상

윤양희 선생님은 내 쾌활한 표정 속에 숨겨진 절망과 분노를 읽으셨던 걸까? 어느 날 홈룸 시간에 들어오셔서는 "나는 어떤 학생을 함부로 찍어서 차별하는 그런 사람이 아니다"라고 말씀하시며 나를 향해 부드러운 눈빛을 보내셨다. 나는 이 말씀이 나를 향한 것이라는 것을 알아들었다. 그 후로도 선생님은 여러 번 나에게 친밀한 제스처를 보내셨지만, 나는 그 마음을 받아들일 준비가 되어 있지 않았다. 마음의 문을 굳게 닫아둔 채, 그저 시간이 흘러가기만을 기다렸다.

그렇게 지내던 어느 날, 아마도 6월 중순이었을 것이다. 선생님께서 나를 교무실로 부르셨다. 대우실업에서 추천 의뢰가 들어왔는데 나를 추천할까 한다는 제안이었다. 선생님은 지난번 대한항공 추천

건에 대해 설명하시며, "담임으로서 한 명이라도 더 확실히 합격시키고 싶었는데, 한웅이 아버님의 말씀에 확신이 들어 그렇게 결정했다"고 말씀하셨다.

그러면서 대우실업이 무역회사로 성장이 가장 빠르고, 내가 원하는 해외 지사에서 근무할 기회도 많으며 월급도 더 높다는 점을 강조하셨다. "대한항공보다 나을 거야"라는 말씀과 함께, "이번에 네가 대우실업을 선택한다면, 우리 반에서 처음으로 합격이 결정되는 거야. 네가 첫 번째로 합격해서 좋은 출발을 보여 준다면, 그게 친구들에게도 큰 힘이 될 거다"라고 덧붙이셨다.

나는 망설였다. 한국화약에 합격하여 출근 날짜 통지를 기다리고 있다는 사실을 고백하며 다른 학생을 추천해 달라고 말했지만, 내심 마음은 흔들리고 있었다. 당시 대우실업은 성장이 가장 빠른 회사로 유명했고, 월급도 업계 최고 수준이었다. 보너스는 800%나 된다는 소문까지 돌 정도로 누구나 가고 싶어 하는 회사였다. 선생님은 다시 한번 설득하셨다.

"일단 대우실업에 도전해 보고, 나중에 두 기업 중에서 선택하면 되지 않겠니?"

나는 마지못해 고개를 끄덕였다.

학교에서 추천을 받은 12명이 대우실업 면접에 나섰다. 나는 얼마 전 한국화약 면접에서의 경험을 바탕으로 이번에는 조금 더 자신 있게 임할 수 있었다. 면접은 다섯 명씩 진행되었고, 질문이 오가는 가운데 면접관이 갑자기 아버지의 직업을 물었다. 나는 한국화약 면접 때와 마찬가지로 "상업"이라고 대답했다. 그런데 면접관이 다시 상업 중에서 어떤 일을 하시는지를 물었다. 순간 머릿속이 하얘졌고, 얼떨결에 도봉시장에서 배추 장사를 하신다는 거짓말을 하고 말았다.

그 순간의 대답은 지금 돌이켜봐도 초라하고 부끄럽기만 하다. 왜 무직인 아버지를 배추 장사로 둔갑시켰는지, 그 이유는 아직도 잘 모르겠다. 아마도 아버지가 그런 일이라도 하셨으면 하는 바람이 내 마음 깊은 곳에 있었던 걸지도 모른다. 그날 면접비로 받은 노란 봉투 속 3,000원은 그때까지 내가 손에 쥐어 본 가장 큰 금액이었다. 한국화약에서는 없었던 면접비를 받으며 서울역 앞에 우뚝 선 대우센터를 나오면서, 이렇게 큰 회사에 다닐 수 있었으면 하는 간절한 소망이 마음속에서 피어올랐다.

일주일이 지나자 대우실업에서 합격 통지가 도착했다. 담임 선생님께서는 우리 학교에서 응시한 12명 중 5명이 합격했고, 그중 하나가 바로 나라는 것과 우리 반 첫 도전에 성공했다는 기쁜 소식을 전해 주셨다. 그리고 신체검사에 문제만 없다면 7월 18일에 출근하라는 요청도 함께 전해 주셨다. 하루라도 빨리 학교를 떠나고 싶은 마음과 돈을 벌어야 한다는 강박관념이 나의 선택을 더욱 쉽게 만들어 주었다. 1학기가 끝나기도 전에 출근할 수 있다는 점은 다른 회사들과 비교할 수 없는 매력이었다. 결국 나는 대우실업을 선택했고, 그렇게 우리 반에서 가장 먼저 학교를 떠난 학생이 되었다.

짧았던 고등학교 생활과 4개월 반 정도의 3학년 생활은 마치 2년 반 만에 졸업하는 월반 학생처럼 느껴졌다. 나는 그 사실이 자랑스럽고 기뻤다. 그 당시의 기분은 지금도 생생하다. 마치 어제의 일처럼 선명하게 기억난다.

1978년 7월 18일, 그토록 기다리던 첫 출근 날이 찾아왔다. 석 달의 수습 기간을 마친 나는 대우실업의 정식 5급 사원으로 발령받았고, 총무부 인사과의 정식 직원이 되었다. 넥타이를 매고 양복을 차려입고 출근한 그날, 하루 종일 얼마나 어색했는지 모른다. 입사 동기들과 마주 보며 서로 어색한 웃음을 지었던 그 순간이 문득 떠오른다.

고등학교 3학년에 불과한 17세 소년이 어느 날 갑자기 번듯한 양복을 입고 도봉동 판자촌을 나서게 될 거라고 누가 상상이나 했을까? 이웃들에게도 내 취직은 화제가 되었고, 암울했던 도봉동 판자촌의 또래와 후배들에게는 본받을 만한 대상이 되었다. 부모님은 별다른 말씀을 하시지 않았지만, 내심 자랑스러워하셨을 거라 믿는다.

입사 후, 나는 초등학교 시절 양지회관에서 읽었던 책 속 세상이 현실로 펼쳐지는 것을 금세 깨달았다. 변화에 발맞추느라 바쁜 나날을 보냈다. 매일 아침, 한국에서 가장 큰 건물로 출근하는 순간, 수많은 직원들이 엘리베이터를 타기 위해 줄지어 서 있는 광경은 그야말로 장관이었다. 여덟 시가 되면 모두가 바쁘게 업무를 시작했고,

밤늦도록 일하는 선배들의 모습을 보며 진정한 세상을 경험하게 되었다.

6층에는 그때까지 내가 본 것 중 가장 큰 규모의 식당 두 곳이 있었다. 우리는 그곳에서 점심을 먹고, 오후 5시가 되면 야식을 먹으며 밤늦게까지 일했다. 대우가 급성장하는 중심에 내가 서 있다는 사실은 나에게 큰 자부심을 안겨 주었다. 구내 식당에서 제공되는 점심 메뉴는 정말 다채로웠다. 입사 전까지만 해도 나에게 고급스럽고 비싸기만 했던 짜장면과 짬뽕은 이제 평범한 메뉴가 되었다. 평생 집에서는 먹어 보지 못했던, 이름도 들어 본 적 없는 다양한 메뉴들을 매일 점심마다 맛볼 수 있었다. 갈치와 청어 같은 생선도 이때서야 그렇게 큰 것이 존재한다는 사실을 알게 되었다. 급격한 신분 상승을 경험하기 시작한 것이었다.

집에서는 이따금씩 절인 생선을 사다가 연탄불에 구워 먹곤 했다. 익는 과정에서 꿈틀대며 작은 구더기들이 생선 살을 비집고 나오는 것을 종종 목격했지만, 전혀 거리낌 없이 맛있게 먹던 나였다. 그러던 내가 하루아침에 부잣집 도련님이 된 것 같은 착각에 빠질 수밖에 없었다. 회사에 출근한 이후로 모든 것이 새로웠고, 전혀 다른 세상을 배우는 시작점이 되었다.

또한, 나는 인사과 직원이었기 때문에 식권 관리 업무를 맡았으며, 구내 식당 역시 총무부가 관리했다. 때로는 점심을 두 번씩 먹기도 했고, 오후 다섯 시에 제공되는 간식은 동기들에게 필요한 만큼 식권을 나눠 줄 수 있어서 가장 인기 있는 동기가 되기도 했다. 그 작은 권한마저 나에게는 세상을 배우는 또 하나의 교훈이었다.

인사과에 발령받은 첫날, 나는 사원 명부를 처음으로 접했다. 그 명부는 마치 명문대 졸업생들의 명단 같았다. 대졸 사원의 약 60%는 서울대 출신이었고, 나머지 30%는 고려대와 연세대 출신이 대부분이었다. 간혹 부산대, 경북대, 전남대 출신들도 있었고, 성균관대, 외국어대, 한양대 출신도 눈에 띄었지만, 그들은 소수에 불과했다.

나는 고등학교 3학년 1학기를 채 마치지 못한 채 사회에 뛰어든 사람이었다. 내가 자란 마을과 학교에서는 일반 대학을 졸업한 사람조차 보기 힘든 환경에서 성장한 나에게, 이렇게 많은 명문대 출신들과 함께 일한다는 사실은 큰 충격이었다. 자랑스러움과 동시에 나의 초라한 현실을 일깨워 주는 계기이기도 했다.

월급은 5급 고졸 직원 기준으로 83,500원이었다. 나는 그 금액을 받았다. 4급 대졸 신입사원은 143,500원을 받았는데, 들었던 대로 보너스는 800%로서 격월로 월급과 함께 받았던 기억이 난다. 당시 800%의 보너스를 주는 회사는 우리나라에서 대우실업이 유일했을 것이다. 그만큼 회사는 눈부신 성장을 이루었고, 나는 그 속에서 작은 톱니바퀴로서 일을 해 나갔다.

나에게 주어진 업무는 전 직원의 급여 대장을 전산으로 작성하는 일이었다. 경리부에서 현금을 받아 월급날 부서별로 급여 대장과 함께 현금을 지급하는 업무였다. 단순해 보이지만 본사와 해외 지사를 포함해 약 1,500명의 급여를 정확히 계산해야 했다. COBOL 용지에 각 직원의 입사일, 퇴사일, 근태 상황, 가불 여부 등을 기입한 후, 천공사들이 OCR 카드에 타공하면, 나는 그 카드를 대형 컴퓨터에 넣어 급여 대장을 인쇄하는 과정을 총괄했다. 당시 우리나라에 대우 그룹이 보유한 것과 같은 대형 컴퓨터는 다섯 대 미만이었기에 외주 작업까지 수행하여 수지타산을 맞추던 컴퓨터실은 늘 바빴다.

업무를 맡은 지 두 달 만에 나는 전임자가 결혼과 함께 보직이 바뀌면서 이 업무를 혼자 인수받아 처리해야만 했다. 일은 끝이 없었다. 전산 작업 중 조금이라도 오류가 발생하면, 컴퓨터 운용 일정에 맞춰 새벽 한 시에서 여섯 시 사이에 다시 작업을 시작해야 했다. 연말이 다가오면 근로소득공제 신고서를 배포하고, 전 직원의 소득 공제 사유를 일일이 접수하여 세금 정산서를 발급하는 작업도 해야 했다. 이 작업은 직원들의 특별한 관심사였기에 수정이 반복되었고, 확정되기까지 3개월 이상 걸렸다.

처음 겪는 회사 생활이었지만, 일은 너무나 많았다. 허구한 날 집에 갈 수가 없었다. 밤 열두 시까지 일하다가 기사 대기실이나 텔렉스실에서 혼자 밤을 새우는 일이 다반사였다. 당시에는 통금 시간이 있어 늦어도 열 시까지 퇴근해야 집에 갈 수 있었지만, 컴퓨터와 천공사들의 일정에 맞추다 보니 낮에도 바빴고, 밤에는 전산실 주변에서 스케줄을 기다리며 시간을 보내야 했다. 집에 갈 엄두조차 내지 못했다.

동료들은 내가 밤을 새우는 것을 알고는, 회사에서 자지 말고 여관에서 자라고 했다. 하지만 회사 주변의 여관들은 창녀촌과 혼재해 있어 무서운 마음이 들었다. 나는 경비를 절약한다는 순수한 생각으로 회사 안 어딘가에서 쪽잠을 잤다. 경리부와 회계부도 나만큼 야근이 많았지만, 그들은 여러 명이 함께 여관으로 갔다. 나는 그들과 함께하지 않았다. 그들은 포장마차에서 술을 마시고 숙소로 갔지만,

나는 아직 학생 신분이었기에 그런 무리에 끼지 않았다.

야근이 일상이 되자 야근하는 부서가 거의 나와 같이 정해져 있다는 것을 알게 되었다. 대우센터 3층의 경리부와 회계부, 그리고 수출부서 중 섬유 본부는 거의 매일 밤 열한 시까지 남아 야근했다. 밤 열한 시가 넘어 일을 하는 직원들에게는 회사에서 제공하는 차량이나 택시를 타고 집으로 귀가할 수 있도록 배려했다. 하지만 내 집은 도봉동이었기에 나는 그런 혜택조차 이용할 수 없는 처지였다.

쪼개진 가정, 그리고 쪽방에서 얻은 따뜻함

회사를 다닌 지 5개월쯤 되었을 무렵, 아버지와 어머니는 극도의 갈등 끝에 이혼을 결심했다. 아이러니하게도, 나와 형은 두 사람의 이혼에 적극적으로 찬성했다. 그 과정에서 우리 형제는 집을 떠나야 했다. 대학생이었던 형은 친구 집으로 갔고, 나는 어머니가 계신 의정부로 향했다.

하지만 회사 일이 점점 많아지면서 나는 회사를 핑계 삼아 회사에서 자는 날이 점점 많아졌다. 겨울이 되자 야간에는 난방이 없어 추위에 떨어야 했다. 가끔씩 회사 화장실에서 양말과 와이셔츠를 빨아 입곤 했는데, 지금 생각해 보면 꽤나 구질구질한 모습이었을 것이다. 하지만 아무도 나에게 주의를 주지 않았는데, 아마 내가 아직 고등학교를 졸업하지 않은 어린 학생이었기 때문인지도 모르겠다. 오히려 신입사원인데도 과중한 업무를 맡아 고생한다는 격려가 많아서 큰 위로가 되었다.

집에 남아 있는 아버지와 동생이 늘 걱정이었다. 특히 술만 마시며 점점 폐인이 되어가는 아버지의 모습을 보는 것은 더 이상 견딜 수 없었다. 두 분의 갈등 속에서 형과 나는 집을 떠나는 것이 최선이라고 생각하여 나왔지만, 나와 네 살 차이가 나는 중학교 2학년 동생이 늘 마음에 걸려 우울했다.

입사 동기생 중 심석 종합고등학교에서 연대장을 했던 친구가 있었다. 그는 경리부에서 근무하며 수시로 야근을 했기에 우리는 자연스럽게 가까워졌다. 어느 날, 그는 나에게 물었다.

"왜 집에 안 들어가냐?"

술자리에서 그 질문을 들은 나는 결국 엉엉 울음을 터뜨리고 말았다. 자존심이 강했던 나였지만, 결국 그 친구에게 사정을 털어놓을 수밖에 없었다. 그는 내 손을 꼭 잡고 말했다.

"내 자취방으로 와서 같이 지내자."

그렇게 나는 서부역 근처 쪽방촌에 있는 그의 자취방으로 들어갔다. 예전에 창녀들이 몸을 팔던 방이었다는데, 딱 한 명이 누울 수 있는 작은 방이 수십 개나 있는 쪽방 건물이었다. 하지만 그때까지 다섯 식구가 함께 단칸방에서 살아온 나에게는 그 방이 따뜻하고 편안하게만 느껴졌다. 주말이면 그 친구는 마석에 있는 집에 다녀오곤 했고, 나는 그 시간을 편안히 보냈다. 그 친구, 계상준이를 지금도 가끔 생각한다. 이 글이 그에게 닿기를 바란다.

기회와 현실 사이, 그리고 내 첫 번째 결단

일은 끊임없이 늘어만 갔다. 나는 그 일들을 감당해 내려고 애썼고, 결국 해내고 있었다. 하지만 아버지가 술을 마시고 회사로 찾아와 행패를 부릴까 봐 늘 긴장했다. 그런 와중에도 회사에서 만난 경공업 수출부의 윤문섭 형은 나에게 큰 위로가 되었다. 그는 영화 '바보들의 행진'에서 주인공 병태 역을 맡았던, 당대 최고로 유명했던 배우 출신이었다. 그는 나에게 따뜻하게 대해 주었고, 가끔은 속내를 털어놓으며 이야기를 나누곤 했다.

어느 날 밤, 그는 나에게 물었다.

"상천아, 넌 대학 갈 생각 없냐?"

나는 주저 없이 대답했다.

"네, 돈도 없고 집안 사정도 복잡해서요."

그 말을 들은 그는 한동안 아무 말없이 자기 일을 하다가 이렇게 말했다.

"그래도 한 번은 도전해 봐. 나나 우리 형들도 다 좋다는 경기중고등학교 나와서 최고의 대학 갔지만, 지금 이렇게 힘들게 사는데…."

그의 말은 내게 큰 울림이 되었다. 그때까지 나에게 그런 말을 해 준 사람이 아무도 없었다. 단지, 빨리 사회에 나온 만큼 군대도 빨리 다녀오고 장사를 배워 돈을 벌겠다는 목표가 자리 잡고 있었기에 대학 진학에 대한 그 형님의 조심스러운 조언은 내게 먼 이야기처럼 느껴졌다.

1979년 2월 말, 드디어 고등학교를 졸업했다. 졸업식에는 엄마와 형이 참석해 주었다. 초등학교를 포함해 가족이 내 졸업식에 온 것은 이번이 처음이었다. 교복도 없어 상의는 빌려 입고, 하의는 여름 양복 바지를 입고 졸업식을 치렀다. 추운 날이었다. 같은 날 경복고등학교도 졸업식이라 운동장에는 자가용으로 가득 차 있었고, 우리  학교 운동장에는 용달차 몇 대만이 주차되어 있었다. 실업학교와 인문계 학교의 차이를 극명하게 보여 주는 그 장면을 목격했는데, 나는 그 광경을 평생토록 잊지 않고 지내왔다.

가정 상황은 여전히 나아질 기미가 보이지 않았다. 나는 월급날이면 엄마에게 월급을 드리고 상준이의 자취방으로 돌아왔다. 형과의 연락도 끊긴 지 오래되었지만, 졸업식에서 만난 것이 그나마 위안이었다. 어느 날은 동생이 보고 싶어 도봉동을 찾아갔다. 동네 아이들에게 동생을 찾아달라고 했고, 덤덤한 표정으로 나타난 동생을 보며 안타까운 마음에 돌아오는 길에 눈물을 흘렸다.

우울하고 불안한 일상이 계속되던 어느 날, 육군 3사관학교 생도 모집 광고를 보았다. 나는 즉시 원서를 받으러 병무청을 찾았다. 그곳이 내가 가야 할 곳이라는 확신이 들었다. 졸업만 하면 2년간 전문학사 학위를 받고 장교가 될 수 있다니, 이보다 더 좋은 조건이 어디 있겠는가? 현실을 떠나고 싶은 마음에 나는 이것이 최선의 선택이라고 믿었다. 돌파구를 찾은 나는 아무도 모르게 시험 준비를 하며 마음의 안정을 찾았다.

회사의 선배들은 나를 향해 따뜻한 미소를 지으며 칭찬을 아끼지 않았다. 고등학교를 막 졸업한 열여덟 살의 고졸 신입이었지만, 사회에 잘 적응하고 업무도 빠르게 파악해 제 몫을 다하고 있다며 무한한 신뢰를 보여 주었다. 그들은 나를 진심으로 막내 동생처럼 대해 주었고, 나는 그들의 관심과 배려 덕분에 마음이 따뜻해졌다. 하지만 그 속에선 다른 결심이 자리 잡고 있었다. 나는 단 한 번의 기회를 놓치지 않고 3사관학교로 조용히 사라질 것을 다짐하고 있었다.

고등학교 3학년의 한 학기도 채 마치지 못하고 취업한 나에게 시험 준비는 녹록지 않았다. 게다가 회사는 급속도로 성장 중이어서 대졸 사원과 경력직을 연중 채용하고 있었다. 인사과 직원들은 채용, 선발, 연수, 인사고과 등으로 바쁘게 움직였고, 밤 아홉 시 전에 퇴근하는 것은 꿈같은 일이었다. 나는 매일 쫓기듯 하루를 꽉 채워 보냈다.

드디어 시험날이 주말로 다가왔다. 아마도 일요일이었을 것이다. 그런데 문제가 생겼다. 당시 우리 회사는 토요일에도 오후 세 시까지 정상 근무를 했고, 일요일에도 출근하는 사람이 적지 않았다. 나는 이번 주말에 집안일로 출근할 수 없다고 미리 과장님께 말씀드려 허락을 받아 둔 상태였다. 그래서 마지막 시험 정리에 최선을 다하고 있었다.

그런데 목요일 저녁, 인사과에서 긴급 회의가 열렸다. 사장실에서 이번 달에 특별 보너스를 지급하기로 결정했다는 소식이 전해졌고, 우리는 상여금 대장을 작성해 소요 금액을 사장실에 보고해야 했다. 보통 상여금은 정해진 시기에 지급되기 때문에 이번처럼 갑작스러운 지시는 매우 드문 일이었다. 받는 사람들은 기뻐할 일이었지만, 이를 위해선 절대적인 시간이 필요했다. 각 부서가 협조한다고 해도 최소 5일은 걸리는 작업이었다.

과장님은 내막을 모르고 나에게도 주말에 출근하라고 단호하게 말씀하셨다. 일요일까지 상여금 대장을 작성해 월요일 사장실에 보고해야 한다며, 인사과 전원이 일요일에 출근해 달라고 요구하셨다.

이 말을 듣는 순간, 나는 청천벽력 같은 충격에 화장실로 달려가 문을 잠그고 앉았다. 심장이 터질 것 같았고, 머릿속이 하얘져 두 다리로 서 있을 수 없었다. 내일 모레면 시험인데, 이게 무슨 운명의 장난인지? 주말에 회사를 빠져나가 시험을 보러 갈까? 하지만 상여금 대장은 누가 작성할까? 이런저런 혼란스러운 생각이 머릿속을 맴돌았다.

결론을 내리는 데는 오래 걸리지 않았다. 나의 주 업무는 상여금을 전산으로 계산해 승인을 받고 지급 대장을 프린트하는 일이었다. 지금부터 밤을 새워도 월요일 새벽까지 끝내기는 불가능한 작업이었다. 만약 주말에 내가 사라진다면, 상여금 지급일을 맞추는 것은 불가능했다. 다른 사람이 내 일을 대신할 시스템도 없었다.

토요일 오후까지 전력을 다해 보았지만, 기한 내에 임무를 마칠 수 없었다. 조직의 룰에 따라 나는 시험을 포기할 수밖에 없다는 결론을 내렸다. 신문 배달을 하며 독자들의 기다림을 위해 하루도 빠질 수 없었던 그 시절의 사고방식이 나를 이끌었다.

훗날, 가끔씩 이때 3사관학교에 합격해 진로를 바꿀 수 있었다면 어떻게 되었을까 하는 생각을 해 보곤 한다. 그 순간의 선택이 나의 인생을 어떻게 바꿨을지, 아련한 상상이 머릿속을 스쳐 지나간다.

그렇게 나는 다른 동료들과 함께 상여금을 받았다. 그러나 그 순간에도 특별한 기쁨은 없었다. 회사의 업무는 쉴 새 없이 돌아갔고, 마음 한구석에는 육군 3사관학교에 대한 미련이 여전히 많이 남아 있었다. 우리 가정의 긴장도 여전히 고조되어 있었고 상황이 나아질 기미는 보이지 않았다.

그런 날들이 이어지던 어느 날, 입사 동기인 최영근이 고민이 있다며 퇴근 후 한잔하자고 제안했다. 우리는 명동의 한 지하 주점에 앉아 긴 이야기를 나누었다. 그는 대학 진학을 간절히 원했지만, 경리부의 바쁜 업무로 인해 입시 준비를 할 시간이 없다는 고민을 털어놓았다. 경제적 상황과 목표 사이에서 갈등하는 그의 이야기를 들으며, 나는 그가 가진 열망을 충분히 느낄 수 있었다. 나도 집안 사정이 비슷했지만, 대학에 대한 갈망은 그만큼 크지 않았다. 그래서 주로 그의 이야기를 들어주며 시간을 보냈다. 그 후로 영근이는 끈질기게 나에게 입시 정보를 전해 주며 함께 공부하자고 제안했다.

한편, 대졸 신입사원들이 연수를 마치고 기수별로 입사하기 시작하면서 회사는 더 바빠졌다. 우리 인사과는 간단한 오리엔테이션을 주관했고, 나도 그들에게 급여나 상여금 지급 절차, 연말정산 요령 등을 알려 주는 시간을 가졌다. 그들은 대부분 군대를 다녀온 터라 나보다 나이가 많았는데, 키와 덩치가 작지 않은 나를 선배로 오해하는 경우도 있었다. 쉬는 시간에 "선배님"이라며 질문을 하는 신입사원도 있어 난감할 때가 많았다. 하지만 그런 와중에도 몇몇과는 개인적인 친분을 쌓을 수 있었다. 오리엔테이션이 끝나면 그들은 각 부서로 배치되었고, 나는 인사과 직원으로서 많은 신입사원과 경력사원들을 만나며 그들과 친해질 기회를 자주 가질 수 있었다.

그중에는 공고와 상고를 졸업하고 서울대를 비롯한 명문대를 나온 이들도 있었다. 특히 경기상고 출신으로 대학을 마치고 공인회계사가 되어 대우실업의 중추 임원으로 일하시는 선배도 계셨고, 전산실의 핵심 관리자로 활약하시는 분도 있었다. 그들과 점점 더 깊은 대화를 나누게 되면서 내가 상고를 올해 졸업했다는 사실을 알게 된 그들은 대학에 진학해야 한다는 조언을 아끼지 않으셨다. 하지만 나는 그럴 형편이 되지 않았고, 진학의 필요성 또한 크게 느끼지 못한 채로 있었다. 그들의 말씀은 마음에 와닿았지만, 현실은 여전히 나를 붙잡고 있는 듯했다.

그러던 중 동기인 영근이의 끈질긴 도움으로, 차츰 대학은 가지 않더라도 공부는 해야겠다는 생각이 들기 시작했다. 특히 대우실업을 방문하는 외국 바이어들과 담당 직원들이 유창한 영어로 대화하는 모습을 자주 목격하며, 외국어와 대학에 대한 동경심이 점점 생겨나기 시작했다. 어느 날 3층 화장실에서 만난 미국 바이어가 나에게 무슨 말을 했는데, 단 한 마디도 알아들을 수 없어 그 자리를 도망치

듯 피했던 일도 있었다.

　주변 사람들의 진심 어린 조언이 점점 많아지면서 대학 진학의 필요성을 느끼기 시작했다. 그러던 중 문교부에서 실업학교 출신들을 위한 동일계 대학 특별 전형을 발표했다. 이 소식을 꼼꼼히 읽고 영근이에게도 확인했다. 일주일의 고민 끝에 나는 이 기회를 놓칠 수 없다는 결론을 내렸다. 만약 실패하더라도, 고등학교 3학년 1학기를 마치지 못한 콤플렉스를 극복하기 위해 회사를 그만두고 정상적인 고교 과정을 마치겠다는 각오로 재수생의 길에 들어섰다. 단 한 번의 처음이자 마지막 기회라고 생각하고, 만약 실패한다면 해병대로 지원해 입대할 것이라는 다짐까지 했다.

　진학을 이유로 사표를 내자 회사는 난리가 났다. 직원을 한 명 더 붙여 주고 업무를 줄여 줄 테니 퇴사하지 말고 공부를 하라는 고마운 제안도 받았다. 하지만 나는 거절했다. 업무 인계를 위해 한 달의 시간을 받고 출근했지만, 우리 부서에서는 누구도 내 업무를 맡으려 하지 않아 후임자가 없는 상태로 한 달이 다 되어갔다. 윗분들과 선배님들은 계속해서 나를 달랬지만, 결국 모두 내 결정을 응원해 주셨다. 퇴직 날짜가 다가올수록 대학에 들어가는 것이 마음만큼 쉽지 않다는 현실을 깨달았지만, 이미 돌이킬 수 없는 일이었다.

가지 않은 길, 재수생이 되다

　1979년 4월 30일, 사회 초년병으로 퇴사하던 그날, 지금도 잊히

지 않는 것은 마지막 퇴근길에 대우센터 로비를 나서며 넥타이를 몇 번이나 다시 조여 맸던 기억이다. 헛헛한 마음에 넥타이가 자꾸만 헐겁게 느껴져서 타이를 동여매려던 손가락이 목과 넥타이 사이 공간에서 느슨하게 느껴졌다. 밖으로 나와 고개를 들어 대우센터의 웅장한 건물을 바라보며 속으로 다짐했다.

'대학을 졸업하면 꼭 이곳으로 다시 돌아오리라!'

그렇게 나는 그동안 모아둔 20만 원을 들고 재수생의 길로 들어섰다. 당시는 예비고사와 본고사가 있던 시절이라, 이 돈으로 5월부터 다음 해 2월까지 버텨야 한다는 경제적 강박감이 컸다. 재수를 하더라도 계획 없이 무턱대고 시작했다가는 나중에 누구에게도 손을 벌릴 곳이 없을 것 같았다. 20만 원으로 10개월을 버티기에는 학원비조차 턱없이 부족했지만, '시작이 반이다'라는 말을 믿고 일단 첫걸음을 내디뎠다.

남영동 부근의 종합반에 등록한 후, 상업학교에서는 배우지 않았던 현대문학, 고전문학, 국사, 세계사, 지구과학, 생물, 수학, 인문계 영어 등을 새벽 강좌와 오후 단과반으로 보충하기로 했다. 하지만 예상보다 훨씬 더 많은 비용이 들어가면서 시작도 하기 전부터 조바심이 났다. '이게 정말 잘한 선택일까?' 하는 의문이 머릿속을 계속 맴돌았다.

첫 수업은 국어 시간이었다. 공교롭게도 그날의 주제는 로버트 프로스트(Robert Frost)의 시 〈The Road Not Taken〉(가지 않은 길)이었다. 막상 재수를 시작했지만, 얼마 전까지만 해도 대학 진학을 완강히 거부하던 나에게 이 시는 깊은 울림을 주었다. "한 것에 대한 후회보다 하지 못한 것에 대한 후회가 더 애절할 것"이라는 시의 메시지는 내 마음을 단단히 붙잡아 주었다. 이 시는 그동안 내 인생의 여러 갈림길에서 매번 다시 읽으며 나를 지탱해 주었던, 마치 오래된 친구 같은 존재였다. 그래서 여기, 그 시를 한번 소개해 본다.

<가지 않은 길>

단풍 든 숲 속에 두 갈래 길이 있었습니다.
몸이 하나이니 두 길을 가지 못하는 것을 안타까워하며,
한참을 서서 낮은 수풀로 꺾여 내려가는 한 쪽 길을
멀리 끝까지 바라보았습니다.
그리고 다른 길을 택했습니다.
똑같이 아름답고 더 걸어야 될 길이라고 생각했지요.
풀이 무성하고 발길을 부르는 듯했으니까요,
그 길도 걷다 보면 지나간 자취가
두 길을 거의 같도록 하겠지만요.
그 날 아침 두 길은 똑같이 놓여 있었고
낙엽 위로는 아무런 발자국도 없었습니다.
아, 나는 한쪽 길은 훗날을 위해서 남겨 놓았습니다!
길이란 이어져 있어 계속 가야만 한다는 걸 알기에
다시 돌아올 수 없을 거라 여기면서요
오랜 세월이 지난 후 어디에선가

나는 한숨 지으며 이야기할 것입니다.
숲속에 두 갈래 길이 있었고
나는 사람이 적게 간 길을 택했다고
그리고 그것이 내 모든 것을 바꿔 놓았다고

나는 재수를 시작한 첫날 첫 수업 시간에 이 시를 접하며, 다시 한 번 내가 선택한 길을 믿어 보기로 했다. 비록 험난할지라도 내가 선택한 이 길이 나를 더 나은 곳으로 이끌어 줄 것이라 믿었다.

지금까지 살아오는 동안 쉬운 결정이란 없었다. 어떤 선택이든 무거운 짐을 지고 발을 떼어야 했다. 한 번 발을 내딛으면 뒤를 돌아볼 여유도 없이 쉼 없이 앞으로 나아가야만 했다. 멈칫거리며 주저하면 감당하기 어려운 대가를 치러야 하는 삶이었기에, 어려운 길임을 느낄 때면 더 큰 용기와 결단으로 무조건 앞으로 나아갈 수밖에 없었다. 내게는 별다른 선택을 할 만한 여유가 주어진 적이 없었다. 그런 삶이 계속 이어졌고 나는 그것이 나의 운명이라고 그저 믿으며 살아왔다.

재수 시절은 짧았지만, 그 짧은 시간은 고통과 긴장으로 가득 차 있었다. 인문계 학생들에 비하면 터무니없이 짧은 시간이었지만, 그 안에서 모든 것을 압축해 성적을 올려야 했다. 상업학교에서 배운 것들은 대학 입시와는 무관했기에 모든 입시 과목을 불과 7~8개월 만에 정리해야 했다. 종합반을 한 달 다닌 후, 나는 등록을 포기하고 서울역 대일학원의 단과반으로 옮겼다. 하루 종일 여덟 개의 강의를 소화해야 하는 고된 나날이 시작되었다.

새벽 네 시 반, 집을 나서 첫차를 타고 서울역으로 향했다. 대일학원의 새벽 강의는 다섯 시 반쯤에 시작되었다. 첫 강의부터 저녁 마지막 강의까지 강의실을 옮겨 다니며 생소한 입시 과목을 붙들고 매달려야 했다. 식사 시간조차 제대로 챙기기 어려운 날들이 이어졌다.

그러나 서울역에서 내려 학원으로 향하며 지나칠 때마다 바라볼 수 있었던 대우센터는 나에게 묵직한 힘과 용기를 북돋워 주는 듯했다. 마치 그 건물이 나를 응원하는 듯한 신비스러운 느낌이 들었다. 대학을 졸업하고 꼭 다시 돌아오리라 다짐하며, 그 뜨거웠던 여름날의 대일학원 단과반 강의실을 하루 종일 버틸 수 있었다. 그 약속이 나를 지탱해 주는 버팀목이 되었던 것 같다.

대일학원은 유명한 강사들이 많아 강의실은 항상 인산인해를 이루었다. 복도와 창가까지 서서 강의를 듣는 학생들로 가득 찼다. 여름이면 천장의 커다란 선풍기가 돌아갔지만, 땀은 멈추지 않았다. 허벅지와 엉덩이에 땀띠가 끊이지 않았던 기억이 지금도 생생하다.

문제는 돈이었다. 20만 원으로 시작한 재수 생활은 단과반 등록금으로 금방 바닥이 났다. 그러나 돈 때문에 공부를 포기할 수는 없었다. 초조한 마음을 달래며, 돈이 다 떨어질 때까지는 걱정하지 말자고 스스로를 다독였다.

그러던 어느 날, 대우실업의 동료가 학원으로 찾아왔다. 과장님이 급한 일이 생겼다며, 주말마다 일을 도와달라는 부탁이었다. 서둘러 업무 인계를 하느라 급여 지급 때가 다가오면 내 도움이 필요한 상황이었기에 나는 그 부탁을 외면할 수 없었다. 그렇게 한동안 주말마다 일을 도우며 뜻밖의 아르바이트를 하게 되었다. 회계부의 정영중 차장님은 나를 격려하며 10만 원을 건네주시고, 매월 한 번씩 꼭 찾아오라고 당부하셨다. 그렇게 선배들의 성금으로 돈 문제는 조금씩 해결되었고 나는 공부에 전념할 수 있었다.

모든 입시 과목을 단과반에 등록한 후, 나는 무작정 석 달 동안 같은 강의를 들었다. 단과반은 한 달에 한 권씩 교재를 끝내는 시스템이었기 때문에 석 달 동안 영어와 수학을 제외한 모든 과목을 세 번씩 반복하며 공부할 수 있었다. 넉 달째부터는 모의고사 결과가 영어와 수학을 제외하고는 만족스러워졌고, 특히 암기 과목은 거의 만점에 가까운 성적을 받았다. 시간이 흐를수록 공부에 요령이 생기고 탄력이 붙기 시작했고, 점점 더 공부에 전념할 수 있게 되었다.

하지만 대우 선배님들의 격려와 도움이 없었다면, 이런 결과를 얻기까지 효과적으로 공부할 여건을 마련하기 어려웠을 것이다. 그분들의 지원이 없었다면 어려움을 이겨 내지 못했을지도 모른다. 지금도 그때 도움을 주신 분들에게 깊은 감사의 마음을 전하고 싶다. 그들의 격려와 후원이 나를 지탱해 주었고, 그 덕분에 나는 목표를 향해 나아갈 수 있었다.

예비고사의 결과는 생각보다 괜찮았다. 본고사를 준비해야 하는 나에게는 시간이 너무나 짧게 느껴졌고, 특히 수학에 대한 자신감이 부족했다. 그래서 일단 본고사 없이 예비고사와 내신으로만 선발하는 세종대학교에 지원했고, 운이 좋게도 합격했다.

하지만 사실 오래전부터 나는 한국외국어대학교에 가고 싶었다. 외대는 수학 배점이 낮고 국어와 영어 배점이 높아 나에게 도전해 볼 만한 학교였다. 세종대학교 합격 소식을 들은 부모님은 너무나 기뻐하셨다. 그 모습을 보는 순간, 얼마 전 이혼 숙려기간을 겪으셨던 두 분이 다시 만나 나를 위해 진심으로 기뻐하시는 모습을 처음으로 느낄 수 있었다. 어머니는 35만 원이라는 거금을 선뜻 마련해 주셨고, 나는 세종대학교에 등록을 마쳤다.

그런데 어느 날, 밑져야 본전이라는 생각이 들었다. 가고 싶었던 외대에 한번 도전해 보자고 마음먹었고, 결국 외대에도 합격했다. 세종대학교를 찾아가 입학금 반환을 요청하며 온갖 사정을 다했지만, 돌아온 대답은 단호했다. 어림도 없는 일이었다. 그런데도 어머니는 기꺼이 두 번째 등록금도 내 주셨다. 어려웠던 살림인데도 불구하고 그렇게 큰돈을 선뜻 내주시는 것을 보며, 나는 죄송한 마음과 함께 부모님의 기대를 더욱 깊이 느낄 수 있었다.

대우실업의 동기들은 내가 대학에 합격했다는 소식을 듣고 진심으로 축하해 주었다. 최영선 인사과장님과 직원 선배님들은 마치 자기들 경사인 양 나를 저녁 식사에 초대해 주셨다. 오랜만에 회사에 가서 나를 격려해 주셨던 선배님들을 만나며 엄청난 축하를 받았다.

그날 저녁, 나는 축하주를 모두 받아 마셨고, 정신을 차릴 수 없을 정도로 취해 집으로 돌아왔다. 그날의 기쁨과 감동은 지금도 생생하다. 그렇게 나는 새로운 길을 향해 첫걸음을 내딛을 수 있었다.

격동의 해, 대학에서 운명을 마주하다

1980년, 광주 의거가 일어난 해에 나는 대학생이 되었다. 그해 학교는 데모 행렬과 전투경찰의 대치로 하루도 조용할 날이 없었다. 나 역시 수업보다는 데모에 더 자주 참여하게 되었고, 때로는 도서관 앞에 마련된 연단에 올라 시국을 비평하기도 했다. 원고 없이, 그저 내 가슴에 가득 찬 말들을 쏟아 내곤 했다. 5월 17일 직후에는 이문동에서 서울역까지 스크럼을 짜며 대학생 연합시위에 참여했고, 계엄군과 맞서기도 했다. 며칠씩 집에 돌아가지 않고 도서관에 머물며 데모를 준비하는 일이 일상이 되었다.

그해 5월 17일, 전국에 계엄령이 발동되며 모든 대학에 휴교령이 내려졌다. 학교 앞에 가 보니 탱크가 문을 가로막고 있었고, 학생들의 출입은 철저히 금지되어 있었다. 내가 살던 도봉동에도 계엄군이 들어와 곤봉을 들고 다녔고, 깡패부터 일부 학생들까지 삼청교육대로 끌려갔다. 친구들을 만나는 것조차 조심스러운 세상이 되었다. 답답하고 무료한 나날이 이어졌다.

그런 시절, 우연히 이병주 작가의 〈바람과 구름과 비〉를 접했다. 주인공 최천중을 비롯한 인물들이 조선말의 어지러움을 뒤엎고 새로운 나라를 만든다는 이야기는 나를 단숨에 사로잡았다. 책을 내려놓을 수 없었다.

아이러니하게도, 그 책을 읽은 후 나는 주역, 관상, 수상, 사주 등 역학의 세계에 깊이 빠져들었다. 휴교 기간 내내 나는 그 깊이를 온전히 이해하기엔 역부족이었지만, 미련을 버리지 못하고 관련 서적을 탐독하며 점점 더 깊은 곳으로 빠져들었다. 그렇게 책 속을 헤매던 어느 날, 나는 어렴풋이 내 운명을 깨달았다. 나는 강한 역마살을 타고났고, 일찍 집을 떠나 부모와 멀리 떨어져 살게 될 것이라는 것, 결혼을 해도 아이들과 함께하지 못하고 세상을 떠돌아다닐 운명이라는 것을 알게 되었다.

지금 이 글을 쓰는 시점에서 돌아보면, 실제로 그렇게 살아온 것이 분명하다. 아마도 나는 최천중처럼 관상쟁이의 소질과 김삿갓과 같은 풍운아의 기질을 타고나, 세상을 주유하는 팔자를 가지고 태어났는지도 모르겠다.

그해 11월, 일부 계엄이 해제되며 대학도 다시 문을 열었다. 곧바로 1학년들은 9박 10일의 병영 훈련에 입소해야 했다. 나는 남한산성 밑의 종합행정학교 문무대로 들어갔다. 군인들은 비상 계엄 기간 동안 겪었던 고초를 대학생들에게 그대로 돌려주려는 듯, 우리를 삼청교육대 못지않게 혹독하게 다뤘다. 그 9박 10일은 고통의 시간이었다. 군대가 녹록한 곳이 아니라는 것을 뼈저리게 느꼈고, 나는 절대 사병으로 군대에 가지 않겠다고 다짐하며 문무대를 나왔다.

2학년이 되었을 때, 학도호국

단 훈련부 차장의 제안을 받았다. 총학생회에서 일하면 등록금 보조를 위한 근로 장학금을 준다는 조건도 있었다. 솔깃한 제안이었고, 나는 그 제안을 받아들였다. 1학년 때 데모를 열심히 했던 내가 학도호국단에서 일한다는 것이 어울리지 않는다는 생각도 들었지만, 김인회 총학생회장 등 학생회 간부들을 만나며 믿음이 생겼다. 함께 할 수 있겠다는 생각이 들었다.

ROTC에서 배운 삶의 자세

2학년 2학기 초, 아침 등교길에 ROTC 후보생 모집 플래카드를 보았다. 주저 없이 학군단으로 가서 원서를 제출했다. 서류전형과 전투체력 측정을 거쳐, 면접과 신원조회를 통해 최종 선발된다는 요강을 꼼꼼히 읽었다. 기초 체력에 자신이 있던 나는 석일균 학생처장님과 대학원 교무처장 김세영 처장님께 추천을 부탁드렸다. 총학생회 임원이었던 덕분에 그분들의 신임을 받고 있었고, 최광한 학군단장님 역시 내가 총학생회 간부였던 점을 평가해 주셨는지 기꺼이 나를 선발해 주셨다.

ROTC 입단 훈련은 상상을 초월할 정도로 힘들었다. 정식으로 학군단에 입단하기 전, 선배들에게 일주일 동안 받는 AT(Animal Training)는 대학 1, 2학년 동안 누렸던 민간인으로서의 자유와 방종을 단번에 앗아가고, 우리를 장교 후보생으로 만들기 위한 강력한 훈련이었다. 이 과정은 우리의 인내심을 극한으로 시험하는 시간이었고,

그 속에서 이탈하는 친구들도 있었다. 나를 포함한 동기들 모두 비슷한 충동을 느꼈으리라 짐작한다.

그날은 새벽 다섯 시에 소집이 시작되었고, 점심과 저녁을 거른 채 하루 종일 혹독한 훈련을 견뎌내야 했다. 학교 안에 있는 작은 미네르바 동산은 그 훈련의 마지막 무대였다. 걸어서 1분도 채 안 되는 거리인 그 동산을 등정하는 데 무려 네 시간이 걸렸다. 온몸을 쥐어짜며 구석구석을 누비고 나서야, 밤 열 시 반쯤에야 정상에 설 수 있었다. 하지만 그 일주일의 훈련을 통해 우리는 이미 단단한 동기이자 전우로 변해 있었다. 분명 짧았는데도 길게만 느껴졌던 AT 기간 동안, 우리들은 하나가 되었고 올바른 양심과 명예를 지키며 살겠다는 서약을 했다.

밤 열 시 반쯤, 미네르바 동산 옆 구내 식당으로 이동해 거기서 기다리던 선배들과 함께 저녁을 먹었다. 디귿(ㄷ)자로 차려진 상 앞에 서서 처음으로 선배들과 마주했을 때, 눈앞의 동태찌개탕과 막걸리를 보며 허기와 피로가 밀려왔지만, 우리는 군기가 바짝 든 모습을 보여야 했다. 선배들은 우리의 입단을 축하하며 막걸리를 냉면 그릇에 가득 부어 건배를 제창했다. 2월 중순의 추운 날, 꽁꽁 얼어붙은 몸과 허기진 배는 그 막걸리 한 통을 원샷하며 풀렸다. 뭔가 대단한 것을 해냈다는 기쁨으로 장교단가를 부르며, 학군단 생활이 시작되었다.

3월이 되면, 대학 교정마다 ROTC 1년 차 후보생들의 함성이 울려 퍼졌다. 100미터 밖에 있는 2년 차 선배들에게 "충성!"을 외치며 경례를 했다. 그들이 듣지 못한 것 같으면 다시 외쳤다. 일반 학생들이 그 모습을 보고 웃기도 했지만, 우리는 개의치 않았다. 충성과 명예를 위해 머리를 깎고, 대한민국 최고의 장교가 되기 위해 몸과 마음을 단련했다. 서서히 군인으로 변해 가는 나를 보며 혼자 빙그레 웃던 시절이 있었다.

여름 방학이 되면, 남한산성에 위치한 문무대 학생종합군사학교에서 한 달간 군사 훈련을 받았다. 수도권 대학의 학군 후보생들이 전반기와 후반기로 나뉘어 입소했는데, 연중 가장 무더운 7월과 8월 사이에 식수와 급수가 충분치 않았던 훈련소 생활은 많은 추억을 남겼다. 선풍기도 없던 내무반에서 취침 군기를 지키는 것은 고통이었다.

남한산성의 악명 높은 모기들은 천장에 새까맣게 붙어 우리의 취침 점호가 끝나기만을 기다리고 있었다. 종일 야전 훈련으로 지친 몸은 땀과 흙으로 범벅이 되어 있었지만, 세수조차 제대로 할 수 없어 내무반은 스무 명의 땀 냄새로 가득 찼다. 어느 날, 한 동기가 몰래 우물장에 나가 세수를 하다 걸려 우리 모두 팬티만 입고 모기 회식을 했다. 땅바닥에 구르며 두 팔을 벌리고 서 있으니, 모기들에게는 최고의 만찬이었을 것이다.

장마가 시작되면 훈련은 더욱 힘들어졌다. 빨래를 해도 잘 마르지 않아 군복과 훈련화는 항상 축축했다. 2년 차 훈련 마지막 주의 야영 훈련은 특히 기억에 남는다. 경기도 광주의 어느 산속에서 중대 방어와 공격 훈련을 하던 중, 4박 5일 동안 비가 억수로 내렸다. 방어 훈련 중 야전삽으로 판 참호에 물이 가득 찼는데, 그 속에서 온몸을 담근 채 서너 시간을 추위에 떨며 쪼그려 앉아 있어야 했다.

저녁 식사를 위해 집결지로 모였을 때는 200명 동기들의 젖은 몸에서 내뿜는 김이 금세 안개로 변해 우리를 덮어 정말 장관이었다. 철모 위로 사정없이 내리치는 폭우는 식판까지 참호처럼 물을 가득 채웠지만, 나는 얼마나 허기가 졌던지 설거지가 필요하지 않을 정도로 깨끗이 비웠다.

병영 훈련 중 특히 기억나는 것은 1983년 8월 7일, 중국 공군 손천근이 미그 21 전투기를 몰고 귀순한 사건이 있었다. 휴전 이후 처음 울린 실제 공습 경보였다. 우리는 전시 상황에 맞춰 완전무장 상태로 중대 막사 앞에 집결해 차후 명령을 기다렸다. 그날은 전쟁을 맞닥뜨린 듯한 공포와 비장함을 동시에 느꼈던 순간이었다. 전방으로 나가 싸우고자 하는 의지가 가슴속에서 타올랐지만, 한편으로는 부모님도 못 뵙고 싸움터로 나가게 되는구나 하는 미묘한 감정도 느꼈던 날이었다.

ROTC 훈련은 단순히 육체적 고통을 넘어 나를 군인으로, 더 나아가 인간으로 성장시켜 준 시간이었다. 상고를 졸업한 후 대학에 가기 전, 나는 이미 일 년간 직장 생활을 했고, 당시에는 대학 진학보다 어떻게 해서든 빨리 돈을 벌어 가난에서 벗어나야 한다는 강박관념에 사로잡혀 있었다. 하지만 대학에 진학하고 ROTC에서 받은 "양심을 잃지 말고, 전우와 부하를 위해 희생하며, 가족보다 국가에 충성하고 명예를 지키라"는 가르침은 나에게 수단과 방법의 정당함을 깨닫게 해 주었을 뿐만 아니라, 올바른 삶을 살아가는 철학을 심어 주었다.

그 덕분에 41년의 직장 생활 동안 단 한 번도 부정과 결탁하지 않았고, 부당하거나 정의롭지 않은 일에 서지 않으면서 명예롭게 은퇴할 수 있었다. ROTC는 나에게 단순히 군인이 되는 길이 아닌, 올바른 삶의 방향을 제시해 준 소중한 시간이었다.

학군단 시절의 동기들은 정말 특별한 친구들이었다. 그들은 유머와 개성, 그리고 의리로 가득 차 있었다. 51명의 입단 동기 중 49명이 최종 임관했고, 나는 35년 넘게 해외에서 근무하면서도 그들의 변치 않는 동기애와 격려 덕분에 대한민국 장교 출신이라는 자부심을 지킬 수 있었다. 해마다 두 번 정도밖에 고국에 들어올 수 없었던 나를 위해 늘 시간을 내어 자리를 만들어 주고, 우정과 동기애를 확인시켜 준 그들에게 나는 늘 고마운 마음을 잊지 않고 지냈다.

비록 작은 조직이었지만, 그들은 어디서든 맡은 바 최선을 다하는 친구들이었다. 국내의 유수 대학이나 기업에서 최고 경영자가 된 친구들, 해외에서도 수완을 발휘하여 보험과 무역 등에 종사하며 현지에서 크게 입지를 세운 동기들, 그리고 아직은 무명이지만 길거리 가수를 택해 자기가 좋아하는 일에 매진하는 동기도 있다.

이들 중 이계웅은 HARLEY DAVIDSON 한국 딜러로서 사업적으로 성공을 거두었지만, 틈틈이 철인 삼종경기 선수로서도 전국에서 동년배 중 우승을 여러 번 할 정도로 자기 관리를 철저히 하면서 사회 곳곳의 음지에서 도움의 손길이 필요한 많은 분들에게 오랫동안 기부를 해 오며 모범적인 인생을 살고 있다.

또 하나의 동기인 임석구는 나와 같이 오랜 기간 해외 생활을 통해 미국 워싱턴 D.C.에서 보험과 금융업 분야에 크게 성공한 친구다. 그는 거의 삼십 년을 현지 교포 자녀들의 정체성을 위하여 한글학교 지원과 'Korea'라는 교포 신문의 발행인으로서 봉사해 오고 있다. 그는 한때 순수한 토종 출신 한국인으로서 나와 같은 사단에 통역장교로 근무하기도 했었고, 김영삼 대통령과 캐나다의 장 크레티

앵(Jean Chrétien) 총리와의 정상 통역을 맡은 인재이기도 하다.

이렇게 많은 친구들은 내게 끊임없는 잠재력과 동기부여를 북돋아 주면서도, 이따금씩 내가 목표를 잃고 방황할 때면 용기와 맑은 기운을 내게 주곤 했다.

마음을 다스리지 못하면 평화가 없다

나의 대학 생활을 돌아보면, 경제적 어려움이 늘 나를 지배하고 있었다. 끊임없이 돈 벌이에 매달려야 했기에 마음의 평화를 찾기란 쉽지 않았다. 집안 형편이 조금씩 나아지고는 있었지만, 형과 나, 그리고 고등학생인 동생의 학비를 어머니 혼자 감당하기란 여간 힘든 일이 아니었다. 대학생이 된 이상, 어머니의 도움에서 벗어나 스스로 학비와 용돈을 마련해야 한다는 생각이 머릿속에서 떠나지 않았다. 그래서인지 나는 공부보다는 용돈 벌이에 더 관심이 많았던 것 같다.

방학이면 일자리 찾기가 비교적 수월했지만, ROTC에 지원한 후로는 일주일에 두 번 있는 군사훈련과 여름 방학의 병영 훈련 때문에 수업을 따라가는 것조차 버거웠다. 그럴 때마다 ROTC를 그만두고 사병으로 입대해 병역의무를 빨리 마치는 게 나을지도 모른다는 생각이 들곤 했다.

마음의 평화를 찾기 어려웠던 또 하나의 원인은 가난했던 가정환경에서 벗어나 경제적 성공을 이루겠다는 강박이 나를 지배했기 때문이다. 하지만 현실 속의 나는 지극히 초라했고, 그 암담함이 늘 나를 짓눌렀다. 미래를 생각할 때마다 가난을 탈출하기란 기적이나 요행 없이는 불가능할 것 같다는 불길한 생각이 나를 옥죄었다.

경영학과를 선택한 것도 돈을 벌기 위한 필수적인 도구라 생각했지만, 자본이 재화를 창출한다는 평범한 경제 이론은 오히려 나를 더 초조하게 만들 뿐이었다. 그런 이론들은 내게 현실과의 괴리감만을 더욱 크게 느끼게 했다.

그러던 어느 날, 초등학교 시절의 기억이 떠올랐다. 학교가 끝나면 양지회관으로 달려가 책을 읽으며 마음의 안정을 찾던 시절이었다. 그때의 나는 지금보다 훨씬 암울한 상황 속에서도 책을 통해 미래를 꿈꾸며 희망을 잃지 않았던 것 같다. 그 기억이 떠오르자 나는 학교 도서관으로 향했다.

흐트러진 마음을 잡으려 책을 찾던 중, 한 권의 책이 눈에 들어왔다. 표지에는 〈Think and Grow Rich〉라고 쓰여 있었고, 번역 제목은 '생각하라 그러면 부자가 될 것이다'였다. Napoleon Hill이라는 미국 작가가 쓴 그 책은 마치 자석처럼 나를 끌어당겼다. 서문을 읽는 순간, 나는 번개를 맞은 듯한 충격을 받았다. 그날 나는 도서관이 문을 닫을 때까지 책을 읽었고, 집에 돌아와서도 밤새도록 책에 탐닉했다.

그 책은 방황하던 나에게 마치 선물처럼 다가왔다. 첫 번째 읽었을 때는 부자가 되고 싶은 열망을 자극하는 책이라고 생각했지만, 두 번째, 세 번째 읽을 때는 세상을 살아가는 마음가짐과 정신세계를 바로잡아 주는 철학 서적이라는 것을 깨달았다.

  나는 그 책을 통해 단순히 돈을 벌겠다는 욕망이 아니라, 자기 확신과 흔들리지 않는 신념을 가지고 끝까지 포기하지 않는 삶의 중요성을 배웠다. 변화는 정신에서 시작된다는 것을 깨달았고, 그동안 내가 어찌할 수 없는 일에 초조해하며 살아온 것이 얼마나 나를 힘들고 소심하게 만들었는지를 알게 되었다.

  22세의 나는 처음으로 과거를 진지하게 돌아보는 시간을 가졌다. 때로는 감당하기 어려운 고난도 있었지만, 결국 시간이 모든 것을 해결해 주었고 나는 내가 가질 수 있었던 것보다 훨씬 더 많은 것을 가진 행운아라는 것을 인정하게 되었다. 그때 이후로 나는 환경을 탓하지 않고 남과 나를 비교하지 않으며, 오로지 나를 믿고 내가 설정한 인생 항로를 정면으로 돌파하기 위해 노력했다.

  대학을 나서기 직전, 나는 마음을 완전히 통제하지 못하면 평화를 찾을 수 없다는 것을 깨달았다. 목표를 이루기 위해서는 자기 신념이 흔들리지 않아야 한다는 것, 그렇지 않으면 불신과 불평으로 가득 찬 삶을 살아야 한다는 것을 알게 되었다. 그 순간이 나에게는 새로운 출발이었다.

스스로를 칭찬하며 작은 성취를 이뤄낸 시간

  졸업과 장교 임관을 앞두고 있던 그 시절, 나는 졸업 논문을 마무리하며 임관 고사와 입사 시험 준비로 바쁜 나날을 보내고 있었다.

군 미필자였던 나에게 지원할 수 있는 회사는 삼성그룹과 대우그룹뿐이었다. 당시 대부분의 회사들은 필기시험을 통해 지원자를 압축한 뒤 면접으로 최종 선발하는 방식이었고, 모든 그룹사들의 필기시험이 같은 날 같은 시간에 치러졌기 때문에 단 한 곳만 선택해 응시할 수밖에 없었다. 나는 4년 전 대우실업을 퇴사하며 다짐했던 대로 대우그룹에 지원했고, 다시 한번 합격의 기쁨을 맛보았다.

고단하고 지난한 풍파를 겪어 온 나의 부모님들은 내 작은 성취에 기뻐하셨겠지만, 그 기쁨을 표현하는 데는 인색하셨다. "고맙다", "수고했구나", "부모로서 보람을 느낀다" 같은 말 한마디만 해 주셨어도 좋았을 텐데, 그 시대의 부모님들은 가족에게 사랑을 표현하는 데 서툴렀다.

특히 어머니는 "남들에게 얘기하면 복이 달아난다"며 좋은 일은 혼자 간직해야 오래 지킬 수 있다고 강조하셨다. 그래서인지 어머니는 내 성취를 즐기기보다는 조심스러워하셔서, 이웃에게조차 자랑하지 못하실 정도였다. 하지만 나는 어머니의 속마음을 잘 알기에, 그녀의 빙그레 웃는 표정만으로도 무한한 기쁨을 읽을 수 있었다.

이러한 가정에서 자랐기 때문인지, 나는 아주 작은 성취에도 스스로를 무척 칭찬하고 자랑스러워하는 습관이 생겼다. 그것은 마치 혼자만의 독백이자 나를 다독이는 일종의 버릇이 되었다. 언제부터인지는 정확히 기억나지 않지만, 신문 배달로 첫 월급 1,500원을 받던 시절부터 시작된 것 같다. 주산, 부기, 타자 실기시험에 합격할 때마다, 한국화약과 대우실업에 합격하고 대학에 들어갈 때마다 나는 누구보다도 내가 자랑스러웠다. 그 기쁨을 주체할 수 없었지만,

뽐내고 싶은 마음은 스스로를 칭찬하며 채웠다. 작은 목표라도 끝까지 달성할 수 있었던 힘은 바로 이 자기 칭찬에서 나왔던 것 같다.

결국 작은 성공은 나와의 약속을 지키고 그 결과를 증명하는 것이었다. 그 결과는 온전히 나의 것이었고, 굳이 주변 사람들에게 칭찬을 기대할 필요도 없었다. 현실적으로 그렇게 해 줄 만한 사람도 주변에 많지 않았으니까! 나는 스스로를 칭찬하며 내가 세운 목표를 하나씩 이루어 나갔다. 그것이 나에게는 가장 큰 동력이 되었고, 나를 앞으로 나아가게 하는 원동력이 되었다.

어머니의 말씀을 완전히 이해하는 데는 시간이 필요했지만, 결국 나는 그 의미를 깨달을 수 있었다. 어떤 이들은 목표를 설정하기도 전에 많은 사람들에게 자신의 계획을 말하고, 또 어떤 이들은 목표를 이루는 과정에서 자신의 노력을 과시하기도 한다. 회사에서도 일을 열심히 하지 않으면서 윗사람의 평가만을 궁금해하는 사람들이 많다.

하지만 '진인사대천명(盡人事待天命)'이라는 말처럼, 묵묵히 자신의 할 일을 다하고 결과를 기다리는 것이 진리임을 나는 수없이 목격해 왔다. 그런 사람들에게 나는 항상 목표와 과정을 가슴속에 새기고 "스스로에게 칭찬을 많이 하는 습관을 들이라"고 충고했다.

4학년이 끝나갈 무렵인 1983년 12월 초부터 대우 그룹에 출근한 나는 이듬해 2월 15일이 되어서야 군 입대 사유로 휴직계를 냈다. 아이러니하게도 5년 전에는 군 입대를 통해 현실을 도피하려 했던 내가, 이제는 대졸 사원으로 다시 입사한 후 장교로 군에 입대한다는 현실이 고스톱의 '일타 쓰리피'를 연상시켰다.

입대 전, 나는 대우에서 3개월치 급여와 전별금을 받아 난생 처음으로 통장에 많은 현금이 쌓였다. 장교가 된 덕분에 용산 군 PX에서 가전제품을 면세로 구입할 수 있는 특혜를 누렸고, 그 면세쿠폰으로 집에 없던 세탁기를 사들였고 냉장고도 교체해 주었다. 그것은 내가 우리 집의 아들로서 그동안 기여한 것 중 가장 큰 것이었기에 입대하는 발걸음이 훨씬 더 가벼워졌다.

ROTC 임관식에 참석하신 부모님과의 합영

2장

도전, 희생, 창조를 통한 배움과 성장의 시간

보병 학교 입교와 최승균 소위, 그리고 사필귀정

　군대를 늘 현실 도피처로 생각했던 나는 드디어 장교로 임관하여 3월 2일 광주 보병 학교에 입소했다. 3,000명이 넘는 신임 소위들의 함성은 상무대를 뒤흔들기에 충분했다. 그곳에서 4개월 동안 열심히 배워 전방에 나가 훌륭한 소대장이 되어야 한다는 일념으로 모두가 훈련에 임했다.

　상무대에서는 정말 많은 일이 있었는데, '보병은 3보 이상 구보! 포병은 3보 이상 승차!'라는 지극히 불공평한 현실은, 식당을 바로 중대 막사 옆에 둔 배고픈 우리들을 식사 때마다 연병장 대여섯 바퀴씩 돌게 만들었다. 우리는 아침마다 먼지와 땀에 절어 식사를 하면서 군대는 보직이라는 것과 줄을 잘 서야 한다는 현실을 체감했다.

　현대 전투의 70%가 야간 전투라는 기치 아래, 우리는 거의 매일 야간 훈련에 참여했다. 극심한 피로 속에서도 전방으로 나갈 미래를 생각하며 희망을 품고 열심히 배웠다. 그러던 어느 날, 우리 중대에 커다란 사고가 발생했다. 이 사고는 이후 내 소대장 시절뿐만 아니라 인생 전반에 걸쳐 나의 정신세계에 큰 영향을 미쳤기에, 그 사고를 소개한다.

　나는 중화기를 전문으로 다루는 소대장을 배출하는 2중대에 속하게 되었다. 4.2인치 박격포, 88mm 박격포, 90mm 무반동포 등 값비싸고 무거운 화기를 다루는 훈련은 일반 소총 중대보다 더 많은 인내를 요구했다.

3월 셋째 주 우리는 동복 유격장으로 2주간의 유격 훈련을 떠났다. 그 유격 과정은 지금 생각해도 불필요할 정도로 과도한 체력적 한계를 요구했다. 무등산 정상을 바라보며 두 시간 넘게 포복으로 산을 넘어야 했고, 동복 유격장까지는 화생방 피습을 가정해 방독면과 판초우의를 입고 행군해야 했다.

평균 이상의 체력을 가진 나조차도 죽을 맛이었지만, 유격 훈련 중 시작된 폭력에 가까운 구타는 우리를 공포 속으로 몰아넣었다. 선배들이 말한 대로 보병 학교의 유격 훈련이 힘들고 혹독하다는 것은 알고 있었기에 우리는 훈련에 임하는 마음가짐부터 단단히 다져 놓은 상태였다. 하지만 유격에서 탈락하면 훈련소를 떠나지 못한다는 사실이 우리를 옥죄었고, 부당한 훈련 방식과 폭력에도 우리는 어쩔 수 없이 묵묵히 순응할 수밖에 없었다. 그 순간, 우리에게 주어진 선택지는 고통을 견디는 것뿐이었다.

동복 유격장에 도착했을 때, 이미 많은 동기들이 발에 물집이 잡히고 탈진한 상태였다. 그날 우리는 휴식이 절실했지만, 유격대 교관들은 우리를 가만히 두지 않았다. 선착순으로 이 산 저 산을 돌며 구보를 시키고, 늦게 도착한 동기들은 선녀탕이라는 곳에 입수하라는 명령을 받았다. 심지어 다리 밑의 통수관을 잠수하여 반대편과 선녀탕을 반복하는 얼차려까지 강요당했다. 선녀탕 바로 위에는 식기 세척장이 있었는데, 그곳에 쌓인 잔반과 오염 물질로 인해 악취가 진동하는 지름 10여 미터의 물웅덩이에서 잠수와 기상을 반복해야 했다. 그 시절의 황당했던 야만적인 훈련을 지금의 후배들은 도저히 이해하지 못할 것이다.

동복 유격장은 산속에 위치해 있어 3월 말이었지만 아직 겨울이 지나지 않은 듯 밤에는 영하로 떨어지는 추위가 우리를 괴롭혔다. 도착한 첫날, 혹독한 환영 행사를 마친 우리는 산비탈에 텐트를 치고 2인 1조로 생활을 시작했다. 바닥에서 올라오는 한기와 텐트 위에서 내려오는 추위를 두 장의 모포로 막아 보려 했지만, 도저히 추위를 이길 방법이 없어 깊은 잠을 잘 수 없었다. 이렇게 시작된 유격 훈련은 누구도 빠질 수 없는, 매 순간이 구타와 훈련의 경계가 무너진 공포 그 자체였다. 정신을 차리지 않으면 크게 다치거나 죽을 수도 있다는 생각이 들 정도로 그 가혹함은 극에 달했다.

둘째 날, 정규 훈련이 끝난 후 완전 군장으로 다시 집합해 10km 구보를 시작했다. 어제의 무리한 행군으로 발에 물집이 잡힌 동기들이 하나둘씩 낙오하기 시작했고, 우리는 그들을 부축하며 완주하려 했다.

하지만 유격 교관은 그것을 허용하지 않았다. 낙오한 동기들을 뒤로 한 채 유격장으로 돌아와 저녁 식사를 준비하던 중, 앰뷸런스 차에 밧줄로 묶인 채 질질 끌려 들어오는 낙오한 동기들의 모습을 보았다. 충격적인 장면이었지만, 나는 비겁하게도 아무것도 할 수 없었다. 아니, 어느 누구도 그 상황에서 나설 수 없었다. 동복 유격장은 이미 지옥과 같은 분위기였다.

그 낙오한 동기들 중 최승균 소위가 있었다. 부당한 가혹 행위에 항거했던 그는 그날 교관들에게 심한 폭행을 당했다는 소식을 다음 날 동기들을 통해 들었다. 유격장에 입소한 지 단 이틀 만에 나보다 더 건장했던 최 소위는 급격히 체력이 떨어져 나머지 훈련을 제대로 받을 수 없었다. 그곳에서는 인권이란 말이 무색할 정도로 가혹한 훈련이 계속되었고, 최 소위가 그 고통을 견디지 못할 때쯤, 우리는 동복 유격장에서 가장 힘든 1주차 마지막 날을 맞이했다. 인근 강으로 이동해 낙하와 활차 훈련을 하러 가는 날이었다.

우리가 훈련장을 떠나는 그날 아침, 최 소위는 사열대 옆 땅바닥에 힘없이 앉아 있었다. 그것이 내가 본 그의 마지막 모습이었다. 훈련을 마치고 돌아왔을 때, 그는 이미 병원으로 후송되었다는 소식을 들었다. 그리고 다음 날 새벽, 그는 세상을 떠났다.

꿈 많고 건장했던, 대학을 막 졸업한 젊은 장교가 꽃도 피워보지 못한 채 허망하게 삶을 마감하는 모습을 보며, 나는 말로 다할 수 없는 슬픔과 좌절에 빠졌다. 초급 장교들을 교육한다는 그들에게 대체 누가 이런 말도 안 되는 권한을 준 것인지, 진정한 강군을 양성하기 위한 교육이 무엇인지도 모르는 자들에게 야만적인 훈련 방법을 내버려둔 것이 너무나 억울하고 분통 터질 뿐이었다.

우리 동기들은 분노했다. 유격장에 있던 우리들뿐만 아니라 상무대에 남아 있던 동기들까지 모두 훈련을 거부하고 연병장에 모여 유격대 대장과 교관들의 처벌을 촉구했다.

그날의 기억은 아직도 내 마음 한구석에 깊이 박혀 있다. 죽은 자는 아무 말도 할 수 없고, 산 자는 자신의 책임을 모면하기 위해 악어의 눈물을 흘렸다. 동기회에서는 훈련 중 사망한 유공자에 대한 대우와 재발 방지를 위한 약속을 받아 냈지만, 정작 당사자들은 아무런 책임도 지지 않았다. 그렇게 사건은 종결되었다. 그러나 나는 그날의 일이 늘 마음에 걸려 있었다. 어쩌면 그때의 나는 너무 어리고 비겁했던 탓일지도 모른다.

　37년이 지난 2019년, 다수의 동기들이 진정을 통해 군사망사고 진상규명위원회에서 이 사건을 다시 조사하게 했다. 결국 그의 억울한 죽음은 세상에 알려지게 되었고, 단순한 과로사로 처리되었던 사망 원인은 지속적인 구타와 가혹 행위에 의한 급성 심장사로 변경되었다. 그리고 2022년 7월 12일, MBC PD수첩을 통해 이 사건이 세상에 소상히 알려졌다. 나는 두바이에서 유튜브로 그 방송을 보며 눈물을 멈출 수 없었다.

　그때의 나는 불의를 보았으면서도 내 안위를 위해 아무런 용기를 내지 못했던 23세의 비겁한 초급 장교였다. 그날의 나를 떠올리면 지금도 회한이 가슴을 스친다. 42년이 지난 지금, 진실은 영원히 감출 수 없다는 평범한 진리를 다시 한번 깨닫는다. 그 오랜 세월이 흘렀어도 잊지 않고 진실을 밝히기 위해 헌신적인 노력을 기울인 동기들에게 깊은 감사를 전한다.

　그리고 최승균 소위의 영전에 머리를 숙여 명복을 빌며, 이제는 편안히 영면하길 바란다. 그의 죽음이 결코 헛되지 않기를, 그리고 그런 비극이 다시는 일어나지 않기를 간절히 소망한다.

철책선 소대장, 사격장과 우물장에서 얻은 것들

　한 명의 동기를 뒤에 남긴 채, 우리는 보병 학교를 졸업하고 전국의 각 부대로 배치되어 보병 학교를 떠났다. 나는 전군에서 가장 먼저 창설된 전통 깊은 1사단 15연대 4대대에 배속되어 서부전선 최전방 철책선을 지키는 중화기 중대 소대장이 되었다. 그토록 학수고대했던 소대원들과의 첫 만남은 칠흑 같은 어둠이 깔린 철책선 후면의 보급로를 따라 도착한 깡통 막사 안에서 이루어졌다.

유난히 더웠던 6월의 마지막 날이었는데, 소대원들은 반바지만 입은 채 침상에 정좌하고 앞만 응시하고 있었다. 선임하사인 조중연 중사가 나에게 소대 보고를 했고, 나는 보병 학교에서부터 무던히 준비해 왔던 소대장 부임 인사를 시작했다. 그러나 여름 땡볕에 검게 탄 그들의 모습을 보자, 그간의 준비가 부질없는 헛수고였다는 생각이 들었다. 그들의 검게 그을린 얼굴은 건강미로 가득했지만, 왠지 모르게 불쌍하다는 생각이 들었다. 그리고 나는 그들의 좋은 아버지이자 형이 되어, 무사히 그들의 부모님께 온전히 돌려보내겠다는 다짐과 함께, 이 젊은 시절 나라를 위해 흘린 땀과 시간이 결코 헛되지 않도록 하겠다고 마음속으로 약속했다.

7월은 더욱 더웠다. 처음 만났던 그날처럼, 나는 전방 경계근무를 하지 않는 시간에는 모두가 군복을 벗고 반바지만 입은 채 생활하도록 허락했다. 그러나 나는 소대장으로서 항상 전투태세를 갖춘 복장을 유지했다. 군복 속으로 비 오듯 흘러내리는 땀이 양말과 군화까지 적셨지만, 보병 학교에서 배운 대로 품위와 권위를 지키기 위해 감내해야 할 일이라 생각하며 그 무더운 여름을 견뎌냈다.

자대 배치를 받은 지 한 달도 채 되지 않았을 때, 나는 야간 사격장을 소대 막사 근처에 만들기로 결심했다. 그때는 상급부대의 지시로

매일 밤 철책선에서 전반야 근무를 마치고 후반야 근무 인원이 막사로 돌아오면, 소대장인 내가 그들을 이끌고 도보로 30분 거리에 있는 사격장까지 가서 야간 사격 훈련을 한 후 복귀하는 일상이 반복되고 있었다. 문제는 후반야 근무 인원이 밤 12시에 기상해 철책선에 투입되기 전, 야간 사격 훈련을 위해 한 시간을 할애해야 한다는 점이었다. 이로 인해 수면 시간이 줄어들면서 철책선에서의 전방 감시 업무에 차질이 생기는 것은 당연한 결과였다.

소대 막사와 연병장 주변은 지뢰 표시가 붙은 철조망으로 둘러싸여 있어 출입이 엄격히 금지된 지역이었다. 곳곳에는 '길이 아니면 가지 말라'는 표어가 걸려 있었고, 소대장들의 주요 교육 사항 중 하나는 병사들에게 지뢰지대의 위험성을 끊임없이 상기시켜 사고를 예방하는 것이었다.

그런 엄격한 환경 속에서도 소대 막사에서 후방으로 약 100미터 정도 떨어진 곳에는 소대원들이 사용하는 작은 우물터가 있었다. 이곳은 식수와 세탁 등 생활 용수로 활용되던 곳이었는데, 바로 그 옆에는 넓고 완만한 경사진 땅이 펼쳐져 있었다. 가로 30미터, 세로 70~80미터 정도의 그 땅에는 큰 나무는 없고, 키 만한 초목들이 빽빽이 자라 있었다. 물론 그곳은 철조망으로 둘러싸여 있었고, 지뢰지대라는 표지판이 붙어 있었다.

며칠 동안 나와 시골 출신의 고참 병사는 그곳을 면밀히 관찰했다. 습지가 아니었음에도 어린 관목은 전혀 보이지 않았고, 대부분 1년생 미만의 풀만 쑥대밭처럼 무성하게 자라 있었다. 그 모습을 보니, 예전에 이곳에 부대가 주둔했을 때 야채를 심어 먹던 밭이었을 것이라는 생각이 들었다. 오랫동안 평지로 사용되다가 최근에 방치된 안전한 땅이라는 생각이 점차 들기 시작했고, 이곳이 야간 사격장으로 최적의 장소라는 확신이 들었다.

중대장에게 즉시 보고하며 현 야간 사격장의 불합리성을 지적하고 승인을 요청했지만, 그는 안전 문제를 이유로 쉽게 결정을 내려 주지 않았다. 나는 그 땅이 사격장으로 개발해도 될 만큼 안전하다는 것을 증명해야 했다. 그러나 '길이 아니면 가지 말라'는 지뢰지대인 GOP에서 어떻게 그런 증명을 할 수 있을까? 며칠이 지나도 중대장의 승인은 오지 않았고, 결국 나는 내 책임하에 이 일을 진행하기로 마음먹었다.

소대원들의 신상명세서를 다시 검토하며, 5·18 광주 의거로 인한 휴교 기간 동안 탐닉했던 나만의 주역 풀이 지식을 바탕으로 명줄이 가장 길 것 같은 병사 서너 명을 선발했다. 나는 그들과 함께 이 일을 시작했다. 당초 계획보다 규모를 축소해 나를 포함해 4명이 작업을 마칠 수 있도록 했지만, 이틀 정도 조심해서 풀을 베어내고 나니 안전에 대한 확신이 생겼다. 이후 인원을 더 투입해 일주일 만에 야간 사격장을 완성했다.

내가 갑작스럽게 완공을 보고하자 중대장님은 즉시 오토바이를 타고 달려와 확인했다. 훈련소 수준은 아니었지만, 교범에 따라 잘 만들어진 사격장을 보고 그는 매우 흡족해했다. 다음 날에는 대대장님도 방문해 칭찬과 함께 내게 원하는 것이 있는지 물었다. 나는 망설임 없이 공로가 있었던 병사들의 포상 휴가증을 요청했고, 그렇게 해서 신임 소대장으로서 첫 포상 휴가를 병사들에게 선물할 수 있었다. 이후에도 이 사격장 프로젝트를 통해 연대로부터 또 한 장의 포상 휴가를 받으며, 소대원들에게 "일한 만큼 거둔다"는 인식을 심어줄 수 있었다.

그렇게 나의 첫 번째 프로젝트는 성공적으로 마무리되었고, 소대원들과의 신뢰를 다지는 계기가 되었다. 작은 결심이 큰 결과로 이어질 수 있음을 몸소 느낀 순간이었다.

두 번째 프로젝트는 새로운 우물을 개발하고 그곳에 세면장을 크게 만드는 것이었다. 언젠가부터 소대원들이 갑자기 사라지는 것을 자주 목격하게 되었다. 전령에게 물어봐도 그는 애매한 대답만 할 뿐이었다. 며칠간 관찰한 끝에, 앞서 언급한 100미터 정도 떨어진 우물장에서 고참들이 후배 병사들을 집합시켜 교육한다는 사실을 알게 되었다. 그곳은 막사나 보급로에서 보이지 않는 사각지대에 위치해 있었고, 고참들이 교육이라는 명목으로 상습적으로 구타를 일삼고 있었다는 것도 알아냈다.

나는 분대장과 고참 병장들을 불러 모았다. 전방 지역이었기에 모두 실탄을 장전하고 근무하는 상황이었고, 사고가 나지 않도록 강력히 주의를 주었지만, 그들의 행동은 쉽게 멈추지 않았다.

한편, 나는 소대원들과 함께 그곳에서 목욕을 할 수 없어 그들이 취침한 후 혼자 우물장에서 목욕을 하곤 했다. 하지만 산모기가 너무 극성이라 도저히 참을 수 없었다. 모두의 복지를 위해서라도 우물장을 신속히 소대 막사 앞으로 옮겨 관리가 가능하도록 해야겠다는 결심을 했다.

우리 소대는 1968년 청와대 습격을 일으킨 김신조 무장공비 일당이 침투했던 김신조 루트를 책임지고 있었다. 막사 앞에는 철책선에서부터 이어지는 작은 계곡이 있었는데, 그곳을 파면 물이 나올 것이라 생각했다. 분대장과 개발 계획을 협의했지만, 그들은 이 계획에 반대했다. 여러 이유가 있었겠지만, 무엇보다도 그들에게 필요한 군기 집합 장소가 없어지는 것에 대한 불만이 컸을 것이다. 그래도 나는 계획을 밀어붙였다.

그들은 마지못해 따르는 척하며, 내가 정한 계곡 밑의 지점에서는 물이 나오지 않을 거라며 트집을 잡았다. 대신 그들이 선택한 평지에서 파겠다고 고집을 부렸다. 나는 그곳은 물이 나오려면 아주 깊이 파야 한다고 설득했지만, 이미 불만이 가득한 그들은 듣지 않았다. 결국 나는 두 곳을 모두 파 보자고 제안했다. 분대장과 고참들로 이루어진 팀과, 나와 상병 미만의 병사들로 이루어진 팀이 서로 경쟁하며 우물을 파기 시작했다. 하루가 지나자 우리 팀은 곧 물을 발견했지만, 고참 팀은 오후 내내 물을 찾지 못한 채 땅만 파고 있었다.

다음 날 아침, 전날 파놓은 우물터에 가보니 물이 솟아올라 옹벽을 무너뜨리고 있었다. 우물을 파고 난 즉시 물을 가둬둘 수 있는 대형 관도가 필요했고, 세면장을 만들기 위해서도 제대로 된 계획이 필요하다는 것을 깨달았다.

우물장과 세면장의 공사 계획을 세워 중대장님께 보고했고, 예산 지원을 요청했다. 중대장님은 내가 신임 소대장으로서 새로운 시도를 하는 것을 평가하셨지만, 요청한 만큼의 예산을 지원해 줄 만한 여유가 없다고 하셨다. 하지만 나는 포기할 수 없었다. 모두를 위한 우물장을 만들기 위해 어떻게든 해내야만 했다.

그때 문득 언젠가 보았던 지뢰지대 안의 오래된 조그만 다리가 생각났다. 그 다리는 통행이 금지된 후방 지역에 있었지만, 우리 소대 막사에서 멀지 않은 곳에 있어 망원경으로도 볼 수 있는 거리였다. 이미 다리로서의 기능을 상실한 채 덩그러니 놓여 있던 아연도 배수관과 통수관이 땅에 반쯤 파묻혀 있었다. 그 다리를 지탱했던 아연도 통수관은 한눈에 봐도 내 두 번째 프로젝트에 딱 맞는 것임을 알 수 있었다.

옆 중대에 경운기가 있다는 것을 알고 있었기에, 중대장님께 보고해 경운기로 통수관을 해체해 소대까지 실어 왔다. 이제 필요한 것은 시멘트와 자갈뿐이었는데, 자갈은 필요한 만큼 부대 인근에서 확보할 수 있었다.

가끔 공병대 트럭이 전방 보급로를 지나가는 것을 알고 있었기에 소대원들이 야간근무를 마치고 잠든 시간을 틈타 며칠을 기다렸다. 마침내 지나가던 공병대 트럭을 멈추게 하고, 우물장 사업을 위해 시멘트가 필요하다고 설명했다. 졸병들이 상습적인 집합과 구타로 힘든 군 생활을 하고 있다는 이야기는, 일병이었던 그 병사의 마음을 움직이기에 충분했다. 게다가 사단 공병대에 있던 나의 도봉동 친구 최중현 병장의 이름을 언급하니, 그는 더욱 고개를 끄덕이며 이해하는 눈치였다. 그는 최병장과 같은 소대원이었는데, 돌아가서 최병장에게 보고해 방법을 찾아보겠다고 말하며 떠났다.

그 후로 몇 번 더 그 병사를 만날 수 있었고 약속된 어느 날, 그 공병대 병사는 최병장의 안부를 전하며 시멘트 일곱 포대를 보급로에 내려놓고 떠났다. 소대 운영비로 받는 월 15,000원을 사용해 나머지 자재를 구입하고, 대대에서 지원받은 모래를 활용해 나는 근사한 우물장을 완성했다. 그 우물장에 '북진(北進)'이라는 이름을 붙였다.

두 번째 프로젝트는 미담 사례로 연대소식에도 실렸다. 늦가을 월동 준비를 하며 드럼통을 반으로 잘라 물을 데우는 시설까지 추가했고, 짚으로 엮어 지붕 위와 밑을 완전히 벽으로 막아 추위를 막았다. 그 우물장은 대대와 연대에서 네 장 이상의 포상 휴가증을 받는 성과를 냈고, 연거푸 병사들을 휴가 보내는 기쁨을 누렸다.

두들기면 열릴 것이라는 믿음 하나만으로 시작한 일이었다. 처음에는 반대도 많았지만, 우리에게 꼭 필요한 시설이었기에 결국 모두가 단결해 이루어 낸 것이었다. 제대한 지 40년이 지났는데도, 가끔 그 우물장과 세면장이 아직도 남아있을지 궁금해질 때가 있다. 그곳에 서서 그때 우리가 품었던 열정과 의지를 다시 한번 느껴 보고 싶은 바람이 있다.

수해와 무너진 철책선, 지뢰지대에서의 결단

1984년 여름이 끝나갈 무렵, 사상 유례없는 엄청난 폭우가 서울과 경기 북부 지역을 덮쳤다. 그로 인해 많은 사상자와 수재민이 발생했으며, 최전방  의 철책선 대부분이 물에 잠기거나 무너져 버렸다. 철책선을 따라 설치된 경계 초소와 교통호 역시 대부분 유실되거나 심각한 피해를 입었다. 남북의 경계를 이루던 철책과 초소가 붕괴되었음에도 비는 멈출 기미가 없었다. 우리는 낮에는 피해를 복구하고, 밤에는 전방 경계를 강화하는 비상 근무 체제에 들어갔다.

비가 그치자마자 쓰러진 철책선과 무너진 교통호를 긴급히 복구하라는 명령이 떨어졌다. 급박한 상황 속에서 며칠 내에 작업을 마쳐야 했지만, 최전방 소대장인 나로서는 할 수 있는 일이 거의 없었다. 우리 소대원들은 야전삽을 들고 나가 무너진 교통호를 보수하려 했지만, 능률을 내기 어려운 상황이었다. 복구에 필요한 자재를 지원받는 것도 불가능했다.

나는 다시 한번 어려운 결정을 내려야 했다. 교통호나 붕괴된 둑을 복구하려면 목재가 필요했는데, 필요한 나무는 오직 지뢰지대라고 표시된 철조망 너머에만 있었다. 누군가 위험을 감수해야만 했다.

장마로 인해 발목지뢰가 빗물에 쓸려 내려와 보급로로 흘러나올 수 있다는 경고가 매일 내려왔다. 비가 그친 지 열흘이 지났음에도 복구 작업은 진척되지 않았다. 야간이 되면 앞이 뻥 뚫린 DMZ(비무장지대)를 바라보며 전방 경계를 서야 하는 부담감도 점점 더 커졌다. 매일같이 이어지는 수해 복구에 대한 상급 부대의 재촉과 압박은 나를 더욱 초조하게 만들었다.

결국 나는 용단을 내렸다. 앞서 우물장 공사 때와 마찬가지로 운세가 좋고 믿음직하다고 여긴 소대원 두 명을 데리고 다시 한번 지뢰 철조망을 넘기로 했다. 물론, 내가 가장 앞장서서 먼저 넘어간 뒤, 내 발자국을 정확히 따라오게 했다.

그렇게 지뢰밭에서 내가 지정한 나무를 하나씩 베어 냈다. 철조망 바깥으로 잘라낸 나무를 운반해 쌓아 놓으면, 다른 병사들이 그것을 다시 소대까지 옮기는 방식이었다. 첫날의 긴장과 공포는 말로 표현할 수 없을 정도였지만, 둘째 날부터는 '여기엔 지뢰가 없다, 나는 운이 좋은 사람이니 절대 사고가 나지 않을 거야!'라는 확신이 생겼다. 이런 자신감 덕분에 작업 속도가 빨라졌고, 결국 9월이 가기 전에 모든 복구 공사를 완료해 예전과 같은 정상적인 생활로 돌아올 수 있었다.

그해의 수해 피해는 정말 심각했다. 북한의 김일성은 남쪽의 수해 복구를 돕겠다며 시멘트와 옷감, 쌀 등을 지원하겠다고 제안했고, 당시 전두환 대통령은 이를 흔쾌히 수락했다. 남한이 북한으로부터 수재의연품을 받은 것은 역사상 처음이자 마지막이었다. 나는 그런 특별한 사건을 바로 그 현장에서 경험했다.

다른 중대로의 전출과 소대 운동회

1985년 2월, 나의 소대장 생활은 순조롭게 흘러가고 있었다. 소대원들과의 신뢰는 더할 나위 없이 깊어져 있었다. 그런데 어느 날 중대장님으로부터 전화 한 통을 받았다. 소총 중대인 15중대 2소대장으로 즉시 이동하라는 지시였다. 최전방 철책선 임무의 중요성을 생각하면 놀라운 일은 아니었지만, 정든 부하들과 헤어져야 한다는 아쉬움이 밀려왔다.

이유는 동기였던 소대장이 지병으로 긴급히 야전 병원에 후송된 탓이었다. 그 소대는 지난 1년 동안 소대장이 세 번이나 바뀌는 등 군기가 심하게 무너졌고, 병사들과 분대장들 간의 갈등과 대립이 극심한 상태였다. 대대장님은 그 문제를 해결할 인물로 나를 지목한 것이었다.

정든 소대원들과 눈물로 헤어지고 새로운 소대로 부임했다. 내가 맡은 소대는 DMZ 내의 GP(Guard Post)로 통하는 통문을 관할하고 있었다. 이곳은 북한과 우리 군의 GP 거리가 가장 짧은 지역이어서, 실제로 우리 군 간부가 이 통문을 통해 월북한 사례도 있어 사단 내에서도 매우 중요한 구역이었다. 소대장 재임 기간 중 나는 이곳에서 군단장님과 사단장님께 직접 통문 브리핑을 할 정도였다.

소대원들은 40명밖에 되지 않았지만, 서로를 믿지 않고 병사들은 병장들의 세력에 따라 움직였다. 분대장들 역시 고참들과 끊임없이 갈등을 일으켰다. 어느 날 아침, 밤새 경계 근무를 마치고 철책선의 이상 유무를 확인하려는데 분대장이 나타나지 않았다. 소대장과 분대장, 전령이 함께 철책선을 점검해야 하는데 분대장이 나타나지 않은 것이다. 게다가 순찰조 엄호를 위해 반드시 남아 있어야 할 병력 일부가 철수하는 모습도 보였다.

나는 화가 머리끝까지 났지만 우선 전령과 둘이 철책선을 신속히 확인한 후 소대 막사로 돌아왔다. 그런데 막사에서는 분대장들과 고참 병장들 사이에 난투극이 벌어지고 있었다.

부임한 지 열흘도 안 되어 벌어진 일이었다. 나는 분대장을 제외한 병사 전원에게 아침식사를 마친 후 운동복으로 갈아입고 중대 연병장에서 축구를 하라고 지시했다. 휴가를 떠난 선임 분대장을 제외한 나머지 네 명의 분대장은 소대에 남겼다. 간단한 얼차려와 함께 타이르려 했지만, 한 명이 지시에 불응하자 나머지 분대장들도 항명하려는 움직임을 보였다. 결국 나는 몽둥이를 들었고, 한 명의 분대장은 지뢰지대로 도망치는 일까지 벌어졌다. 즉시 중대장님께 보고한 후 도망간 분대장을 영창에 보낸 후 타 부대로 전출토록 요청했다.

비록 초급 장교였지만 나는 명령체계가 서지 않는 군대는 존재할 가치가 없다고 생각했다. 문제 해결의 가장 빠른 방법은 책임 있는 위치에 있는 사람들을 교체하는 것이라고 믿었다.

중대장님과의 면담 후, 중대장님은 소대 분대장 전원을 중대로 불러들이라고 하셨다. 나를 포함한 분대장 네 명을 중대장실에 모아놓고, 텐트 봉으로 쓰는 육각봉으로 다섯 대씩 때리며 엄하게 질책하셨다.

"이렇게 기강이 무너진 부대는 내 평생 처음이다. 소대장이 책임을 면할 수 없다."

　중대장님은 내게 육각봉을 넘겨 주셨고, 나는 분대장 네 명을 데리고 나와 중대장님 막사 앞에서 정신 차리라는 의미로 다시 몇 대씩 때린 후 분대장의 영창 감치 요청은 철회했다. 멀리서 중대 행정반 요원들이 바라보고 있었지만 개의치 않았다. 오히려 중대 행정반에 들어가 "너희들도 정신 차려!"라며 책상을 내리친 뒤 소대로 돌아왔다.

　소대로 돌아온 나는 취침 중인 병사 전원을 밖으로 불러냈다. 이등병을 제외한 모든 소대원들에게 분대장들의 명령에 절대 복종할 것을 엄격히 지시했다. 그리고 군인으로서의 기본적인 기강을 어기는 병사는 과감히 행정 조치하겠다고 강력히 경고했다. 그 과정에서 이등병과 분대장들을 제외한 나머지 병사들에게도 몇 대씩 때리고 얼차려를 가한 기억이 난다.

　당시 군대에서는 구타를 금지하고 있었지만, 최전방에서는 항상 실탄을 장전하고 가슴에 수류탄을 달고 근무하는 만큼 병사들 간의 갈등을 방치하면 큰 사고로 이어질 수 있었다. 나는 이것이 필요악이라 생각하며 그 방법을 택할 수밖에 없었다. 하지만 돌이켜 보면 그때의 선택이 과연 옳았는지 지금도 마음이 무겁다. 구타를 정당화할 생각은 추호도 없으며, 그때의 소대원들에게 깊은 미안함을 전하고 싶다.

　이 사건 이후, 지하 벙커 내무반의 분위기는 더욱더 축축하고 무거운 분위기로 가득 차 있었다. 소대원들은 서로 말을 나누지 않았고 몇몇 병사들끼리만 소곤거리는 모습이 자주 목격됐다. 분대장들도 마찬가지였다. 새로 전입한 소대장이 열흘도 안 되어 돌변하는 모습을 보며, 중대 내에서는 나에 대한 좋지 않은 소문이 퍼지고 있었다. 중대 행정요원부터 소대원들까지 나를 무식한 조폭 같은 사람으로 여기는 듯했다. 다른 소대의 소대장들이 그런 이야기를 내게 전했지만 나는 개의치 않았다. 다만, 이 어두운 분위기를 어떻게든 바꿔야겠다는 생각이 더욱 강해졌다.

어느 날, 소대 주둔지 주변을 돌아다니던 중 땅속에 숨겨 놓은 과자 상자를 발견했다. 푸세식 화장실 아래에는 누군가 먹으려다 떨어뜨린 과자도 보였다. 이런 작은 발견들이 내게 무언가 '분명 변해야 한다는 것'을 뼈저리게 느끼게 해 주었다.

며칠을 고민한 끝에, 나는 운동을 통해 분위기를 바꾸기로 결심했다. 최전방 GOP 근무는 경계 근무가 주를 이루기에 휴식 외에는 운동할 시간이 거의 없었지만, 우리 소대에는 운동이 절실하다고 판단했다. 그래서 거의 매일 분대 간 족구와 축구 경기를 열었고, 다른 소대와 내기 경기를 붙이기도 했다. 한 달 후에는 내 월급을 전부 털어 '소대 운동회'를 열었다. 아마 소대 운동회라는 말을 들어 본 사람은 많지 않을 것이다.

운동을 통해 우리 소대는 눈에 띄게 변화했다. 소대원들은 서로 단결하기 시작했고, 신뢰와 전우애도 다시 싹트기 시작했다. 나는 그 변화를 지켜보며 나 자신에게 칭찬을 아끼지 않았다. 그때의 결단과 선택 덕분에 소대는 서서히 정상적인 모습으로 돌아갈 수 있었다.

주삼신(酒三神)

　12개월의 최전방 생활을 마치고, 드디어 기다리던 FEBA(전투지역 전단: Forward Edge of Battle Area) 지역으로 나오게 되었다. 이곳은 여전히 전방 지역이었지만 민간인과 격리되지 않아 퇴근 후의 자유와 민간 지역의 즐거움을 처음으로 맛볼 수 있었다.

　그사이 소위에서 중위로 진급한 우리는 학군 21기 선배들의 전역을 보며 남은 1년의 군 생활에 더욱 고무되었다. 퇴근 후 문산으로 나가 소주를 마시며 FEBA 생활을 만끽했고, 전방의 고립된 생활에서 벗어나 BOQ에서 동기와 후배들과 함께 지내며 친밀한 우정을 쌓았다. 그렇게 어둡고 축축했던 지하 벙커의 내무반 생활은 점차 희미해져 갔다.

　FEBA로 나오니, 전방과는 다른 환경이 기다리고 있었다. 일직사관을 맡아 일주일에 두 번 정도는 야간 중대 책임자로서 중대원 전원을 통솔해야 했다. 전방 생활을 막 벗어난 병사들에게 가능한 한 많은 자유를 주고 싶었다. 특별한 일이 없는 한 주말에는 외출이나 외박을 최대한 허용했고, 특히 내 소대는 일요일이면 모두 밖에 나가 콧바람이라도 쐬고 돌아오게 했다.

　그러던 어느 일요일, 나는 일직사관으로서 소대원 전원에게 외출을 독려했다. 그런데 그날 외출에서 돌아온 원윤천 상병이 문제를 일으켰다. 밖에서 떠드는 소리가 들려 나가 보니, 그는 만취 상태로 소란을 피우고 있었다. 전방 생활 동안 술을 거의 마시지 못했던 터라 오랜만에 외출을 나가 술을 마시고 들뜬 것이겠거니 이해하려 했다.

그러나 상황은 점점 통제 불능 상태가 되어갔다. 서너 차례 직접 주의를 주며 내무반까지 데리고 가 재우려 했지만, 그는 막무가내였다. 결국 그는 밖에서 기물을 파손하기 시작했고, 군대가 좆 같다며 욕설과 난동을 부리기 시작했다.

나는 5분 대기조를 불러 그를 나무에 묶어 버렸다. 그는 계속되는 욕설과 고함을 멈추지 않았고, 나는 양동이에 물을 담아 그에게 붓도록 지시했다. 때는 5월이었지만, 밤에는 여전히 쌀쌀한 날씨였다. 밤이 깊어지자 그는 울면서 잘못했다며 용서를 빌기 시작했다. 나는 그를 내무반으로 데려가 재우게 했고, 다음 날 아침 다섯 시에 그를 깨워 행정반으로 불렀다. 그리고 진지한 이야기를 나눴다.

"너는 술을 마실 자격이 없어. 오늘 이후로 전역할 때까지 술을 끊고 입에도 대지 마라. 이 약속만 지키면, 기물 파손은 내가 대신 변상해 주고, 네 신상에도 아무런 문제도 없을 거야."

그리고 나는 아버지의 주벽으로 인해 우리 가족이 얼마나 많은 상처를 받고 살았는지를 진솔하게 이야기해 주었다. 또한 나는 주삼신(酒三神)을 믿는다고 했다. 못 마시면 병신(病身), 많이 마시면 망신(亡身), 적당히 마시면 보신(補身)이라고. 하지만 너는 술을 제대로 배우지 못한 것 같으니, 아예 술을 마시지 않는 것이 최선이라고 충고했다.

그 친구는 그날 이후 제대하는 날까지 정말 술을 입에 대지 않았다고 한다. 그가 전역하는 날, 나는 이미 그의 소대장이 아니라 대대 정보관이었지만, 그의 요청으로 송별 회식에 초대받았다. 나는 축하하며 그에게 술잔을 권했지만, 그는 단호하게 그 잔을 거절했다.

"저는 이제 절대로 술을 마시지 않을 겁니다."

그의 그 말은 아직도 내 마음속에 깊이 새겨져 있다.

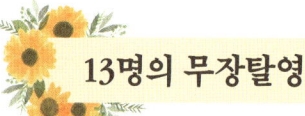
13명의 무장탈영

군 생활 중 결코 잊을 수 없는 사건 하나가 떠오른다. 지금은 추억으로 남았지만, 그날의 긴장감과 초조함은 여전히 생생하다. 절체절명의 위기 속에서 나는 어떤 선택을 해야 했고, 그 선택이 어떤 결과를 가져올지 몰라 마음을 졸였던 날이었다.

그날은 주말, 나는 일직사관으로 당직을 서고 있었다. 일직사령의 지시로 중대 간 축구 시합이 열렸고, 우리 15중대는 13중대와 맞붙었다. 하지만 결과는 참담했다. 우리 중대는 큰 점수 차로 패배하고 말았다. 나는 다음 경기의 주심을 맡았기 때문에 중대 대표 선수들에게 전반전이 끝날 때까지 체육복을 입은 채 완전 군장을 하고 부대 내부를 돌도록 지시했다.

그런데 시합 도중, 방금 전까지 얼차려를 받으며 부대를 돌던 선수들이 보이지 않았다. 전반전이 끝난 후 행정반에 전화를 걸어 그들의 행방을 다그쳤지만, 아무런 소식이 없었다. 후반전이 시작되었고, 나는 주심을 보며 계속 그들의 모습을 찾았지만, 끝내 그들은 나타나지 않았다.

경기가 끝나자마자 중대 행정반으로 돌아갔고, 그때서야 충격적인 사실을 알게 되었다. 그들 13명이 철모를 쓰고 군장을 한 채 총을 휴대한 상태로 뒷문을 빠져나갔다는 것이었다. 그 달에는 정문과 뒷문을 우리 중대가 관리하고 있었는데, 대부분이 운동선수이자 고참들이어서 후문 초소의 근무자들이 그들을 제지하지 못한 것이었다.

체육복을 입고 실탄은 휴대하지 않았지만 총과 배낭을 메고 철모를 쓴 채 나갔으니, 사실상 무장 탈영이 발생한 것이었다. 게다가 13명이나 되는 인원이 빠져나갔으니, 이는 엄중하고 심각한 사건이었다. 나는 일직사령을 통해 즉시 상부에 보고해야 한다는 것을 잘 알고 있었지만, 그렇게 할 수 없었다. 일부 고참들의 치기로 인한 단순 이탈이라고 판단했고, 곧 돌아올 것이라고 믿었다. 만약 보고를 한다면 사단이나 전군에 비상이 걸려 그들은 즉시 체포되어 군법에 따라 중범죄로 처벌받을 것이었다. 나는 그들이 곧 돌아올 것이라는 믿음으로 기다리기로 했다.

하지만 시간이 지나도 그들은 돌아오지 않았다. 저녁 식사 시간이 지나고, 일곱 시 반이 되어도 소식이 없었다. 나는 초조함에 휩싸여 어찌할 바를 몰랐다. 일직사령이 상황실에 일직사관들을 불러 모아 중요한 지침을 전달할 시간인 여덟 시가 다가왔지만, 그들은 여전히 돌아오지 않았다. 뒷문으로 내보낸 중대원들도 그들을 찾지 못하고 빈손으로 돌아왔다.

더 이상 감출 수 없어, 나는 여덟 시가 넘어서야 당직사령에게 보고했다. 그는 이 소식을 듣고 격노했고, 즉시 대대장님과 연대 상황실에 보고하려 했다. 나는 몇 시간이나 지연된 보고로 인해 지휘관이 받을 책임과 처벌이 얼마나 엄중한지 잘 알고 있었다. 그래도 내가 할 수 있는 일은 여덟 시 반까지 30분만 보고를 미뤄 달라고 통사정하는 것뿐이었다. 여덟 시 반이 넘으면 내가 그 시간에 대대 상황실에 최초 보고한 것으로 인정하겠다고 설득했다.

그 후 15분 동안 나는 속이 타들어 가는 듯한 고통을 느꼈다. 일직사령의 쌍욕을 들어야 했고 마음은 초조함으로 가득 차 있었다. 하지만 나는 럭키 보이였다. 여덟 시 이십팔 분, 그들 13명이 후문으로 들어섰다는 보고가 들어왔다. 나와 일직사령은 깊은 안도의 숨을 내쉬었다.

거의 다섯 시간 동안 나 혼자 이 사건을 움켜쥐고 노심초사했던 나는 극도의 압박감에 시달렸다. 직접 그들을 마중 나가 대면하니 정말 가관이었다. 모두가 술에 취해 인사불성 상태였고, 나는 총과 군장, 철모만을 확인한 후 그들을 한쪽 내무반으로 몰아넣었다. 마음 한편으로는 그들이 무사히 돌아온 것이 고마웠지만, 이 사건을 그냥 넘길 수는 없었다.

우선, 일직사령을 만나 병력과 장비에 이상이 없음을 보고한 후, 중대장님과 대대장님께 보고하지 말아 달라고 통사정을 드렸다. 만약 보고를 한다면, 이탈 시간부터 복귀 시간까지의 오랜 시간 동안 관련 당사자 모두가 책임을 면할 수 없게 될 것임을 설명했다. 다행히 우리는 그렇게 하기로 합의할 수 있었다.

다음 날 아침, 모두가 기상하기 한 시간 전인 다섯 시에 나는 13명을 연병장 사열대에 집합시켰다. 준비한 몽둥이 세 개가 모두 부러질 때까지 그들을 때렸다. 이른 새벽임에도 멀리서 대대장님이 이 광경을 지켜보고 있음을 알았지만, 나는 내가 해야 할 일을 하고 있을 뿐이라는 생각으로 일을 마무리했다.

이후, 대대장님과 중대장님이 출근하셨지만, 이 사건을 아시는지 모르는지 아무도 나에게 어제 무슨 일이 있었냐고 묻지 않았고, 그렇게 그 위태로운 순간은 조용히 넘어갔다.

세 번째 보직 변경과 안수태의 선택

이렇게 나의 군 생활은 끝없는 사건과 변화, 그리고 도전의 연속이었다. 시간이 어떻게 흘러가는지도 모를 정도로 긴장과 스릴, 그리고 재미를 느끼며 지냈다. 군대가 나름 적성에 맞는 것이 아닌가 하는 착각에 빠질 무렵, 대대장님의 호출은 나에게 또 다른 도전을 안겨 주었다. 본부 중대장이나 정보장교 둘 중 하나를 선택해 자기를 도와 달라는 말씀이셨다. 보병 학교에서의 4개월을 제외하면 불과 24개월의 짧은 군 생활 중 세 번째 보직 변경을 요구받게 된 것이었다.

나는 1년 후 제대를 앞둔 단기 장교였기에 장기 복무를 하는 동기들에게 기회를 주는 것이 나을 것 같다고 조심스럽게 거절했다. 원래 전방 부대의 본부 중대장과 정보장교는 대위 보직이었기에 나와 같이 곧 제대할 중위들이 맡는 경우가 흔치 않았다. 대대장님은 슬쩍 내게 장기 복무 지원을 고려해 보는 것이 어떻겠냐고 물으셨지만, 대우그룹에 휴직계를 내고 입대한 나에게는 일고의 가치도 없는 제안이었다.

그럼에도 대대장님은 내게 두 보직 중 하나를 꼭 맡아 달라고 계속해서 종용하셨다. 나는 1년도 남지 않은 제대 말년에 부하가 많은 본부 중대장보다는 정보병사가 두 명밖에 되지 않는 정보장교를 선택해, 참모로서 열심히 하겠다고 수락했다. 하지만 정들었던 소대원들과 또 다시 헤어질 생각을 하니 미안한 마음과 가슴이 먹먹해지는 것을 느꼈다.

대대 정보관이 된 지 얼마 되지 않아, 우리 부대는 임진강 하천선을 경계하는 대대와 교체되어 전방의 철책선 경계와 유사한 임무를 부여받았다. 나는 임월교에서 전진교까지 대략 20km 이상의 임진강 하천선 통제 장교로 임명되었고, 임진강에서 조업을 하는 민간 어선단의 보안 검색과 조업 관리를 맡게 되었다.

선단장들은 값비싼 황복어와 실뱀장어를 잡기 위해 규정을 잘 지키지 않았다. 특히 실뱀장어가 잡히는 시즌이 되면, 그들은 종종 규정 시간보다 늦게 돌아와 이들을 관리하는 데 애를 먹었던 기억이 난다. 실뱀장어는 그 시즌이 되면 작은 깡통 하나에 당시 가격으로 60만 원이나 할 정도로 비쌌기 때문에, 그들은 종종 조업 규칙을 위반했다. 규정 위반으로 조업 규제를 받으면, 그들은 늘 자기들이 운영하는 식당에 나와 동기들을 초대하려고 애썼지만, 나는 그들의 속셈을 잘 알고 있었기에 절대 응하지 않았다. 전역 후, 나는 집사람과 함께 옛 부대가 있던 운천 마정리와 임진각을 자주 방문했다. 그 시절이 생각나 통일로와 화석정 일대의 식당을 들러 본 적도 있었다.

전역을 몇 달 앞둔 4월이었다. 이제 거꾸로 매달아도 국방부 시계가 간다는 말이 실감 나는, 전역까지 100일도 채 남지 않았던 어느 일요일, 나는 정보관으로서 대대 당직사령을 서고 있었다.

그날, 동기인 안수태 중위가 나를 찾아왔다. 그는 곧 제대를 앞두고 있으니 소대원 전원을 데리고 나가 술 한잔 사 주고 들어오겠다고 했다. 나는 그의 부탁을 흔쾌히 승인했다. 안 중위는 나와 같은 상고 출신으로 대학까지 함께 졸업한 동기였기에, 우리 사이에는 각별한 정이 있었다.

오후 세 시가 넘었을 무렵, 갑자기 사단 헌병대 중대장으로부터 긴급 전화가 걸려 왔다. 안 중위를 인수해 가라는 지시였다. 놀라서 대대장님께 즉시 보고한 후, 급히 차를 보내 안 중위를 데려왔다. 그는 문산에서 소대원들과 함께 소주를 곁들여 점심을 먹고 터미널로 버스를 타러 가던 중, 근무 중인 헌병 두 명이 경례를 하지 않자 교육을 시키려 했는데, 헌병 중대장의 지시로 긴급 체포되어 헌병대에 끌려간 것이었다. 헌병 중대장은 근무 중인 부하를 왜 때렸냐며 안 중위의 말은 듣지도 않고 일방적으로 폭행했다고 했다.

부대로 돌아온 지 얼마 지나지 않아, 탄약고에서 긴급히 상황실로 연락이 왔다. 안 중위가 탄약을 꺼내기 위해 초병에게 문을 열라고 한다는 보고였다. 나는 즉시 탄약고로 달려가 그를 붙잡아 BOQ(독신자 장교숙소)로 데리고 와 안정을 시키려 했다.

하지만 부산대학교를 나온 이 강직한 경상도 사나이는 분을 도저히 참지 못하겠다며 치를 떨었다. 한참 시간이 흘러 겨우 조금 진정이 되자, 그는 "이대로는 제대 못 하겠다"며 군에 남아 오늘의 치욕을 반드시 갚겠다고 말했다. 헌병 중대장 양 대위를 가만두지 않겠다고 소리치며 복수심에 불타올랐다.

다음 날, 대대장님이 나를 호출해 안수태가 복무 연장을 신청했다며 내 생각을 물었다. 나는 그가 어제 헌병 중대장에게 당한 일 때문에 아직 분이 풀리지 않은 상태에서 내린 결정이니, 신중히 고려하여 반려해 달라고 부탁드렸다. 그리고 안 중위를 만나 차분하게 설득했지만 소용이 없었다. 대대장님은 내 요청을 받아들여 안 중위에게 휴가를 주며, 집에 가서 부모님의 허락을 받은 후 최종 결정을 하라고 배려해 주셨다. 그러나 그는 결국 끝내 고집을 꺾지 않고 군에 남기로 결심했다.

동기 중 안수태 중위는 군인으로서 자질이 탁월한 소대장이었다. 패기와 호연지기가 남달랐고 리더십도 뛰어났다. 당시 부산대 상대 출신이라면 대기업에 쉽게 취직할 수 있었음에도, 전역 두 달 반을 남겨 놓고 감정적으로 복무 연장을 한 그가 나는 안쓰러웠다. 그의 복수심은 그만큼 깊고 강렬했던 것 같다.

하지만 결국 그는 ROTC 22기 중 가장 먼저 장군이 되었다. 그는 1공수여단장, 수도방위사령부 참모장, 보병 21사단장, 전투병과학교 교장과 육군 교육훈련 부장을 거쳐 소장으로 전역했다. 특히 사단장 시절에는 박근혜 대통령으로부터 전군 최우수 사단 부대 표창을 받을 정도로 탁월한 야전 지휘관이었다. 그러나 정권이 바뀌자 그의 야망은 단번에 꺾이고 말았다. 야전 지휘관만큼은 정치적 외압에서 자유로워야 하는 것이 아닐까?

육군사관학교를 졸업하고 평생 직업군인의 길을 걸어도 장군이 되기 어려운 요즘, 그날의 치욕과 억울함을 복수하겠다는 일념으로 군에 남아 장군의 자리에까지 오른 그의 이야기는, 인간의 의지와 신념이 얼마나 강력한지를 보여 주는 좋은 본보기가 되었다고 생각한다. 안수태 중위의 이야기는 단순히 군 생활에서 있었던 에피소드를 넘어, 강렬한 집념과 열정이 어떤 결과를 만들어낼 수 있는지를 보여 주는 인상 깊은 메시지로 나의 기억에 남아 있다.

대우와 현대 사이, 나는 미래를 선택했다

전역이 두 달 앞으로 다가오자, 동기들은 각자 취업 원서를 쓰고 시험을 보러 다니느라 분주한 나날을 보냈다. 하지만 나는 이미 취직한 상태에서 입대했기 때문에 부대를 끝까지 지켜야 했다. 그럼에도 서울에 다녀올 기회가 생길지 모른다는 생각에 현대그룹 공채에 지원했고, 운 좋게 외박 휴가를 얻어 시험에 응시할 수 있었다. 당시 나는 1, 2, 3지망 모두 현대자동차로 기재했다. 현대자동차와 주식회사 대우(현 포스코인터내셔널)는 당시 대학생들에게 가장 선망의 대상이었던 기업이었다.

시험장에 도착하자 응시자들은 대부분 나와 같은 현역 장교들이었다. 오전에 1차 시험으로 TOEIC을 치렀고, 현역 장교의 특수한 상황을 고려해 당일 오후 2시 바로 1차 합격자를 발표했다. 합격자는 곧장 심층 면접을 진행하게 되어 있었다. 나는 다행히 1차 시험을 통과했고, 면접 기회를 얻을 수 있었다. 이미 대우그룹의 휴직자 신분으로 사회 경험을 했기 때문에 다른 경쟁자들보다는 긴장감이 덜

했다. 내 인생에서 네 번째 면접이기도 했기에, 생애 첫 면접을 보는 경쟁자들에 비해 다소 여유로웠던 것 같다.

면접관들은 나에게 "왜 모든 지망을 현대자동차로 했는지", "다른 계열사는 전혀 고려하지 않았는지"를 물었다. 나는 주저하지 않고 "올해 떨어진다 해도 내년, 후년까지 계속 현대자동차에 도전할 생각입니다"라고 대답하며 자동차 산업의 성장 가능성과 미래 비전에 대해 자신 있게 설명했다.

특히 면접관들이 "울산에서 근무할 수 있느냐"라고 물었을 때, 나는 단호하게 "서울에서 자동차 수출 영업을 하고 싶습니다"라고 포부를 밝혔다. 당시 다섯 명의 면접 지원자 중 울산 근무를 거부하고 서울 근무를 원하는 사람은 나 혼자뿐이었다.

면접이 끝나고 일주일쯤 지난 어느 날, 집으로 현대그룹으로부터 합격 통지 전보가 도착했다는 소식을 아버지께 전해 들었다. 나는 너무나도 기뻤고 스스로가 자랑스러웠다. 당시 최고의 인기를 누리던 대우그룹과 현대그룹 양쪽에서 동시에 합격 통보를 받은 사실에 무한한 자부심이 느껴졌다. 면접장에서 당당히 내 의사를 밝혔음에도 불구하고 현대그룹이 나를 선택해 준 것에 감사했고, 결국 나는 두 회사 중 현대를 선택했다.

1986년 6월 30일, 드디어 오랜 시간 기다려 온 전역의 날이 찾아왔다. 현대그룹과 대우그룹으로부터 모두 일주일간 휴식한 뒤 7월 7일에 출근하라는 통지를 받은 상태였기에, 나는 부대 동기들과의 약속을 지키기 위해 부산으로 향했다. 광안리에서 동기 다섯 명과 만나 새로 맞춘 양복을 입고 늦은 밤까지 술잔을 기울이며 전역의 기쁨과 자유를 만끽했다. 어깨동무를 하고 광안리 해변으로 들어가 용왕님께 전역을 신고하며 기쁨을 나누던 순간, 갓 산 양복과 구두는 바닷물에 젖어 볼품없어졌지만, 우리에겐 그조차 행복한 일이었다.

 부산에서 동기들과 이틀 동안 신나게 시간을 보낸 뒤 서울로 올라와 현대그룹 계동사옥에서 신입사원 오리엔테이션을 시작했다. 그러나 현대에서 근무한 지 일주일도 지나지 않아 대우그룹 인력관리위원회로부터 연락이 오기 시작했다. 그들은 기존에 내가 대우그룹과 연고가 있었고, 복직 형태로 입사하면 현대보다 급여가 높다는 점을 들어 복귀를 설득했다. 결국 2주 차에 접어들자 대우실업 입사 동기였던 백종환이 직접 나를 찾아와 인사부장의 지시라며 대우로 돌아오라고 강하게 권유했다. 나는 결국 3주 차 월요일, 마음을 바꿔 대우그룹으로 출근하게 되었다.

 군 입대 직전에 나는 대우전자에 지원했었다. 당시 나는 자동차와 전자 산업이 앞으로 한국을 이끌어 갈 핵심 산업이라 생각했고, 대우전자에서 가전제품 수출을 배우고 싶었던 것이다.

 그러나 연수가 끝날 무렵, 대우전자 수출 부문이 전부 주식회사 대우로 편입되고, 국내 생산·자재·영업 부문만 대우전자에 남게 되었다는 사실을 알게 되었다. 결국 나는 학군 동기 네 명과 함께 유일하게 영업 부서로 남은 대우전자 비디오테이프 사업부로 발령받아 서울역 앞 대우센터에 출근하게 되었다.

 우리는 장교 출신답게 늘 절도 있고 패기 있는 모습을 유지하려 노

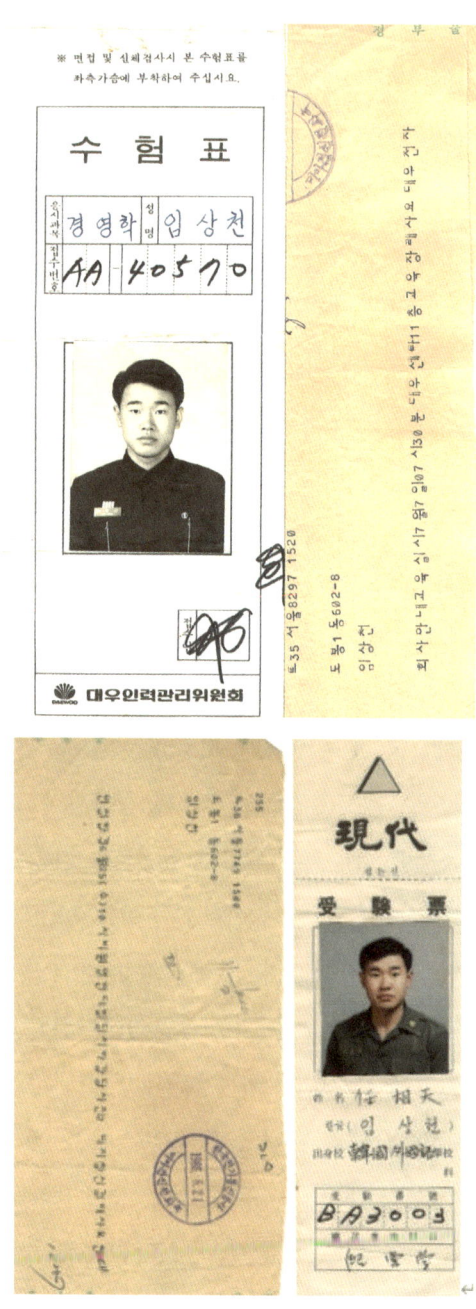

력했고, 회사에 신선한 활력을 불어넣고자 했다. 하지만 얼마 지나지 않아 우리 사업부의 비전이 심각하게 부족하다는 사실을 깨달았다. 당시 대우전자는 비디오 카세트 레코더(VCR)를 판매하고 있었지만, 문제는 그 VCR에 들어갈 영화 테이프가 부족해 회사 차원에서 영화를 수입하여 공급하고 있었던 것이다. 이는 가전제품 생산 회사인 대우전자의 본질적인 사업이 될 수 없는 부수적인 영역일 뿐이었고, 경영진조차 TV와 VCR 판매를 위한 단순한 보조 상품 정도로만 여기고 있었다.

전국 지사를 통해 비디오테이프를 판매했지만, 각 지사장들은 비싼 가전제품 판매에만 관심을 가질 뿐, 비디오테이프 판매는 거의 신경 쓰지 않았다. 본사에서는 영업사원들에게 봉고차를 배정해 비디오 대여점에 직접 테이프를 배달하고 수금해 오는 방식으로 운영하고 있었다. 골프 등 교육용 테이프는 전문숍에 위탁 판매하는 형태로 돌아갔다.

한편, 영화 수입을 담당하는 과는 영어 실력을 갖춘 소수 인원이 자부심을 느끼며 일했지만, 중요한 업무는 담당 과장 혼자 독점하고 있어 다른 직원들은 허드렛일만 하는 상황이었다. 이는 직원들 사이에 불만과 무력감을 키웠다.

나는 입사 동기였던 연세대 출신 윤동민, 고려대 출신 이재일, 변기천과 함께 모일 때마다 회사와 업무 환경에 대한 불만을 토로했다. 대학을 졸업하고 장교 생활까지 마친 우리가 이런 단순하고 비전 없는 일을 해야 한다는 현실에 실망했다. 매일같이 드라마 같은 상황이 펼쳐졌고, 이렇게까지 비효율적이고 무의미하게 운영될 수 있는가 싶었다.

나는 영업 담당으로서 출하일이면 공장으로 가 상품 주문을 확인하고, 직접 영화 테이프를 박스에 포장해 용달차를 불러 각 지사로 보냈다. 심지어 어느 날은 주문이 들어와 있고 상품도 준비되었지만 포장할 박스가 없어 출하를 일주일 넘게 미뤄야 하는 황당한 일까지 있었다. 그 이유가 박스를 납품하는 회사 사장이 회장님의 경기고 동창이어서 담당 상무가 제대로 독촉도 못 하고 오히려 예의를 갖추라며 조심스러워하는 모습에 더욱 기가 막혔다.

이런 가운데, 우리 부서에서 진정으로 혜택을 보는 사람은 할리우드나 칸 영화제 등을 다니며 영화를 수입하는 담당 과장이었다. 나머지 대부분 직원들은 대학을 나왔음에도 불구하고 의미 없는 업무 속에서 점점 미래에 대한 희망을 잃어 가고 있었다. 결국 얼마 지나지 않아 고려대 신문방송학과 출신 이재일은 제일기획으로 이직했고, 나 역시 사표를 제출했다. 입사한 지 불과 5개월 만에 이곳에서 더 이상 나의 비전과 혁신을 찾을 수 없다는 것을 명확히 깨달았기 때문이었다.

진정한 보스, 박성훈 차장

연말 인사이동으로 새로운 부서장이 부임하셨다. 가전 영업부문에서 오랜 경험을 쌓아온 박성훈 차장님은 열정이 넘치는 분이셨다. 이미 사표를 제출하고 인수인계만 기다리고 있던 나를 부르더니, 진지한 면담을 요청하셨다.

그 자리에서 나는 지난 5개월 동안 내가 보고 느꼈던 모든 문제점과 솔직한 생각을 털어놓았다. 차장님께서는 어떻게 하면 좋겠냐고 구체적으로 물으셨고, 나는 모든 업무를 원점에서 재검토해야 한다고 답변했다.

"현재의 방문판매나 위탁판매, 지사를 통한 판매 방식은 대기업이 할 일이 아니라고 생각합니다. 이를 즉시 폐지하고, 대신 각 지방 주요 도시의 대형 유통점과 협력해 지역 총판 체제로 전환해야 합니다."

나는 이 방식을 채택하면 비용이 획기적으로 절감될 뿐 아니라, 지역 시장에서 이미 탄탄한 입지를 가진 전문 총판점을 활용해 빠르게 시장을 장악할 수 있음을 강조했다. 또한 중소기업은 대부분 가족 중심의 오너 경영이기에 기동성과 유연성이 뛰어나며, 지역 시장에 밀착한 전문성이 있기 때문에 대기업의 직판 체제보다 오히려 더 효과적이라고 설명했다.

"우리가 판매하는 제품은 회사의 주력 가전제품이 아니라 개발 단가가 낮은 부수적 상품입니다. 그러므로 영화 수입과 콘텐츠 제작에만 집중하고, 판매와 물류, 사후 관리는 지역 총판을 통해 분리 운영하는 것이 가장 합리적입니다."

덧붙여, 박스가 없어 출하를 못 하는 비효율적인 문제를 근본적으로 해결하려면 복수의 박스 납품업체를 선정해 경쟁을 붙이고, 위탁 판매 방식은 즉시 중단해야 한다고 강조했다. 내가 책임자라면 그렇게 하겠다는 의견도 덧붙였다.

사실 며칠 전 사표를 제출하며 전임 부서장에게도 같은 이야기를 했지만, 그는 인사이동을 기다리느라 내 말을 귀담아듣지 않은 듯했다. 부서에 오래 몸담고 있었던 그는 신입사원의 비판과 제안을 현실성 없는 투정 정도로만 받아들였다.

하지만 박성훈 차장님은 달랐다. 그는 진심으로 내 이야기에 귀 기울이며 고개를 끄덕였고, 사표를 거두고 함께 문제를 해결해 보자고 진심 어린 권유를 하셨다. 그의 진정성이 느껴졌다. 고민 끝에 나는 사표를 철회했고, 며칠 후 지방 총판 대리점 체제를 검토하기 위해 직접 출장길에 올랐다.

지방 출장에서 나는 각 지역에서 동종 업계로 확고한 입지를 다진 총판 대표들을 만나 시장의 생생한 정보와 현실적인 의견을 들었다. 그들의 경험과 조언을 듣고 나자, 내 판단이 옳다는 확신이 생겼다.

이후 모든 일이 순조롭게 진행되었다. 경험이 풍부하고 결단력이 뛰어난 박성훈 차장님은 조직을 세심하게 이끌며, 마치 큰 형님처럼 우리 모두에게 목표와 동기부여를 제공해 주셨다. 그 결과 전국에서 매출 규모가 가장 큰 비디오 유통 업체인 반도상사를 필두로, 대전, 대구, 울산, 부산, 창원, 마산, 광주, 전주, 군산 등 주요 도시에 총판 대리점 체제를 성공적으로 구축했다.

이 모든 계약이 성사되는 데 불과 3개월도 걸리지 않았다. 나는 주말조차도 거의 쉬지 않고, 심지어 1986년 크리스마스와 1987년 신정까지 출장지에서 보내며 일에 몰두했다. 이런 성과는 박성훈 차장님의 전폭적인 지지와 풍부한 경험이 없었다면 불가능했을 것이다.

나는 아직 미혼이라 괜찮았지만, 가족과 자녀가 있었던 박성훈 차장님은 가정이 있음에도 불구하고 많은 날을 함께 출장에 동행하며 비즈니스의 실무를 꼼꼼히 가르쳐 주셨다. 그의 희생과 리더십 덕분에 우리 부서는 빠르게 성장하며 새로운 활력을 찾을 수 있었다. 그때의 경험은 지금도 나에게 깊은 인상으로 남아 있다.

반짝인 성과, 반쪽의 무게

전국에 총판점을 개설한 지 불과 4개월 만에 우리 부서의 매출이 거의 10배 이상 증가하는 기적이 일어나기 시작했다. 회사는 여전히 서울 지역에서 비디오 숍을 직접 상대하는 방문판매 조직을 유지하고 있었지만, 이미 부서 매출의 90%는 신입사원인 내가 달성하고 있었다.

나는 하루도 쉬지 않고 일해도 피곤함을 느끼지 않을 만큼 나의 실적에 무한한 자부심을 느끼며 지냈다. 폭증하는 업무량은 이미 한 사람이 감당할 수 있는 한계를 넘어섰고, 여직원 두 명이 행정 및 판매 관리 업무를 도울 수 있도록 지원받고 있었다. 부족한 부분은 박성훈 차장님께서 직접 지원해 주셔서 커다란 어려움 없이 시장에 대한 자신감을 쌓아 가고 있었다.

그러던 중 대우전자의 갑작스러운 영업 전략 변경으로 인해 시장은 제로섬 게임의 각축장이 되었다. 대우전자가 물량 공세를 펼치며 전국 시장을 공략하자, 경쟁업체들은 갑작스러운 매출 급감에 대한 우려를 나타내며 지방의 우리 총판점 중 아직 규모가 크지 않은 대리점들을 견제하기 시작했다.

서울, 부산, 대구, 대전 지역의 대리점은 지역 내에서도 가장 큰 업체였기 때문에 경쟁업체들의 도전에 크게 우려하지 않았지만, 아직 덩치를 키워야 하는 중규모의 다른 지역 대리점들은 지역의 대표 주자가 되기 위해 공격적인 마케팅을 펼쳐야 했다. 이에 후발 주자의 확장을 가만히 두고 볼 수 없었던 지역 선두주자였던 경쟁업체들로부터 엄청난 견제를 받고 있었다.

총판점 체제로 전환한 지 7개월이 지났지만, 매출은 계속해서 안정적으로 증가하고 있었다. 그러나 우리 대리점들에 대한 견제는 날로 커지고 있다는 소식이 들려왔고, 특별한 본사의 지원과 도움이 필요하다는 의견이 제기되었다. 아직 개선이 많이 필요했던 판매 및 사후 관리 시스템 구축에 전력을 다하던 시점이었다.

사회적 기여를 통한 획기적 매출 증대 방안을 위한 브레인스토밍을 주제로 부서 영업회의가 열렸다. 총판점 개설을 통한 판매 전략이 성공을 거두자, 다음 단계로 불법 복제 테이프를 가져오는 고객에게 그 수량만큼 우리의 공급가를 50% 할인해 주는 방안이 제안되었다.

이 제안은 당시 폭력과 포르노물로 가득한 불법 복제물이 사회에

만연하던 시절이었기에 기업이 이를 회수함으로써 사회에 기여할 수 있다는 점과, 삼성전자와 금성사에 비해 후발 주자였던 대우전자의 이미지 개선에 도움이 될 수 있다는 논리였다.

그러나 나는 이러한 캠페인이 비디오 테이프 시장을 확고히 장악할 수 있는 전략으로 보기에는 너무 위험하다고 판단했고, 절대적으로 반대할 수밖에 없었다. 그 이유는 다음과 같았다.

첫째, 새로운 제도를 시작한 지 불과 4~5개월밖에 되지 않아 생산, 판매, 재무 관리, 애프터 서비스 등 시스템 전반에 걸쳐 개선해야 할 점이 너무 많았다.

둘째, 우리 총판점에 대한 경쟁업체의 견제와 위협이 나날이 커지고 있어, 대리점들이 시장에 안정적으로 자리 잡을 때까지 최소한의 시간을 벌어 줘야 했다.

셋째, 불법 복제물은 대부분 라벨이 없어 어떤 기준으로 불법 복제물을 판단할 것인가? 결국 이 캠페인은 시장가를 50% 낮춰 총판점에 공급하는 정책으로 귀결될 수밖에 없었고, 일시적으로는 매출 증대를 기대할 수 있겠지만 몇 개월 후에는 판매가를 떨어뜨리는 결과로 이어져 매출 감소를 초래할 것이다.

넷째, 이 캠페인은 아직 지역에서 미약한 우리 대리점들에 대한 경쟁업체들의 견제를 더욱 심화시키거나, 그들의 카르텔을 가속화시킬 가능성이 컸다.

다섯째, 비디오 업계 선두 기업으로서 사회적 기여라는 명분은 있지만, 가격 덤핑을 우리가 주도하면 경쟁업체들도 사활을 걸고 대응할 것이다.

여섯째, 이미 대리점에 외상으로 공급한 테이프를 반품 받은 후, 50% 할인을 요구하며 같은 테이프를 다시 주문할 경우 이를 어떻게 처리할 것인가?

마지막으로, 이 정책을 시행하려면 최소 6개월 후에 시행하는 것이 바람직하다고 생각했다.

이렇게 영업 담당자인 내가 강력히 반대하자, 박성훈 차장님은 나를 데리고 한국 최대 도매상인 반도상사의 나상진 사장님을 만나 업계의 반응과 생각을 확인시켜 주려고 하셨다. 물론 박성훈 차장님은 사전에 주요 대리점 사장들과 통화를 나누면서 이 캠페인에 대한 확신을 가지고 계셨고, 나 역시 그들과 미리 이야기를 나누어 그들의 반응을 알고는 있었지만, 여전히 수긍하기 어려운 상황이었다.

그들은 모두 이 캠페인에 찬성하는 입장이었다. 세상에 어느 장사꾼이 어제까지 만 원 하던 제품을 오늘은 오천 원에 살 수 있다는데 반대하겠는가? 더구나 그들은 동종 업계에서 오랜 기간 사업을 해오며 상품 가치가 없는 테이프를 대량으로 보유하고 있었기 때문에 이 캠페인을 회사가 자신들을 도와주는 기회로 여겼다.

그러나 나는 경쟁업체의 입장에서 생각해 볼 때, 그들이 우리를 시장의 승리자로 내버려두지 않고 모든 역량을 다해 견제할 것이라는 우려를 강조했다. 또한, 그런 도전에 충분히 대응할 수 있는 역량이 우리에게 있는지 반문했지만, 그들은 오히려 긍정적으로만 생각했다.

내가 진정으로 걱정했던 것은 시장의 규모가 이미 정해져 있는 상황에서 대우전자 총판점이 경쟁업체들의 밥그릇을 모두 가져가도록 내버려둘 리가 없다는 점이었다. 또한, 한 번 가격을 내리면 캠페인이 끝난 후 다시 올릴 수 있을지도 의문이었다. 게다가, 인력도 충분히 확보되지 않은 현 상황에서 물류와 판매 관리를 효과적으로 할 수 있는지에 대한 실무적인 문제도 해결되지 않았다. 더욱이 영화는 일반 가전제품과 달리 제품 사이클이 빠르지 않아, 50년 전에 나온 명화도 여전히 팔리는 특수성이 있는데, 이미 판매한 제품에 대한 미수금 및 반품 관리는 어떻게 할 것인지와 같은 세세한 문제들이 산더미처럼 쌓여 있었다.

이러한 우려 속에서 만난 반도상사의 나상진 사장님은 박성훈 차장님 앞에서 나에게, "임상천 씨는 나이나 경험에 비해 영업 감각이 탁월해 놀라고 있었는데, 이번 캠페인은 그렇게 걱정할 만큼의 우려는 없으니 너무 염려하지 말라"며 여유롭지만 확신 있게 말씀하셨다. 돌아오는 길에 박성훈 차장님은 "이제 확인까지 시켜 주었으니, 이 문제에 대해서는 더 이상 거론하지 말고 일에 집중하자"고 말씀하셨다.

이렇게 시작된 캠페인은 약 한 달 반 동안 기대한 만큼 매출을 올려 주는 동시에, 사회에 널리 퍼진 불법 복제 테이프를 회수한다는 대우전자의 광고와 뉴스가 신문의 주요 기사로 다뤄졌다. 회수된 불법 복제 테이프를 불태우는 공개 행사는 TV 주요 뉴스를 통해 전국에 방영되며 큰 화제가 되었다. 이를 통해 대우전자는 광고비 지출 없이도 소비자에게 긍정적인 이미지를 심어 줄 수 있었다.

그러나 그 효과는 너무나 짧았고, 담당자인 나는 곧 예상했던 대로 힘든 시간을 겪어야 했다. 총판 대리점 사장들은 반값으로 떨어진 영화 테이프를 대량으로 구매했고, 그동안 결제하지 않았던 기존 영화 테이프까지 모두 반품하기 시작했다. 그리고 반값으로 주문한 수량만큼 불법 복제 테이프를 회수해 본사로 보내왔기 때문에 나는 이들을 보관할 장소를 찾는 데 급급했다. 엄청난 양의 박스를 아르바이트생들과 함께 창고에 쌓아 두기 시작했는데, 이는 정말 최악의 상황이었다.

설상가상으로 논현동 비디오테이프 공장에 있던 창고를 더 이상 사용할 수 없는 상황이 발생했다. 주어진 시간 안에 새로운 창고를 찾아야 했고, 결국 대우센터 뒤에 있는 오래된 회사의 5층 건물을 창고로 정하게 되었다. 문제는 그 건물이 엘리베이터조차 없는 낡은 건물이었는데, 가장 높은 층인 5층만 비어 있어 창고로 사용한다는 결정이었다. 이는 정말 상식 밖의 일이었다.

일반적으로 공장에서 제품을 생산하면 그 제품을 공장에서 도착지까지 바로 탁송하는 것이 정상적인 방식이다. 그러나 이번에는 논현동에서 생산된 제품을 서울역까지 운반한 후, 엘리베이터가 없는 5층 창고까지 올려 보관하고, 다시 그곳에서 제품을 출하해야 하는 어이없는 상황이 벌어졌다. 이는 물류비용이 증가하는 것은 물론이고, 용달차와 아르바이트생을 구해도 한두 번 운반을 해 본 후에는 더 이상 나타나지 않았다. 그들에게 용역비만 주고 맡겨둘 수도 없어, 나는 항상 그들과 함께 박스를 운반하고 심지어 식사까지 직접 대접해야 했다.

엘리베이터가 없는 5층에 창고를 정한 것은 내부 시스템 내의 권력 다툼이 빚어낸 극도로 비효율적인 결정이었다. 우리는 영업을 전담하는 팀이었기에 창고 선정은 생산 부서에서 결정할 수 있는 권한이 있었다. 만약 이 회사가 나의 회사이고 직원들이 내 가족이라는 의식을 가진 관리자였다면, 단 한 박스라도 1층에서 5층까지 직접 짊어지고 올라가는 고생스러운 상황을 상상할 수 있었을 것이다. 그런 관리자라면 이렇게 비현실적이고 비효율적인 결정을 내리지 않았을 것이라고 생각했다.

예상했던 대로, 우리의 경쟁사들은 똘똘 뭉쳐 우리 제품을 취급하는 비디오 업체에 그들의 제품을 공급하지 않겠다고 선언했다. 그리고 대부분 영세업체인 비디오 가게들에게 미수금을 일괄 상환하라고 독촉하기 시작했다. 영화 사업의 특성상, 한 회사의 영화만으로는 장사를 할 수 없었고, 영화를 구입할 때 70%의 대금은 렌트 수입으로 상환하던 시절이었기 때문에 이러한 경쟁사의 압박은 반도상사의 사장님마저 버틸 수 없게 만들었다. 지방 대리점 사장님들의 아우성은 말로 표현할 수 없을 정도였다.

사실, 대우전자의 비디오 테이프는 시장에서 가장 인기가 많았고, 시청자들이 좋아할 만한 영화를 다른 경쟁사보다 많이 보유하고 있었다. 하지만 가격이 타사 제품에 비해 월등히 비쌌는데, 갑자기 반값으로 떨어지자 다른 회사들의 매출이 급감할 수밖에 없었고, 이는 그들의 인내심을 폭발시키고 말았다. 우리 제품을 받은 대리점들은 갑작스럽게 판로가 막히면서 두 달 안에 상환해야 할 어음이 부도날 위기에 처했고, 일제히 반품을 하기 시작했다.

나는 정말 원치 않았던 일을 피할 수 없었다. 급한 불을 끄기 위해 시작된 지방 출장은 언제 끝날지 모를 만큼 길어졌고, 어느 날 전주에서 몸에 이상을 느껴 급히 서울로 돌아와 입원하게 되었다. 그때는 거의 몸을 움직일 수 없을 정도로 상태가 나빴다. 병명은 척추염좌로, 일주일 정도 입원해 휴식이 필요하다는 진단을 받았다. 건강했던 내가 전역한 지 정확히 12개월 만에 휴식이 필요한 몸이 되어 입원하게 되니 만감이 교차했다. 과중한 영업과 물류 업무에 치여 잊고 지냈던 나의 꿈을 오랜만에 다시 생각해 볼 수 있는 귀중한 시간이기도 했다.

나는 무역 업무를 배워 35세 이전에 수출입 사업을 하는 오퍼상이 되는 것이 꿈이었다. 그런데 영어 한마디 못하는 장돌뱅이가 되어가고 있다는 자괴감이 들었다. 사표를 제출했던 작년 12월에 그대로 떠났으면 좋았을 텐데 하는 후회가 잠시 들었지만, 지난 1년 동안 실망과 좌절을 겪고, 포기하려는 순간 새로운 상사를 만나 도전을 계속할 수 있었던 것은 행운이었다는 생각도 들었다.

특히 경험이 부족한 신입사원인 나를 신뢰하고 전폭적인 지원을 통해 마케팅 계획부터 실행과 사후관리까지 주도적으로 사업을 할 수 있게 도와주신 박성훈 차장님을 생각하니 다른 길을 모색할 수 없었.

그렇게 일주일가량 병가를 마치고 복귀한 나는 또다시 지방과 서울을 오가는 일상으로 돌아온 어느 날이었다. 미국의 영화 판매업자인 Virgin과 Warner Brothers 회사의 마케팅 디렉터와 일행이 한국의 비디오 테이프 시장을 파악하기 위해 본사를 방문했다. 그들은 마케팅 실무 담당자와의 면담을 원했는데, 나는 그들 앞에서 바짝 쪼그라들 수밖에 없었다.

　통역 없이 소통이 불가능했는데도 불구하고 저녁 만찬까지 불려 나간 나는 혹시 음주가 영어를 하는 데 도움이 될까 하여 계속 마셔 댔지만, 하나도 도움이 되지 않는다는 평범한 진리만을 깨달았을 뿐이었다. 외국어대학을 나온 나에게 엄청난 모멸감을 느끼게 해 준 하루였다. 군을 전역하기 직전, 미군 대위가 부대를 지나던 중 갑자기 방문하자 병사들이 내가 외대를 나왔다고 그를 데려와 무척 당황하게 만들었던 그때가 다시 떠올랐다. 영어를 잘 못하면 나의 미래를 꿈꿀 수 없다는 것을 절감했던 하루였다.

무역 대학원 진학과 해외근무의 열망

　신문에서 다수의 대학원 가을학기 모집 공고를 발견했는데, 그중에서 성균관대학교 무역대학원 석사과정 모집 광고가 유독 내 눈길을 끌었다. 나의 꿈은 작은 수출입 오퍼상으로 시작해 번듯한 무역회사를 운영하는 것이었다. 현대그룹이나 대우그룹에서 무역업무를 배울 수 있는 부서에서 나의 커리어를 시작하고 싶었다. 내가 대우전자를 선택한 이유도 전자산업의 무궁무진한 발전 가능성과 가전제품의 제품 단가가 타 제품에 비해 월등히 높아 큰 매력을 느꼈기 때문이었다.

　하지만 내가 입사할 무렵에는 전자 수출입 부문 전체가 ㈜대우에

편입되어 내가 원했던 부서가 모두 사라진 상태였다. 이제 막 신입사원이 되었으니, 기회가 올 때까지 무엇인가 수출입 업무에 대해 공부를 해야겠다는 생각을 하고 있던 차에, 이 학교의 학생 모집 공고가 내 꿈을 구체화할 수 있도록 길을 열어 준 셈이었다. 준비된 자에게는 반드시 기회가 찾아올 것이라 믿고, 나는 도전하기로 결심했다.

집에서는 여전히 어머니가 일을 나가고 계셨다. 초등학교 2학년 이후로 집안의 경제를 도맡아 꾸려 나가시는 어머니를 하루라도 빨리 쉬게 해드리고 싶은 열망이 있었지만, 월급 37만 원 정도의 내 현실은 가족의 생활비조차 빠듯하게 만들었다. 직장 생활을 통해 이 문제를 해결할 수 있는 유일한 방법은 해외지사 주재원으로 나가는 것이었지만, 영어도 부족한 데다 국내영업본부 소속이었던 나에게는 그 꿈이 너무나도 멀게만 느껴졌다.

나는 형님 같은 존재였던 박성훈 차장님께 나의 이상과 현실, 그리고 진로에 대해 진솔하게 털어놓고 조언을 구했다. 박 차장님은 부서에서 이미 자리를 잡아 영업의 핵심적인 위치에 있던 나를 당장 놓아줄 수는 없지만, 시간을 두고 함께 방법을 찾아보자며 따뜻하게 격려해 주셨다.

그런데 마침 기다렸다는 듯이 대우전자의 수출입 부문 전체가 ㈜대우 무역부문에서 대우전자 관할로 다시 돌아왔고, 나는 이 기회를 통해 전자수출 3부에 빈자리가 있다는 것을 알게 되었다. 인사부 최영선 부장님은 내가 경기상고를 나와 대우실업 인사과에서 근무할 당시 나의 과장님이셨기에 그분을 찾아가 간곡히 부탁을 드렸다. 이 과정에서 박성훈 차장님도 많은 도움을 주셨고, 결국 나는 내가 원하던 대로 전자수출 3부로의 부서 이동을 준비할 수 있게 되었다.

그런데 그 즈음, 대학 학군단 동기이자 대우건설 해외영업부에 근무하던 임상보가 나를 찾아왔다. 그는 리비아 해외 현장으로 발령을 받았지만, 부인을 포함한 양가 집안의 어른들이 출국을 반대하는 바람에 결국 사표를 내야 했다는 이야기를 전하려 온 것이었다. 당시에는 해외 현장 발령을 받아들이지 않으면 회사를 떠나야 하는 관행이 있었기 때문에 상보는 부득이하게 퇴사할 수밖에 없는 상황이었다.

그의 이야기를 듣는 순간, 우리 둘이 서로 자리를 바꾸면 상보는 회사를 떠나지 않아도 되고, 회사와 나, 상보 모두에게 윈윈이 되는 상황이 만들어질 수 있겠다는 생각이 들었다.

당시 해외 건설현장으로 발령받으면 해외근무 수당 등을 포함하여 국내 급여의 두 배 이상을 받을 수 있었고, 출국 전 3개월 동안 영어 어학연수를 받을 수 있는 특전까지 있었다. 대학 3학년과 4학년 겨울방학 동안 대우건설 해외가족상담실에서 아르바이트를 했던 나는 이런 사실을 잘 알고 있었기에 이 기회를 그냥 놓쳐서는 안 되겠다고 생각했다.

나는 상보에게 전자수출 3부로의 부서 이동이 예정된 내 상황을 이야기해 주며, 내가 직접 그의 회사인 대우건설 인사부장을 만나 우리 둘을 교환하는 제안을 해 보겠다고 말했다. 상보는 이미 사표가 수리된 상황이어서 가능할 것 같지 않다는 표정을 지었지만, 밑져야 본전이라는 생각으로 일단 시도해 보자고 설득했다.

대우건설 인사부 이진택 부장님은 대학 시절 아르바이트를 하며 알고 지냈지만 친숙한 관계는 아니었다. 하지만 나는 용기를 내어 그분을 찾아 뵙고, 상보와 나는 같은 대학을 나온 ROTC 출신 입사 동기이므로 같은 자질을 갖추었다는 점과 1년 이상 업무를 배운 직원이 퇴사하면 회사와 개인 모두에게 손해가 된다는 점을 강조하며, 우리 둘을 그룹사간 전보 형태로 바꿀 수 있도록 간곡히 부탁드렸다. 이진택 부장님은 내 제안에 공감하시며, 대우전자 인사부의 동의만 얻어온다면 적극적으로 협의해 보겠다고 말씀하셨다.

나는 다시 최영선 부장님과 박성훈 차장님을 찾아가 간절히 읍소했다. 두 분은 나의 무모하고 저돌적인 행동을 나무라셨지만, 결국 나의 미래를 위해 길을 열어 주셨다. 그리하여 상보는 대우전자로 이동하여 훗날 멕시코 지사에서 근무하게 되었고, 나는 곧 대우건설로 가 리비아 트리폴리로 떠나 해외에서 일할 수 있게 되었다.

리비아에서 시작된 두 번째 군 생활

대우그룹 용인어학연수원에서 3개월 동안의 영어 어학연수를 마치고, 나는 Libya Tripoli 시내 중심도로(Tripoli Corniche Road)를 건설하는 A5-11 현장에 업무직으로 발령을 받았다. 부모님과 형의 배웅을 받으며 김포공항을 떠났다. 기능공 약 100여 명을 인솔하여 출국하던 나는 이때 난생처음으로 비행기를 탔기에, 지금도 그때의 긴장된 순간이 생생히 떠오른다. 그러나 이 날 이후 나는 은퇴할 때까지 무려 37년 동안 대부분의 시간을 해외에서 근무하게 되는 계기를 마련하게 되었다.

1987년 10월에서 1989년 12월까지 나는 총 27개월 동안 Libya에서 근무하고 귀국했다. 미혼으로 군 복무 기간과 비슷한 시간을 이곳에서 지냈기에 나는 이 기간을 항상 두 번째 군 생활을 한 것처럼 여겼다. 이 기간 동안 영어 실력을 더욱 향상시킬 수 있었고, 현지인과 그곳에 나와 있던 여러 외국인과의 교류를 통해 경험과 안목을 넓힐 수 있는 값진 시간을 보냈다.

1987년 당시 Libya의 경제 상황은 미국의 국제테러국가 지정과 경제 제재 조치로 인해 매우 열악했다. 대다수의 상점과 백화점은 약품과 아이들의 생활용품 및 식품류를 제외하고는 텅텅 비어 있었다. 또한, 1986년 3월에 있었던 미국의 대통령궁 공습 여파로 인해 현지에서 생활하던 우리 한국인들은 국가보안법 위반 가능성을 염두에 두고 각별히 주의해야 했다. 1980년 Libya의 1인당 GDP는 USD 13,823으로, 당시 우리나라의 USD 1,715보다 월등히 높았지만, 1987년 Libya의 GDP는 USD 6,824로 급격히 퇴보한 반면, 우리는 USD 3,554로 중동 건설 특수를 바탕으로 괄목할 만한 성장을 이루고 있었다.

서방 국가들의 무역 금수 조치와 경제 제재는 우리 건설 인력의 식단까지 위협할 정도였다. 리비아 도착 후 직원들이 통상 접할 수 있었던 식사는 찐 계란 두 개, 콩나물국, 김치와 밥 정도였고, 고기와 생선은 일주일에 몇 번 보기 힘들 정도로 제한되어 있었다. 이때가 리비아 역사상 가장 암울했던 시기였던 것으로 기억한다. 석유 외에는 다른 산업 기반이 전혀 없던 Libya는 서방의 경제 보복 조치로 인해 국민들의 생활이 심각한 타격을 받고 있었다.

나에게 주어진 업무는 건설 계약서에 따른 수금 업무와 법원, 수도, 전기, 통신국, 경찰서 등 관공서와의 대관 업무였다. 매일 발주처와 관청을 방문하며 회사의 공사 업무와 관련된 조정(Coordinating)을 해야 했기에, 지루할 틈 없이 항상 흥미롭고 보람된 나날을 보냈다.

내가 근무하던 곳은 세계 3대 미항 중 하나인 리비아 수도 트리폴리 항구 바로 앞이어서 매일 지중해 수평선 위에 펼쳐지는 아름다운 낙조를 감상할 수 있었다. 형형색색으로 빛나는 코발트빛 트리폴리의 바다는 해변을 가득 메운 대추야자 나무들과 어우러져 눈부신 풍경을 만들어 냈다. 그곳을 떠난 지 35년이 지난 지금까지도 그 아름다운 해변은 잊을 수 없을 만큼 생생하다. 언젠가 리비아가 안정되면 꼭 다시 방문하여 당시 제대로 즐기지 못했던 해수욕을 여유롭게 만끽하고 싶은 마음이 간절하다.

2년 반의 리비아 생활은 단순하면서도 고생스러웠던 군 생활과 유사했지만, 더욱 다양한 어려움과 낯선 환경을 극복해야 했던 시간이었다. 같은 시간이었음에도 불구하고, 현장의 돌관 작업으로 인해 새벽부터 시작된 일상은 시간이 더욱 더디게 흐르는 것처럼 느껴졌다.

당시 대우건설은 그곳에서 활동하는 국내외 모든 건설 회사 중 가장 큰 규모의 회사로서, 주택, 학교, 병원, 정부 청사, 도로, 교량, 항만 등 거의 모든 국가 기반 시설을 수주하여 전국적으로 활약하고 있었다. 당시 리비아의 인구는 약 391만 명이었는데, 제3국 인력을 포함하여 약 38,000명의 건설 인력이 대우건설에 고용되어 있었다. 이는 리비아 전체 인구의 거의 1%에 해당하는 엄청난 수치였다.

한편, 동아건설은 'Great Man Made River Project'라는 이름의 대규모 수로 공사를 진행하고 있었는데, 이 프로젝트는 리비아 남부 수단 국경 인근의 지하수원을 끌어와 전국에 공급하는 공사로서 당시 단일 공사로는 세계 최대 규모였다.

돌관 작업과 현장의 분노

내가 속한 A5-11 현장은 리비아의 수도 트리폴리 시내 중심부에 위치한 항구를 돌아 시를 동서로 연결하는 해안도로를 건설하는 프로젝트를 수행하고 있었다. 나는 그 현장에서 업무직으로서 관공서 업무와 계약 및 수금 관련 업무를 지원하는 역할을 맡고 있었다.

그런데 공사 기간이 약 40개월 정도 남았을 무렵, 국제적으로 고립되어 있던 무아마르 카다피(Muammar Gaddafi) 대통령이 외교적 돌파구를 마련하기 위해 중동과 아프리카 지역 국가 정상 및 지도자들을 자신의 혁명 20주년 기념 행사에 초청했다. 또한, 미국에 맞서는 지도자라는 이미지를 과시하기 위해 거대한 군사 퍼레이드를 계획했는데, 이를 우리가 건설 중인 트리폴리 해안도로(Tripoli Corniche Road)에서 진행하겠다고 발표했다. 이는 공사 기간을 거의 18개월 이상 앞당겨야 하는, 사실상 불가능한 요구였다.

그러나 리비아 정부의 강력한 압박과 협박에 직면한 대우건설로서는 이를 거부할 선택지가 없었다. 도저히 불가능할 것으로 보이는 공기 단축이었지만, 현실적으로 이를 수용할 수밖에 없는 상황이었다.

이날 이후로 우리는 소위 '돌관 작업'이라는 전투에 돌입하게 되었다. 아침 4시 반에 기상해 밤 12시까지 일해야 했고, 무덥고 척박한 환경 속에서 2주에 단 하루만 쉬는 극한의 일정이 시작되었다. 이 현장에서는 더 이상 '능률'이라는 개념 자체가 존재하지 않았다.

겨울이 되자 해가 짧아져 아침 7시 반이 되어야 날이 밝았고, 오후 5시가 조금 넘으면 캄캄해지는 현장을 트럭의 불빛으로만 밝히며 작업을 진행해야 했다. 모든 엔지니어와 기능공들의 피로한 모습이 역력했고, 시간이 지날수록 능률이 떨어지자 효과적인 방법을 모색해야 했지만, 현장 소장님은 자신의 결정을 절대로 번복하지 않았다. 일부 선배 직원들의 건의가 있었지만, 공기 단축의 압박을 직접 받고 있던 현장 소장님은 조금도 흔들리지 않았다.

이렇게 모두가 극도의 피로에 시달리던 어느 휴일, 현장 소장님은 점심 식사 후 오후 1시 반에 회의를 소집했고, 그 회의는 저녁 식사 이후 밤 10시까지 계속되었다. 나는 현장의 막내였지만, 이 상황을 도저히 받아들일 수 없었다. 선배 직원들은 뒤에서는 불만과 불평을 쏟아내면서도 정작 공식적인 자리에서는 아무도 입을 열지 않았다.

업무직으로서 거의 매일 관공서를 방문했던 나는 가끔 우리 도로 현장과 인접한 독일의 Bilfinger Berger사를 방문할 기회가 있었다. 우리 현장 바로 옆에서 진행되던 그들의 공사 상황을 매일 목격할 수 있었는데, 그들도 같은 Tripoli Corniche Road 프로젝트를 수행하며 우리와 마찬가지로 공기 단축 요구를 받고 있었다. 하지만 독일 업체는 주말에 휴식을 취하며 우리처럼 무리한 현장 운영을 하지 않고 있었다.

　나는 엔지니어는 아니었지만, 한국과 독일 간의 현장 관리 방식과 수준의 차이를 분명히 느낄 수 있었다. 우리 엔지니어들 역시 독일이 맡은 현장이 바로 옆에 있었기에 그들의 방식을 알 수 있었을 터였지만, 장비 차이를 극복하기 어려운 현실적인 문제도 있었을 것이다.

　그러나 그보다 더 근본적인 문제는, 스스로 계획하고 책임을 지는 문화가 아닌 현장 소장의 지시만 따라야 했던 우리의 현장 문화에서는 자기 책임하에 능률을 높이려는 노력이 나타나기 어려웠다는 점이다. 같은 목표를 향해 달려가는 독일과 한국의 현장 관리 방식의 차이는 단순히 장비의 문제로만 설명할 수 없는 근본적인 문제가 존재하고 있었다. 계획을 수립하고 실행하며 감독하는 과정에서, 각 공구장이 자신의 책임하에 효율성을 높이기 위해 노력하고 그 결과에 책임지는 문화와 의식의 차이가 훨씬 크다는 사실을 배울 수 있었다. 나름대로 작은 목소리로 내부에서 계속해서 이 문제를 제기해 보았지만 결국 받아들여지지 않았다.

　당시 대부분의 기능 인력은 태국인들이었고, 소수의 한국 기능 인력이 태국인들을 현장에서 관리하는 십장(Foreman) 역할을 하거나, 전문 기술이 필요한 분야를 담당하고 있었다.

　두 주에 단 하루만 쉴 수 있는 돌관 작업이 계속되던 어느 날, 태국인들은 그들의 대표를 통해 일하는 휴일이라도 오전 7시에 아침 식사를 하고 8시에 일을 시작하자는 건의를 해 왔다. 뜨겁고 건조한 현지 날씨를 온몸으로 견디며 현장에서 땀을 흘리던 그들도 지치기 시작했던 것이다. 우리 역시 그들의 요구를 마음속으로는 이해했지만, 현장 소장님은 단호하게 거절했다.

그렇게 맞이한 일하는 휴일 아침, 새벽 4시에 울리는 기상 음악인 '대우가족의 노래'가 현장을 가득 채웠지만, 아무도 일어나지 않았다. 아침 식사는 평소처럼 새벽 4시 반에 준비되어 있었지만, 태국인들은 마치 사전에 약속이라도 한 듯 단 한 명도 나타나지 않았다. 화가 난 소장님은 식사를 치우라고 지시했고, 태국인들의 대표인 빌리(Billy)가 소장님께 우려를 전달했지만, 소장님은 듣지 않으셨다. 나 역시 소장님께 배식을 해야 한다고 말씀드렸으나, 그는 아랑곳하지 않았다.

오전 7시가 되어 식당에 모인 태국인들은 문이 굳게 닫힌 모습을 보자 분노가 폭발했다. 그들은 곧바로 사무실 앞으로 몰려와 소장님과의 면담을 요구했지만, 소장님이 응하지 않자 한국 대사관으로 향했다. 그들은 대사님과의 면담을 요구하며 사태를 키웠고, 순식간에 일은 걷잡을 수 없이 커졌다.

당시 리비아는 내국인들의 시위나 데모를 철저히 통제하고 있었는데, 외국인 근로자들이 이런 사태를 일으키는 것은 현지 주민들에게까지 영향을 미칠 수 있는 민감한 문제였다. 대사관에서 즉시 본부장님께 상황이 전해졌고, 소장님은 더 이상 버틸 수 없어 결국 무조건 항복을 선언할 수밖에 없었다.

온순하기만 했던 태국인들이 뜨거운 햇살보다 더 뜨거운 분노로 폭풍처럼 변해 버리는 모습을 보는 데는 불과 몇 시간도 걸리지 않았다. 그 순간, 나는 예측 가능한 합리적 경영을 위해 관리자가 얼마나 치열하게 노력해야 하는지를 뼈저리게 깨달았다. 그들의 분노는 단순한 불만이 아니라, 오랜 시간 쌓인 피로와 무시당한 설움에 대한 외침이었다.

동독회사 VUKO와의 계약과 미수금 회수

공기 단축이 예상되자, 국영 석유 회사인 Brega Oil Company는 도로가 완공되기 전에 정유 수송 파이프를 도로 밑에 매립하는 공사를 긴급히 발주했다. 이 공사를 수주한 동독(East Germany)의 Vuko Company 사장과 엔지니어 두 명이 우리 현장을 방문했다. 여러모로 공기 압박에 시달리던 소장님은 이 공사를 하청 형태로 수행하는 것을 꺼렸지만, 산유국의 국책 사업인 데다 다른 외국 회사가 우리 현장 내에서 공사를 수행하는 것을 원치 않으셨기에, 쉽사리 거절할 수도 없는 상황이었다. 결국 일반 공사보다 몇 배나 높은 마진을 붙여 수주했는데, 그 공사 금액은 정확히 기억나지 않지만 당시로는 적지 않은 3~5백만 달러 정도로 추정된다.

문제는 수금이었다. 공사를 완공했지만, Vuko가 지급한 수표는 번번이 잔고 부족으로 은행에서 지급이 거절됐다. 처음부터 이 계약에 대해 소장님은 부정적이었지만, 국책 사업의 일환이라는 이유로 받아들일 수밖에 없다고 설득했고, 계약서도 내가 준비해 체결했기에 나는 일말의 책임감을 느꼈다.

완공 후 1년이 넘도록 나는 그들로부터 세 번의 수표를 받았지만,

발주처인 Brega Oil Company가 미국의 경제 제재 조치로 인해 원유를 서방 세계에 수출할 수 없게 되자, Vuko 역시 공사 대금을 받지 못하게 되었다. 그 여파는 우리에게도 연쇄적으로 미쳐 언제 공사비를 받을 수 있을지 점점 자신감을 잃어 갔다.

이러한 상황에서는 법원에 소송을 제기하더라도 실익이 없다는 사내 법률 고문(In-house legal counsel)의 조언에도 불구하고, 나는 Vuko의 수표 사용법 위반과 공사 대금 미지급을 이유로 소송을 제기했다. 그러나 Quran(이슬람 경전)의 교리에 따라 판결을 내리는 판사는 우리 회사보다 훨씬 작은 Vuko의 주장을 더 들어주는 판결을 내렸다. 아랍 국가에서 이러한 소송은 결국 무용지물이라는 것을 뼈저리게 깨닫게 된 순간이었다. 또한, 연체 이자 요구에 대해서도 Quran은 호의적이지 않다는 것을 알게 되었다. 그렇게 나는 단순히 계약서를 작성한 것 이상의 무거운 책임감과 함께, 문화적·종교적 차이로 인한 법적 한계를 마주하며 한계를 느끼기 시작했다.

나는 전략을 바꿔 거의 매일 Vuko 사무실을 방문하기 시작했다. 1년이 넘는 기간 동안 얼추 200번 정도는 그 회사를 방문했으니 특별한 날을 제외하고는 내가 왔다 갔다는 것을 알리기로 한 것이다. 나는 노느니 염불한다는 마음으로, 시간이 날 때마다 찾아가 사장실에 들러 인사를 한 후 30분 정도 책을 읽다 돌아왔다. Vuko의 사장과 회계 담당자는 내가 자주 오는 목적을 잘 알고 있었기에, 나는 돈을 달라는 말은 최대한 삼가고 우호적인 대화만 나누다 현장으로 복귀하곤 했다.

꾸준히 방문하면서 나는 그들의 사무실 분위기를 파악할 수 있었고, Libya 최고의 국영회사인 Brega Oil Company를 비롯해 여러 주요 고객들이 있다는 것도 알게 되었다. 비록 나이가 어렸지만, 그들은 점차 나를 친구처럼 대하기 시작했고, 몇 번이나 그들의 캠프로 초대해 주기도 했다. 그들의 캠프는 바닷가와 접해 있었고, 작은 수영장이 있는 전형적인 유럽풍 주택들로 이루어져 있었다. 현지에서는 상상하기 어려운 독일 맥주를 함께 마시며 호사를 누리기도 했지만, 나는 그들의 모든 것을 파악해야 한다는 강박관념과 영어가 유창하지 못한 탓에 마음 편히 즐기지는 못했다.

그렇게 1년이 넘도록 방문을 계속하던 어느 날, Vuko의 사장은 나를 기다렸다며 Brega Oil Company로부터 체납된 공사금액을 이번 주 수요일까지 모두 받기로 했다는 소식을 전하며 기뻐했다. 우리에게 체납된 금액뿐만 아니라 여러 프로젝트의 미수금 대부분을 지급받기로 확약 받았다며 수표를 내밀었다.

하지만 나는 정중히 수표를 거절하고 현찰로 달라고 요구했다. 지난 1년간 세 번의 수표 지급이 거절되어 내 사내 입장이 곤란하다는 것을 양해해 달라고 했지만, 사장은 현찰 준비가 쉽지 않다며 이번에는 수표가 거절되지 않을 것이라고 확신을 주려 했다. 그러나 내가 그동안 얼마나 많은 노력을 기울였는지를 상기시키자, 결국 그는 현찰로 지급하겠다는 약속을 했다.

반신반의하며 사무실로 돌아온 나는 3일 동안 소장님에게 이 사실을 보고하지 않고 기다리기로 했다. 드디어 수요일 오후 두 시, 나는 Vuko 사무실을 다시 찾았다. Tripoli 시내 녹색광장(Green Square)

옆 사무실 밀집지역의 한 건물 3층에 위치한 그곳에서 재무 담당자의 안내로 회의실에 들어가 보니, 돈 자루가 수십 개나 놓여 있었다. 나에게 돈을 세어 보라고 했다. 평생 그렇게 많은 현금을 본 적이 없던 나는, 받고자 했던 현금을 눈앞에 두고 머리가 하얘지며 가슴이 뛰는 소리가 귀에 들리는 듯했다. 다리에 힘이 풀리는 것을 느끼며, 애써 태연한 척 100 Dinar로 묶인 다발을 세기 시작했지만 내가 얼마를 세었는지도 금방 헷갈리기 시작했다.

인수 확인증을 작성한 후, Vuko 사장은 나를 자기 방으로 불러 약속을 지킬 수 있어 기쁘다며, 진지한 표정으로 나를 채용하고 싶다는 제안을 했다. 대우에서 받는 월급의 두 배를 주겠다며, 지난 1년 반 동안 나를 지켜보았다며 함께 일하자고 했다. 하지만 내 머릿속은 온통 돈 생각뿐이었기에, 그의 진정성 있는 제안을 받아들일 여유와 공간이 없었다. 마지막으로 사장에게 직원을 시켜 내 차까지 돈을 운반해 달라고 부탁했다. 대우자동차 르망 세단의 트렁크와 뒷좌석, 운전석 옆 천장까지 돈 다발로 꽉 채워졌다.

현장에 전화해 경호 차량을 부탁한 후 떠났지만, 돌아오는 길 내내 가슴이 뛰어 어떻게 운전했는지도 기억나지 않을 정도였다. 사무실에 도착하자마자 책상 여러 개를 붙여 돈을 다시 세기 시작했다. 원금과 연체료, 지연이자까지 15%를 받아 낸 나는 스스로가 자랑스러웠다. 당시 대우건설은 많은 공사 미수금이 있었지만, 이처럼 공사비 연체금까지 발주처로부터 받아 낸 사례는 거의 없었다.

트리폴리 스포츠센터 미수금 회수

이 소식은 리비아 본부에서 곧 큰 화제가 되었고, 현장을 방문했던 이장훈 본부장님으로부터 직접 칭찬을 들을 수 있었다. 이 일이 있은 지 얼마 지나지 않아 나에게 Sports Center의 미수금을 받아보라는 지시가 내려졌다.

Tripoli Sports Center는 우리가 완공한 지 거의 3년이 넘었음에도 약 400만 달러의 미수금을 전혀 회수하지 못한 채 방치된 상태였다. Tripoli 시장이나 주지사를 만나 요구해도 그들은 계속해서 회피하기만 해 몇 년이 흘러 버린 상황이었다. 당시 대우건설은 Tripoli 시로부터 많은 금액의 공사를 수주하고 있었고, 상대적으로 Sports Center의 미수금 액수가 크지 않아 신규 수주에 전념할 수밖에 없었다. 이로 인해 미수금 회수에는 소극적일 수밖에 없었던 것이다.

나는 곧 Tripoli Sports Center를 찾아갔지만 정문이 닫혀 있는 것을 발견했다. 정문을 지키는 경비원이 저녁 7시에 문을 연다는 말을 듣고 돌아왔다. 저녁 7시에 다시 방문하니, 현지인의 고급 차량과 함께 고관처럼 보이는 사람들이 가족들과 함께 모여들기 시작했다. 나는 경리 담당자를 찾으려 했지만, 그런 사무실조차 찾을 수 없었다.

이곳은 시민들을 위해 개방된 스포츠 시설이었지만 일반 시민 외에도 시의 고급 관리와 같은 지도자와 가족들이 교류하는 장소로서 무상으로 운영되고 있었다. 긴 몰 내에는 영선반과 경비원만 있을 뿐, 관리를 위한 행정조직은 시 정부 내에 있다는 설명이었다.

다음날 저녁, 나는 다시 방문했고 며칠 동안 탐색한 끝에 운영 실태를 어느 정도 파악할 수 있었다. 하지만 시장이나 주지사 외에는 이 문제를 협의할 만한 사람을 찾을 수 없었다. 그렇다고 내가 그런 높으신 분들을 직접 찾아가 돈을 달라고 할 수도 없는 노릇이었다.

Tripoli 시청의 재무국을 방문해 이야기를 나눠 보기도 했지만, 아무도 명확한 대답을 해 주지 않았다. 내가 들을 수 있었던 말은 단 세 마디뿐이었다. "Inshallah(신의 뜻대로)", "Bukra(내일)", "Mallish(걱정 마)". 이 말들은 아랍인들이 즐겨 사용하는 표현으로, 모든 것이 신의 뜻에 따라 결정된다는 의미지만, 실제로는 완곡한 거절이나 불확실성을 나타내는 말로 쓰이는 것 같았다.

그러나 "Bukra"와 "Mallish"는 나에게는 희망이 있다는 말로 들렸다. 이 단어들은 매일같이 그들을 찾아가게 만드는 마력을 가지고 있었고, 아랍의 비즈니스 세계에서는 "인내를 갖고 포기하지 않을 때 과실을 딸 수 있다"는 황금 같은 교훈을 담고 있는 것 같았다.

나는 가끔 저녁 식사를 마친 후 운동복으로 갈아입고 트리폴리 스포츠 센터로 향했다. 그곳에서 현지인들과 함께 운동하며 시간을 보내곤 했는데, 얼마 지나지 않아 그곳에 많은 중요 인사들이 자녀들을 데리고 와서 시간을 보낸다는 사실을 알게 되었다. 아이들이 운동하는 동안, 그들은 소파식 매트리스가 마련된 방에 모여 반쯤 누운 채 차를 마시며 한담을 나누는 모습을 자주 볼 수 있었다.

내가 그들과 함께 운동하기 시작하자 많은 현지인들이 나에 대해 궁금해하기 시작했고, 나는 대우 직원이며 스포츠 센터 미수금 담당

직원이라고 소개했다. 그렇게 함께 운동을 하고 샤워도 하며 어울리다 보니, 그곳에 나오는 많은 현지인들과 금방 친해질 수 있었다.

그렇게 물꼬를 트지 못한 채 열심히 운동만 하던 어느 날, 시의 지도자들이 저녁마다 모인다는 그 방에서 누군가가 나를 보자고 해 운동을 중단하고 달려갔다. 그들은 스포츠 센터 위원회 위원이라고 소개하며, 내가 대우건설 직원이라는 것과 이곳에 온 목적을 이미 알고 있다고 말했다. 그리고는 대우건설의 하자 보수 의무에 대해 이야기를 꺼냈다. "당신도 여기서 운동을 하니 잘 알겠지만, 이곳저곳 대우가 공사를 제대로 하지 않아 하자가 많으니 당장 보수를 해 달라"는 것이었다.

이건 완전히 혹을 떼려 왔다가 큰 혹을 붙이게 되는 형국이었다. 계약상 하자 보수 기간이 이미 지나 의무가 없었기 때문에, 나는 미수금 문제를 먼저 해결하고 보수 비용을 준다는 약속을 해달라고 간청했다. 하지만 그들의 노련한 표정에서는 전혀 그럴 의사가 없어 보였다.

그중 한 명이 내게 다음날 Jamahirya Bank에 와서 상세한 이야기를 하자고 해서 숙소로 돌아왔지만, 소장님과 본부 업무부에 먼저 보고해야 한다는 생각에 걱정이 이만저만이 아니었다. 예상대로 장기간 공사 대금도 회수하지 못하고 있는 상황에서 하자 보수는 턱도 없는 이야기라는 소리를 들은 채, 나는 은행을 방문했다. 머릿속에서는 계속 어떻게 이야기를 풀어 나가야 할지 고민하며 은행 앞 공원에 잠시 들러 가방 속의 한영 사전을 뒤적이며 답변 준비를 마친 후, 그를 만났다. 그는 은행 내 가장 큰 지점의 신망받는 지점장이었으며, 스포츠 센터 위원회에서 관리 및 운영을 책임지고 있다고 소개했다.

 나는 먼저 공사 하자에 대한 이야기를 꺼내며 준비해 간 관련 계약서와 공사비 연체내역서를 건네며 이야기를 이어 갔다. 공사 하자 내용에 대해 그가 준비한 목록만으로는 내가 도저히 이해할 수 없어, 스포츠 센터로 함께 가서 하자 목록을 직접 확인하자고 제안했다. 그와 함께 스포츠 센터로 이동해 목록을 하나씩 대조해 보니, 건수는 많지만 화장실과 샤워장의 일부 교체를 제외하고는 그다지 비용이 많이 들 것 같지 않았다.

 그래서 미수금의 반을 해결해 준다면 본부에 보고해, 하자 보수를 해 줄 수 있도록 하겠다고 제안했다. 물론, 이는 계약적으로 의무가 없음을 분명히 서면으로 이해시킨 후의 일이었다. 그러나 그는 직설적으로 내 제안을 거절하며, "대우가 우리나라에 공사와 제품을 팔아 얼마나 많은 돈을 벌어 가는데, 우리들을 위한 작은 체육시설도 기부하지 못하냐"는 기막힌 이야기까지 거침없이 내뱉었다. 그리고는 자기 보스가 우리 본부장에게 직접 전화해 하자 보수를 요청하겠다고 말했다. 리비아의 고위 관리들은 한국인들이 윗사람에게 이야기만 하면 거절하지 못한다는 것을 이미 잘 알고 있었다.

 회사로 돌아와 오늘 미팅 결과와 함께 요청된 하자 목록에 대해 간략히 보고했다. 이후, 트리폴리 시장인지 주지사인지 꽤 높은 인사와 만난 본부장은 똑같은 요구를 받았다고 전해 들었다. 하지만 본부장님은 그 부탁을 들어줄 수 없어, 실무자에게 검토를 시켜 보겠다는 대답을 하고 돌아오셨다는 소식을 들었다. 그것은 우리 방식의 거절 표시였다.

  나는 이 세상 모든 어려운 일의 99%는 시간이 해결해 준다는 것을 굳게 믿는 사람 중 하나다. 그래서 나는 우리 아이들에게도 가끔씩 절망하지 말라고, 시간이 흐르면 지금 고민하는 거의 모든 것이 신기하게도 저절로 해결된다는 것을 믿으라고 말해 준 적이 많다. 혹을 떼려다 혹을 붙여온 상황에서도, 나는 절망스러웠던 Vuko의 미수금 문제를 생각하며 시간에 맡겨 보기로 결심했다.

  이후로도 가끔 저녁이면 스포츠 센터를 찾아 현지인들과 친숙해지면서 그들로부터 소소한 청탁을 받게 되었다. 그중에는 일전에 만났던 위원회 일원인 은행 지점장이 철근과 레미콘 콘크리트를 도와줄 수 있냐고 연락을 해 온 적도 있었다. 당시 서방의 금수조치로 인해 모든 물자가 귀했던 시절이었고, 특히 공사에 필요한 철근이나 건축 자재는 시중에서 구하기가 매우 어려웠다. 같은 이유로 스포츠 센터의 하자 보수도 자재를 구하기 어려워 그들이 해결하기 쉽지 않은 상황이었다.

  나는 다시 한번 이전 제안을 상기시키며, 50%가 아닌 30%만이라도 미수금을 해결해 준다면 하자 보수와 그의 부탁을 들어주겠다고 설득했다. 몇 번 더 만난 후, 결국 그로부터 좋은 소식을 들을 수 있었다.

  하자 보수와 그의 청탁을 깔끔하게 해결한 후로는 여러 사람들의 추가적인 청탁을 들어주게 되었고, 나는 한 차례 더 20%의 미수금을 해결할 수 있었다. 이후 나는 만기 귀국을 하게 되어 그들이 어떻게 되었는지 궁금했지만, 알려고 하지는 않았다.

트리폴리 메인 스타디움의 사고와 대처

트리폴리에 도착한 지 6개월이 지나 어느 정도 적응한 1988년 3월 초순 무렵이었다. 발주처 건설국장이 소장님께 전화를 걸어 긴급히 누군가를 사무실로 보내 달라는 요청을 받고, 나는 그의 사무실을 방문했다. 트리폴리 메인 스타디움에서 2층 난간(Parapet Wall)이 떨어져 수백 명의 사상자가 발생했다는 것이었다.

소개받은 체육 관계자를 따라 현장에 나가 보니, 며칠 전 리비아와 몰타 간의 국가 대표 축구 경기 중 발생한 이 사고 현장은 그 참상을 상상할 수 없을 만큼 깨끗이 치워져 있었다. 하지만 2층에서 떨어진 난간 두 개가 없어 접근하기가 쉽지 않았고, 그 아래 텅 빈 관중석은 피해 규모를 가늠할 수 있을 만큼 처참한 모습이었다.

이 사건은 당시 세계적인 뉴스가 되어 우리나라 신문에도 보도될 만큼 큰 사건이었는데, 정부 관계자들은 텅 빈 난간이 보도되는 것을 막기 위해 사고 현장 접근을 금지하고 보도를 엄격히 통제하고 있었다.

5일 안에 복구해 달라는 요청을 받고 나는 본부로 가서 그들의 절박한 입장을 업무부와 건축부에 알렸지만, 우리 업무 순서상 그렇게 빨리 복구하는 것은 불가능하다는 답변을 듣고 돌아왔다. 다음 날, 본부 건축부의 김승배와 함께 현장을 다시 방문했고, 그는 목측으로 대략적인 견적과 소요 시간 등을 계산할 수 있는 자료를 취합한 후 우리는 헤어졌다.

체육 관계자와 건설국장은 현장 방문 후 소식이 없는 우리를 계속 압박했지만, 건축 본부에서는 소요 장비 수배부터 전문 인력 선발, 비용 산출, 공사 이익을 포함한 견적과 내부 승인에 필요한 절대적인 시간이 필요했다. 그래서 정부 측의 다급한 압박을 그다지 개의치 않았지만, 나는 그들과 직접 대화할 수 있는 첫 번째 사람이었기 때문에 입장이 달랐다.

일주일이 지나도 우리 측에서 별다른 소식이 없자, 체육 관계자와 시청 측은 격노하기 시작했다. 합리적인 공사 계획과 단가, 소요 시간 등을 계산할 수밖에 없는 대우건설의 입장과, 말도 안 되는 인재로 많은 사상자를 낸 비극적 사건을 하루라도 빨리 덮으려는 정부 측의 입장이 정면으로 충돌하고 있었다. 즉시 착공하여 현장에서 복구 작업이 이루어지고 있다는 것을 보여 주지 않으면 감당할 수 없는 문책을 받게 될 것이라는 초조함과 두려움을 가진 그들에게, 나도 그들처럼 "인샬라, 부크라, 말리시"라고 말할 수도 없었고, 친구가 어려운 시기에 너희를 도울 수 없다고 공사를 거절할 수도 없었다.

간단할 것만 같았던 두 개의 난간 복구 공사 견적은 내 생각보다 훨씬 더 많은 2주 정도의 시간이 소요된 후에야 내부 승인을 받을 수 있었다. 문제는 착공하려면 한 달 후에나 가능하다는 것이었다. 시정부와 체육부 고위 간부들의 입장을 이해하고 있는 나는 이러한 계획을 그대로 전달할 경우 양자 간의 관계가 크게 악화될 것을 염려했다. 만약 본부장님이 시장이나 정부 고위 인사에게 전화를 받는다면, 그대로 우리 입장을 지킬 사안이 아니라고 판단하여 나의 우려를 전달했다.

그들이 수락할 민한 Plan B 없이 그대로 복구 계획을 제출할 수 없어 김승배와 협의하던 중 묘안이 떠올랐다. 급한 대로 떨어진 난간을 합판으로 제작하여 기존의 난간과 똑같이 페인트를 칠해 임시 보수 작업을 먼저 한다면, 즉시 목수들을 현장에 투입할 수 있어 정부 측 인사들을 안심시킬 수 있고, 그 비용은 별도로 견적에 포함시키는 것으로 최종 계획을 제출하게 되었다. 결국 우리는 그들이 요구한 공사를 시간을 갖고 좋은 가격에 완벽히 해냈다. 김승배 씨는 훗날 대우건설에서 임원을 지낸 후 시행사를 설립하여 독립하였고 현재는 한국부동산개발협회 회장을 맡고 있다.

처음부터 이렇게 신속하게 대응할 수 있었다면 그동안의 마음고생이 훨씬 덜했을 것이고, 시 정부 관계자들도 우리의 적극적이고 친구다운 태도에 더 큰 신뢰를 쌓을 수 있었을 것이라는 아쉬움이 남았다. 이 경험은 이후 유사한 상황에서 모두 선 조치 후 결산 방식으로 일을 처리하는 계기가 되었다. 나는 실무 담당자로서 최고의 덕목은 업무에 대한 정확한 파악과 소신, 그리고 배짱이 있어야 한다고 믿는다. 또한, 거래 상대방에 대한 배려심이 회사의 이익과 균형을 이룰 수 있도록 안목을 키워야 한다고 생각한다.

이것은 직급의 높고 낮음과는 전혀 관계가 없음에도 불구하고, 한국 기업 문화에서는 사원은 사원만큼, 과장은 과장만큼, 팀장은 팀장만큼의 직급 안에 갇혀 그만큼의 권리와 의무만 행사하려는 경향이 있다는 것을 잘 알고 있다. 이러한 문화는 결국 자신이 인생의 주인공이라는 의식마저 마비시켜 초라한 월급쟁이로 전락시키고 만다. 자기 성장과 비전이 멈추고 있다는 것을 느끼게 되었을 때는, 이미 어항 속 물고기처럼 살아온 자신을 탓할 힘조차 남아 있지 않다는 현실을 인정할 수밖에 없게 된다.

흙으로 맺은 우정, 모래보다 단단했다

나에게는 잊을 수 없는 리비아 친구가 한 명 있었다. 그의 이름은 나쎄르(Naser)였는데, 지금은 미안하게도 그의 성도 기억나지 않는다. 그는 나에게 최초의 외국인 친구였으며, 비록 처음에는 회사의 이익을 위해 시작된 조심스러운 만남이었지만, 뜨거운 우정으로 발전하여 많은 추억을 함께 쌓을 수 있었던 유일한 현지인 친구이기도 했다.

2년 반의 체류 기간 동안, 나는 이 친구에게 업무적으로 너무나 많은 도움을 받아 회사에 큰 경제적 이익을 가져다줄 수 있었을 뿐만 아니라, 현장 공사 기간 단축에도 크게 기여할 수 있었다. 여기서는 그와의 추억 중 업무와 관련된 이야기를 간추려 소개해 본다.

앞서 말했듯이 내가 속한 현장은 트리폴리 시내 중심에 위치한 녹색광장(Green Square: 현재 순교자광장) 근처의 항구 인근에 자리 잡고 있었다. 이곳은 관공서와 항구, 전통 시장, 상업 시설이 밀집한 요충지로, 우리가 왕복 8차선의 해안 도로를 건설하고 있어 대형 덤프트럭과 중장비를 운영하는 데 많은 어려움을 겪고 있었다.

특히 도로 중앙 분리대(Central Reserve)에 설치하는 가로등 아래로 지나는 통신선과 전선, 예비선 등을 지하에 매설한 후, 파손을 방지하기 위해 완충재로 모래(Fine Sand)를 덮어야 했다. 보행자 구역의 전선관 매립 지역도 같은 과정이 필요해 엄청난 양의 모래가 소요되었고, 우리는 8톤짜리 MAN 트럭 30여 대를 매일 동쪽 100km 떨어진 모래 채취장까지 보내 모래를 실어 오고 있었다.

운전 기사들은 모두 태국인이었는데, 하루에 평균 네 번씩 왕복 운행을 해야 했기 때문에 극심한 피로에 시달렸다. 이로 인해 과속, 불법 주정차, 교통사고 등이 빈번하게 발생했고, 나는 그때마다 경찰서로 가 억류된 기사들을 데려오거나, 구속된 기사들을 위해 변호사와 함께 구치소를 방문하거나 법원에 출석하기도 했다. 때로는 수십 대의 트럭이 왕복하며 도로를 훼손한다는 이유로 전체 차량이 압류되기도 했는데, 나는 이러한 문제들을 해결하기 위해 동분서주하고 있었다.

바로 그때, 내 친구 나쎄르가 불쑥 나타났다. 점심 식사를 마치고 사무실로 돌아왔는데, 이 친구가 정문 경비원의 만류에도 불구하고 사무실까지 예고 없이 들어와 "제일 높은 분을 만나러 왔다"며 버티고 있는 것이었다.

그를 만나 이유를 들어 보니, 우리 현장에서 멀지 않은 곳에 있는 그의 농장이 인근 지역보다 지형이 높아 농사를 지을 수 없으니 불도저를 이용해 평평하게 해달라는 요구였다. 그는 농장 사진을 보여주며 평탄 작업을 어떻게 하면 빨리 끝낼 수 있는지 등 자신이 준비한 모든 방법을 설명하며 소장님을 만나게 해달라고 간청했다.

다소 생뚱맞은 그의 요구를 들어줄 수 없었기에 나는 작은 전문 토목 회사를 소개해 주며 그를 돌려보냈다. 하지만 그는 현장을 떠나지 않고 밖에서 기다리다가 소장님을 보고 다시 따라 들어와 소장님을 설득하려고 했다. 소장님은 그의 요구를 단호히 거절하고 나에게 그를 내보내라고 지시했다. 우리 회사는 정부 프로젝트만 수행할 수 있다는 점을 설명하며 그를 돌려보냈다.

일주일 후, 그는 또 다시 찾아왔다. 내가 조언한 대로 여러 회사를 만났지만, 요구하는 평탄 작업 비용을 감당할 수 없어 대우건설이 도와달라고 읍소하는 것이었다. 나는 더 이상 시간을 낭비할 수 없어 회사의 입장을 단호히 설명하고 그를 돌려보냈다. 또다시 한 주가 지나자, 정문 경비실에서 그가 나를 찾아왔다는 연락을 받았다. 나는 외출 중이라고 말하며 그를 피했다.

며칠 후, 아침 일찍 그가 또다시 찾아왔다. 이른 시간이라 피할 구실도 없었지만, 왠지 이 친구가 나와 같은 부류의 인간일 것 같은 생각이 들어 만나 보기로 했다. 이번엔 회사의 입장이 아니라 상대방의 입장에서 그의 이야기를 들어 보기로 마음먹었다. 그는 대략 20,000㎡ 규모의 농장이 있는데, 인근 농장보다 지대가 높아 경작이 어렵다고 설명했다. 공사 대금을 줄 수 없으니, 평탄 작업 후 남는 흙을 대가로 가져가도 좋다고 제안했다.

그가 보여 준 농장 사진을 유심히 보니, 이 지역 농장에서 흔히 볼 수 있는 적색을 띤 고운 입자의 흙이었다. 그 순간, 홈즈(Holms) 경찰서에 억류된 모래 운반 트럭들이 떠올랐다. 나는 100km나 떨어진 곳에서 모래를 실어 오는 것이 처음부터 이해가 가지 않았고, 혹시 이 친구의 농장 흙을 사용할 수 있지 않을까 하는 생각이 들었다. 나는 벌떡 일어나 그를 차에 태우고 농장으로 향했다.

그의 농장은 타주라(Tajoura)라는 동네에 있었는데, 현장에서 동쪽으로 약 15km 떨어진 농장 지역이었다. 불과 20분 만에 도착했고, 그의 말대로 농장은 낮은 동산처럼 보였다. 인근 농장들은 모두 경작 중이었지만, 그의 농장은 물을 대기 어려워 오랫동안 방치된 상태였다. 예상대로 흙은 고운 입자의 빨간 사막 토양이었고, 이 흙이 모래의 대체재로 사용될 수 있지 않을까 하는 기대감을 가지고 흙을 담아 현장으로 돌아왔다.

절대 큰 기대는 하지 말라는 말을 하면서 연락을 줄 테니 조용히 기다리라고 부탁한 후 나쎄르를 돌려보냈다. 나는 곧장 소장님을 찾아가 가져온 흙을 보여드리며, 이 흙을 가져온 배경과 함께 혹시 모래 대체재로 사용할 수 있는지 여쭤보았다. 공사 시방서(Specification)와 BOQ(Bill of Quantity: 수량명세서)에는 현재 사용 중인 모래가 영어로 'Fine Sand'라고 표기되어 있었는데, 내가 보기엔 이 흙도 굳이 영어로 표현하자면 'Fine Sand'로 볼 수 있지 않겠냐고 설명하며 가능성을 알아봐 달라고 간청했다.

모래 채취장보다 비교할 수 없이 가까운 위치에 있고, 확보할 수 있는 양도 어마어마하며, 더구나 공짜로 가져올 수 있다는 점에서 '일석삼조'의 기회가 아니냐며 흥분된 어조로 말씀드렸지만, 소장님은 별다른 반응을 보이지 않으셨다. 지금 사용하는 모래는 Resident Engineer인 Mr. Allan Smith에게 이미 사용 승인을 받은 것인데, 그가 쉽게 승인을 변경해 주지 않을 것이라 예상하시며 시방서의 중요성을 강조하셨다. 하지만 바꿀 수만 있다면 더 바랄 게 없을 것이라는 말씀도 빼놓지 않으셨다.

나는 곧바로 이 흙을 들고 영국인 Resident Engineer인 Mr. Allan Smith를 찾아갔다. 억류된 트럭 문제와 장거리 운반의 어려움에 대해 먼저 설명한 후, 가져온 흙을 보여 주며 단도직입적으로 물었다.

"내가 보기엔 이 흙도 Fine Sand인데, 영국인인 당신의 언어로는 무엇이라고 부르는가?"

그는 그렇게 부를 수도 있다고 답했다. 그러자 나는 이 흙으로 현재 사용 중인 모래를 교체할 수 있는지 물었고, 그는 "당신은 Engineer가 아니니 잘 이해하지 못하는 것 같은데, 용어가 승인의 절대 기준이 아니라 실험실(Laboratory)에서 토질 성분을 검사한 결과 보고서를 보고 승인을 하는 것"이라고 친절히 설명해 주었다.

이 말을 듣고 나는 띨 듯이 기뻐하며 소상님께 보고했고, 소장님은 즉시 그 흙을 실험실에서 분석하도록 지시했다. 결과는 매우 만족스러웠다. 현재 사용 중인 모래보다 파이프 간 완충 강도나 효율이 더 뛰어나다는 실험 결과를 얻을 수 있었다.

나는 소장님과 공사 및 공무 과장, 실험실장을 모시고 여러 차례 나쎄르의 농장을 방문하여 채취 가능한 토사량을 산출하고, 채취 장비와 트럭 진입로를 검토하는 등 신속하게 작업을 진행할 수 있도록 적극적으로 지원했다.

모든 검토가 마무리된 시점에서, 이번에는 본부의 법률 고문(In-House Legal Counsel)이 발목을 잡았다. 현지인과의 거래 중 계약에 명확히 명시했음에도 불구하고, 현지인이 갑자기 말을 바꿔 대가를 요구하는 경우가 종종 발생했는데, 특히 이러한 대가성 교환 방식의 거래는 자주 분쟁으로 이어졌다는 것이었다. 리비아는 현지인 우선주의 정책이 강해, 공항이나 병원 같은 공공기관에서도 외국인들은 길게 줄을 서야 했지만 현지인들은 줄을 서지 않고 우선적으로 대우 받는 것이 관례일 정도였다. 따라서 계약서에 충분히 반영하는 것만으로는 부족하다는 법률 고문과 소장님의 우려를 어떻게 해소할지가 관건이었다.

나는 나쎄르를 여러 번 반복해서 만났다. 그는 알라(Allah) 앞에 맹세한다는 말을 계속하며 답답해했는데, 이는 무슬림으로서 그가 내게 할 수 있는 가장 확실한 약속이라는 것을 잘 알고 있었음에도 속 시원한 해결책을 찾지 못해 안타까웠다. 부딪혀 보지 않고서는 결코 발생하지 않을 문제였기에 믿고 일단 시작해 보자고 간청하기도 했고, 나쎄르가 신뢰할 만한 사람이라는 말과 함께 내가 책임지겠다는 말까지 했지만 소용이 없었다.

 그렇게 나쎄르에게 점점 더 미안한 마음이 커져갈 무렵, 현장의 실행 원가 압박과 현지 경찰의 횡포로 인해 운반 트럭들이 빈번히 억류되자 드디어 소장님이 용단을 내리셨다. 결국 시간이 해결해 준 셈이었다. 그사이 나와 나쎄르는 업무를 떠나 진정한 친구가 되어 서로에 대한 신뢰를 쌓아 가고 있었다.

 왕복 100km 거리를 다니던 덤프트럭들이 불과 15km 떨어진 곳에서 흙을 운반하기 시작하자, 두 달도 채 지나지 않아 현장 한쪽에는 산처럼 커다란 흙더미가 쌓였고, 반대로 나쎄르의 농장은 주변 농장과 마찬가지로 평평하게 변해 갔다.

 덤프트럭이 다닐 수 있도록 진입로까지 멀리 떨어진 길에서부터 깔끔하게 정비하자, 마을 사람들의 기쁨과 칭찬이 내게 쏟아졌다. 나쎄르의 초청으로 주말에 농장을 방문하면 마을 사람들까지 불러 함께 저녁을 나누기도 했고, 순박한 농부들은 내게 감사의 인사를 아끼지 않았다. 서방의 물자 금수 조치로 생필품을 구하기 어려웠던 그들에게 비누, 화장지, 샴푸, 여성 스타킹 등을 가져다 나눠 주기도 했고, 때로는 불고기를 준비해 함께 나누며 정다운 시간을 보냈다.

 나쎄르는 점차 나를 집으로 초대하기 시작했는데, 현장에서 멀지 않은 트리폴리 시내의 아파트에 살고 있어 회사 동료와 함께 방문해 저녁을 대접받고 돌아올 정도로 우리의 관계는 깊어졌다.

 평탄 작업은 약 4개월 만에 완료되었는데, 지금도 기억에 생생한 것은 이웃 농장과 같은 수준으로 평평해진 농장을 바라보며 너무도 기뻐하던 나쎄르의 해맑은 미소와 밝은 얼굴이었다. 회사가 걱정했던 문제는 결국 일어나지 않아 크게 안도했고, 비록 나는 기술자는 아니었지만 회사에 크게 기여했다는 뿌듯함을 느낄 수 있었다.

아스팔트 콘크리트 공장과 권총 협박

얼마 후, 소장님은 본부 토목부에서 트리폴리 시내 근처에 아스팔트 콘크리트 공장(Asphalt Concrete Plant)을 건립할 계획이 있지만 적합한 부지를 찾지 못해 어려움을 겪고 있다며, 나쎄르 농장 근처에 적절한 부지가 있다면 최적지로 추천해 달라고 지시하셨다. 나쎄르는 흔쾌히 부지 물색에 나섰고, 그의 농장에서 멀지 않은 곳에 진입로까지 연결된 적합한 부지를 찾아 지주를 소개해 주었다.

지주는 나쎄르와 가까운 친척으로, 그와 같이 순수한 인상이라 바로 신뢰가 갔다. 소장님과 본부 담당자들이 방문한 후, 해당 부지는 최종 적합지로 선정되었고, 나는 지주와 계약 협상을 진행하게 되었다. 다만 아스팔트 공장은 분진 문제로 환경적 우려가 있어 지주와 주민들의 동의가 필요했지만, 이전 평탄 작업으로 쌓아 둔 신뢰 덕분에 계약 체결은 순조로웠다.

회사는 환경 문제를 고려해 공장 설립 초기부터 첨단 집진 장치를 설치했고, 분진을 최소화하기 위해 노력했다. 공장 가동 후 순조롭게 두 달쯤 지났을 때, 정보사 소령이라는 장교가 권총을 차고 사무실로 나를 찾아왔다.

유창한 영어를 구사하는 그는 내 이름을 이미 알고 있었으며, 자기 농장이 아스팔트 공장에서 발생하는 분진으로 큰 피해를 당하고 있다고 주장했다. 공장 인근의 농장주인데 왜 자기의 동의를 받지 않고 이런 환경 오염 시설을 자기 땅 앞에 지었냐고 큰소리로 항의하며, 급기야 권총을 빼어 탁자 앞에 놓고 겁박하는 것이었다. 나는 그를 처음 보는 상황이었기에 당황했지만, 주민 동의를 받았고 환경 문제도 거의 없다고 설명했으나 제대로 소통이 어려웠다. 결국 다음 날 그의 농장에서 다시 만나 피해 정도를 함께 조사하기로 약속하고 그를 돌려보냈다.

본부 담당자는 리비아에서 군의 권력이 막강한 정보사 장교의 협박에 크게 우려하며, 분진 문제를 완벽히 해결하기 어렵다는 점을 걱정했다. 나는 즉시 나쎄르를 만나 상황을 설명했고, 그는 소령이 영국 유학파 엘리트 장교라 다소 무례할 수 있지만, 동네 어른들을 통해 충분히 해결할 수 있다며 나를 안심시켰다.

다음 날, 나와 소령은 함께 그의 농장을 둘러보았는데, 약간의 분진이 보이긴 했지만 심각한 수준은 아니었다. 그러나 소령의 빠른 영어와 공격적인 태도에 내가 난감해하던 중, 나쎄르가 주민들을 데리고 나타나 소령과 아랍어로 이야기를 나누었다. 그러자 소령의 태도가 점차 누그러졌다. 나중에 들으니 나쎄르가 아버지와 친구인 동네 어른을 모시고 와서, 내가 그동안 마을을 위해 많은 도움을 주었고 공장 설립에 주민들도 이미 동의했다는 사실을 설명했다고 한다. 마을 사람들 역시 소령의 주장대로 문제가 있다면 마을 전체가 함께 해결하자고 나섰다고 했다.

소령은 바쁜 일정을 이유로 자리를 떠났고, 며칠 후 소장님과 함께 다시 만났다. 이번에는 군복 대신 사복을 입고 예의를 갖추며 대화했고, 우리는 공장 운영을 더욱 강화하여 주민들에게 피해가 없도록 하겠다고 약속했다. 소령은 피해 보상 대신 자신의 다른 농장에 농막을 지을 철근과 자재를 요청했고, 소장님은 그가 원하는 규모를 듣자마자 즉석에서 간단한 도면을 그려 보이며 우리가 직접 지어 주겠다고 흔쾌히 약속했다. 이렇게 모든 문제가 순조롭게 마무리되었다.

　우리는 그가 트러블 메이커가 될 가능성이 크다고 판단하여, 그가 원하는 바를 최대한 신속하게 처리함으로써 공장 인근의 모든 주민들을 우리 편으로 만들었다. 그 후로 내가 귀국할 때까지 더 이상의 문제는 발생하지 않았다.

10년 만의 휴가, 돌아오지 못한 길

　대우 건설은 리비아 건설 현장에 부임하는 직원들에게 통상적으로 2년 6개월의 의무 복무 기간을 부여했고, 8개월마다 3주간의 국내 휴가를 제공했다. 기능공들은 원칙적으로 1년 단위로 계약을 맺고, 필요 시 회사에서 연장해 주는 제도를 시행하고 있었다.

　본부에는 몇 명의 여직원을 제외하면 대부분 남자 직원들이었고, 대부분 단신 부임이었기에 함께 많은 희로애락을 나누며 잊지 못할 추억을 많이 만들 수 있었다. 그러나 이제 소개할 사건은 나의 리비아 근무 기간 중 가장 무겁고 아픈 기억으로 남아 있다.

우리 현장에는 리비아에서 기능공으로 일한 지 10년 차에 접어든 최고 고참 기능공이 한 분 있었다. 직원들은 그를 '마노인'이라고 불렀다. 그의 정확한 나이는 알 수 없었지만, 기능공과 직원을 포함한 모든 한국인 중 가장 연장자였다. 그는 가족, 특히 자녀들의 교육을 위해 10년이라는 긴 세월을 휴가 한 번 가지 않고 리비아에서 보내고 있었다. 일주일에 한 번씩 오가는 파우치를 통해 가족과 편지를 주고받는 것으로 그리움을 달랬지만, 직원들은 모두 그를 마음속 깊이 측은하게 여겼다.

계약이 만료되자 그는 다시 1년의 계약 연장을 요청했고, 직원들은 그의 사연을 안타깝게 여겨 포상 휴가를 건의했다. 결국 마노인은 한 달의 휴가를 얻어 집에 다녀올 수 있는 기회를 갖게 되었다.

1989년 7월 27일 아침, 여름임에도 불구하고 트리폴리 전역은 짙은 안개로 뒤덮여 있었다. 그런 날씨는 내 근무 기간 중 거의 없었기에 아직도 생생히 기억한다. 오전 7시쯤, 본부에서 긴급 연락이 왔다. 대한항공 여객기가 착륙 도중 추락했고, 사상자 후송 지원을 위해 공항으로 즉시 이동하라는 지시였다.

공항에 도착해 보니 비행기 동체는 세 동강이 난 채 불길에 휩싸여 있었고, 이미 수많은 사망자와 부상자들이 후송되고 있었다. 총 199명의 탑승자 중 79명이 목숨을 잃은 참사였다. 공항 도로에는 구조를 위해 100대가 넘는 앰뷸런스가 길게 줄을 서 있었고, 나는 비행기에서 간신히 탈출한 생존자들을 병원으로 안내하며 생사 확인을 도왔다.

트리폴리 중앙병원에서 생존자들이 소속과 이름을 확인하던 중, 러

닝셔츠 차림에 검정 바지를 입고 태극 문양이 있는 허리띠 버클을 한 남자를 만났다. 그에게 소속과 이름을 묻자, 그는 힘겹게 자신이 사고 비행기의 기장이라고 말했다. 큰 외상은 없어 보였지만, 팔로 이마를 가리고 있는 그의 얼굴에서 고통과 괴로움이 그대로 전해졌다.

그날 현장에서 귀국할 예정이었던 마노인은 끝내 찾을 수 없었다. 탑승자 명단에는 그의 이름이 있었지만 병원 어디에서도 그의 흔적을 발견할 수 없었다. 며칠 후, 금니를 통해 확인한 사망자가 바로 마노인이었다는 소식을 들었다. 현장과 본부에 분향소가 마련되었고, 우리 모두는 그의 죽음을 애도하며 평안히 영면하길 빌었다.

마노인은 중동의 뜨겁고 건조한 사막 현장에서 10년 동안 가족과 떨어져 오직 그들을 위해 희생하며 살아온 분이었다. 단 한 달의 휴가를 얻어 가족을 만나기 위해 탑승한 비행기가 결국 비극으로 끝나고 말았다. 그의 삶은 비록 비극적이었지만, 마지막 순간까지 가족을 위해 헌신한 우리 시대 아버지의 표상이었다. 사랑한다는 말, 고맙다는 말 한마디 전하지 못한 채 온몸을 바쳐 가족의 안녕과 자녀들의 교육을 위해 묵묵히 헌신하신 이 시대 모든 아버지들에게 이 지면을 빌어 깊은 경의를 표하고 싶다.

건설을 떠나, 세계경영의 첨병이 되다

1989년 12월, 나는 리비아에서의 약정된 기간을 마치고 귀국했다. 군 생활을 한 번 더 한다는 마음으로 지낸 2년 반의 시간은 길지 않았지만, 그 기간 동안 수많은 사건과 경험들이 내 안에 깊이 쌓여 있었다. 현지인 친구 나쎄르와의 우정을 통해 그들의 문화를 이해하는 소중한 시간을 갖기도 했다. 현장의 막내였지만, 나는 내 삶의 주인이 되기 위해 적극적으로 노력했고, 스스로 자부심을 느낄 만큼의 성과를 이뤘다고 생각한다.

하지만 한 가지 아쉬움이 남았다. 그것은 끝내 공정하지 못한 게임의 규칙에 대해 공감하지 못한 채 돌아왔다는 점이었다. 건설회사 사무직으로서는 기술자가 주인공인 세상에서 영원히 조연일 수밖에 없다는 현실을 깨달았기 때문이었다.

귀국하자마자 나는 인사부 정용진 차장님을 찾아가 대우전자로 돌아가고 싶다고 간청했다. 하지만 돌아온 대답은 냉정했다. 그는 "올 때는 네가 원해서 왔는지 모르지만, 그동안의 근무 평가와 주변 평가를 볼 때 원한다고 보내줄 수는 없다"고 단호히 말했다. 더 이상 건설회사에 남고 싶지 않았던 나는 완강하게 버텼다. 그때, 정 차장님이 한국생산성본부에서 시행하는 3개월 컴퓨터 연수 과정에 참여해보며 생각을 정리하라는 제안을 주셨다. 당시 PC가 막 보급되기 시작하던 시절이었기 때문에 이런 기회는 흔치 않았다. 나는 정 차장님의 배려 덕분에 3개월간 회사를 떠나 컴퓨터 교육에 전념할 수 있었고, 그 시간은 나에게 새로운 길을 모색하는 소중한 기회가 되었다.

3월이 되자, 나는 한국생산성본부 연수원에서 오후 3시까지 컴퓨터 강의를 듣고, 저녁이면 리비아로 떠나며 휴학했던 성균관대학교 무역대학원에 복학해 다시 공부를 시작했다. 원래부터 수출입 분야에서 일하는 것이 꿈이었기에, 언젠가는 대우전자로 돌아가 수출입 부서에서 경력을 쌓고 싶다는 희망을 품고 있었다.

하지만 리비아 건설 현장에서 대리로 승진하면서부터 건설인이라는 꼬리표가 점점 더 단단히 붙어가는 것만 같았다. 내가 돌아가고자 했던 그 길이 점점 멀어져만 가는 꿈처럼 느껴질 때마다 마음이 조급해졌다.

나는 마음을 달래기 위해 무역 공부를 하면서 새로운 기회를 모색해 보기로 결심했다. 석사 과정을 마치기 위해 복학한 것은 단순히 학문적 욕심 때문이 아니라, 꿈에 한 발짝이라도 더 다가서기 위한 나의 발버둥이었다. 책상 앞에 앉아 강의를 들으면서 나는 다시 한번 내가 원래 걸어가고자 했던 길을 떠올렸다. 수출입 분야에서의 꿈은 여전히 내 마음속에 살아 있었고, 그 꿈을 이루기 위해 조금씩이라도 전진하고 싶었다. 복학은 단순히 학업의 연속이 아니라, 내가 잊고 지냈던 꿈을 다시 찾아가는 새로운 여정의 시작이었다. 그렇게 나는 새로운 학기와 함께 새로운 희망을 품고 다시 책을 펼쳤다.

컴퓨터 연수 과정이 막바지에 이르렀을 때, 인사부에서 만나자는 연락이 왔다. 회의실에 들어가자, 주식회사 대우가 대우건설을 합병하여 건설, 무역, 개발 부문으로 조직을 재편했다는 소식을 들었다. 특히 개발 부문은 해외 부동산 및 호텔 개발 등 '세계경영'을 위한 야심 찬 프로젝트를 김우중 회장님 직속으로 수행하게 된다는 것이었다. 인사부는 내가 건설 부문에서 근무하길 원치 않는다는 점을 고려해, 개발 부문 내에서 해외 투자 사업을 전담하는 부서로 이동하는 것이 어떻겠냐는 제안을 해 왔다.

그 제안은 내게 큰 매력으로 다가왔다. 해외 주요 도시에 호텔, 주택, 백화점 등 상업시설을 부동산 개발업자로서 투자하며, 파이낸싱부터 건설, 운영까지 모든 과정을 배울 수 있는 흔치 않은 기회였다. 더구나 국내 기업 중 최초로 해외 부동산 투자 시장의 선두주자가 되려는 대우그룹의 야심 찬 계획에 초기 멤버로 참여한다는 것은 나에게 꿈과 같은 제안이었다. 새로운 도전과 배움이 가득한 이 길은 마치 미지의 세계로 향하는 문을 열어 주는 듯한 느낌이었다.

나는 인사부의 추천으로 개발 부문 해외사업부의 김현중 부장님을 만나 인터뷰를 하게 되었다. 부장님의 사무실로 들어서자 단정하고 작달막한 체구에도 불구하고 강한 카리스마가 느껴졌다. 김 부장님은 신설된 사업 부서가 추진하는 주요 사업 대상과 중장기적 사업 비전에 대해 상세히 설명해 주셨다.

그의 설명을 들으면서 나는 우리가 진행할 해외 부동산 개발사업들이 단순한 사업적 성공을 넘어, 우리 그룹의 미래를 열어갈 중요한 발걸음이라는 것을 직감했다. 또한 나 역시 그 발걸음에 동참하며 성장할 수 있는 기회를 얻었다는 사실에 감사하며 새로운 출발에 대한 설렘과 기대감으로 가득 차 있었다. 그날의 제안은 나에게 단순한 직장 생활 이상의, 꿈을 펼칠 수 있는 무대를 선물한 것이었다.

인터뷰를 하면서 알게 된 또 하나의 사실은, 김 부장님을 비롯해 대부분의 직원들이 ROTC 출신이라는 점이었다. 군에서의 경험과 리더십을 바탕으로 해외사업부가 운영되고 있다는 사실이 신선하게 다가왔다. 그들의 단호한 태도와 뛰어난 조직력은 마치 하나의 부대를 보는 듯했다.

이후 김 부장님의 안내로 성원규 해외사업본부장님께 인사를 드릴 수 있었다. 본부장님의 따뜻한 미소와 격려의 말씀은 나에게 큰 힘이 되었다. 그렇게 나는 건설 부문을 떠나 해외사업부의 일원이 되었다. 새로운 출발이었지만, 동시에 무거운 책임감이 느껴졌다. 김 부장님을 비롯한 동료들은 모두 해외 경험과 뛰어난 실력을 갖춘 분들이었다. 그들 사이에서 다시 막내로 자리 잡게 된 나는 항상 배울 것이 많아 긴장을 늦출 수 없었다. 마치 신입사원처럼 모든 것에 조심스럽게 임했고, 작은 일 하나에도 최선을 다하며 하루하루를 보냈다.

그 시절은 마치 새로운 세상에 첫발을 내디딘 듯한 기분이었다. 오랜 정부의 긴축 정책으로 한국 기업들은 해외 부동산 투자에 쉽사리 뛰어들 수 없는 상황이었지만, 김영삼 정부가 들어서면서 기업 자율화 정책이 시행되었고 변화의 바람이 불기 시작했다. 우리 대우그룹은 재계 최초로 해외사업 전담 부서를 설립하고, 해외 시장에 사업 전진기지를 확보하기 위한 본격적인 움직임을 시작했다. 이는 단순히 사업적인 도전을 넘어 새로운 시대를 열어가려는 큰 포부가 담긴 출발이었다.

나를 비롯한 부서의 구성원 대부분은 해외 투자 사업에 대한 경험이 거의 없었다. 그러나 우리는 두려움보다는 호기심과 열정으로 가득 차 있었다. 해외의 기존 투자 사례와 관련 정보를 수집하고 함께 연구하며 끊임없이 토론을 나눴다. 그 과정을 통해 우리만의 투자 기법과 분석 노하우를 빠르게 익혀 나갈 수 있었다. 서로 의견을 주고받으며 부족한 부분을 채워 가는 과정은 마치 하나의 퍼즐을 맞추는 듯한 희열을 느끼게 해 주었다.

가보지 않은 길을 개척한다는 것은 결코 쉬운 일이 아니었지만, 그만큼 커다란 자부심과 프런티어 정신이 우리를 이끌었다. 우리는 단순히 사업을 진행하는 것이 아니라 새로운 가능성을 탐구하는 선구자라는 의식을 갖고 있었다. 매일이 배움의 연속이었고, 그 속에서 희망과 꿈을 키워 나갔다. 아직 미래는 뚜렷하지 않았지만, 우리가 그려 나가는 그림 속에서 점점 더 선명해져 갔다.

허공으로 날아간 나의 첫 사업

1990년 5월, 나는 해외사업부에서의 첫 번째 프로젝트를 위해 미얀마 양곤으로 향했다. 그곳은 동남아시아에서도 가장 가난한 나라였지만, 김우중 회장님은 이미 이 땅이 지닌 가능성을 꿰뚫어 보고 계셨다. 천연자원이 풍부한 이 나라에 대한 회장님의 믿음은, 대우그룹이 양곤에 어떠한 외국 기업보다 먼저 무역 지사를 개설하는 계기가 되었다.

미얀마는 한때 태국보다 경제 상황이 좋았지만, 두 차례의 국유화로 인해 국제사회로부터 완전히 신뢰를 잃었고, 1987년에는 UN에서 세계 최빈국으로 지정된 상태였다. 더욱이 이 시기는 쿠데타를 통해 군부가 나라를 장악하고 있었고, 민주화 운동의 상징인 아웅산 수지 여사가 자택에서 구금된 암울한 시기이기도 했다.

미얀마 양곤에 도착했을 때의 풍경은 지금도 생생하게 기억난다. 한 나라의 수도임에도 제대로 된 공항은커녕 아스팔트 도로조차 찾아보기 어려웠다. 외국인이 머물 만한 호텔도 없었고, 그나마 인야 호수(Inya Lake) 주변에 위치한 1950년대 소련이 지었다는 3성급 인야 레이크 호텔이 최고급 숙소였다. 호텔 창밖으로 보이는 인야 호수의 풍경은 아름다웠지만, 거리로 나설 때마다 달려드는 십여 명의 어린 아이들의 동냥 소리는 이 나라의 암담한 현실을 그대로 보여주고 있었다.

김우중 회장님은 미얀마의 자원 개발에 특별한 의지를 품고 계셨다. 그는 이 나라가 가진 풍부한 천연자원과 아름다운 관광 자원이 경제 발전의 잠재력을 충분히 가지고 있다고 믿었다. 적절한 투자가 이루어진다면 수많은 경제인과 관광객들이 이 땅을 찾게 될 것이라는 비전을 품고 계셨다. 이를 실현하기 위해 대우 무역부문은 가스전 개발 허가를 얻으려 전력을 다하고 있었고, 우리 개발 부문은 호텔 건설 허가를 위해 분주히 움직이고 있었다.

인야 호수에 5성급 호텔을 건설한다는 프로젝트는 단순히 건물을 짓는 것을 넘어 미얀마의 미래를 열어가는 첫걸음이었다. 그곳에 호텔이 들어서면 외국인 투자자와 관광객들이 이 땅을 찾게 될 것이고, 그들이 가져올 경제적 활력은 미얀마의 문을 여는 열쇠가 될 것이라고 믿었다.

그러나 호텔 건설 허가를 얻는 과정은 결코 쉽지 않았다. 미얀마 정부와의 협상은 복잡하고 긴 여정이었고, 그 속에서 나는 김 부장님의 노력과 김우중 회장님의 뛰어난 사업 수완을 가까이에서 배울 수 있었다.

천신만고 끝에 우리는 무역부문보다 먼저 호텔 사업권을 따냈다. 전태성 과장님과 나는 기공식 날짜가 정해지자 양곤으로 먼저 들어가 정부 인사들과 지역 유지들, 그리고 외국 기업의 대표들을 초청하며 모든 준비를 철저히 했다. 그날을 위해 우리는 모든 것을 쏟아부었다. 그러나 그 기쁨도 잠시, 우려스러운 소식이 들려왔다. UN의 감시하에 시행된 총선 결과 군부가 과반수를 잃은 불안정한 상황이 나타난 것이었다. 이 소식은 마치 맑은 하늘에 어두운 그림자가 드리우는 것과 같았다.

기공식을 하루 앞둔 날이었다. 당시 양곤은 저녁 10시 이후 전면적인 통금이 실시되어 일찌감치 호텔로 돌아와 쉬고 있었다. 그때 군부의 실력자가 사람을 보내 메시지를 전달해 왔다. 그들의 표현을 그대로 옮기자면 이랬다.

"만약 내일 착공식을 열고 싶다면 사업허가 대가(Signature Bonus)로 600만 달러를 제공하겠다고 약속하세요! 그렇지 않으면 우리는 내일 착공식에 참석하지 않을 것이며, 프로젝트 허가에 대한 논의를 처음부터 다시 해야 할 것입니다!"

그들은 갑작스럽게 600만 달러의 현금을 사업 허가권에 대한 대가로 요구하는 것이었다. 공항에는 이미 두 대의 비행기가 군부 인사들의 망명을 위해 대기하고 있다는 소문마저 들려오던 혼란스러운 상황이었다. 회장님은 이런 정치적 불확실성에도 불구하고 이 나라의 미래를 위한 사업이라 믿으며 어렵게 결정을 내리셨다.

하지만 기공식 하루 전에 터무니없는 요구를 받자 크게 당황하셨다. 결국 회장님은 호텔사업팀 전원에게 즉시 귀국하라는 지시를 내렸고, 그렇게 나의 첫 프로젝트는 처망하게 시작을 앞두고 무산되고 말았다.

이후 가스전 사업도 한동안 지지부진했으나 얼마 후 마침내 이 사업이 성공적으로 끝났다는 소식이 그룹 사보에 실렸다. 오늘날 포스코인터내셔널이 미얀마에서 보유한 해상 가스전 개발권은 그때 대우의 선배들이 김우중 회장님과 함께 이루어 낸 값진 성과였다. 그들의 땀과 끝없는 도전 정신이 있었기에 30년이 지난 지금까지도 해마다 그 개발 수익을 향유하고 있다. 그들은 단순히 사업을 성공시킨 것이 아니라, 한 나라의 미래를 바꾸는 역사를 쓴 것이었다.

베이징 루프트한자 센터, 나의 사관학교

〈내 옆은 Mr. Schulz, Mr. Hou Dongshi, Mr. Brenner로, 나에게 전폭적인 지원과 지도를 아끼지 않은 분들이다.〉

1990년 9월의 어느 날이었다. 독일의 Lufthansa German Center GmbH의 사장인 Mr. Burkhart A. Schultz가 김우중 회장님을 찾아왔다. 당시 이 회사는 독일 정부로부터 제3세계 개발을 위한 경제 협력 자금을 지원받아, 모스크바, 이스탄불, 베이징 등 세계 주요 도시에 호텔, 오피스, 주거 시설을 포함한 복합 상업 시설을 개발하는 대규모 사업을 추진하고 있었다.

그 첫 번째 프로젝트로 1986년, 중국 베이징에 Beijing Lufthansa Center(北京燕莎中心)를 베이징 시청 산하의 Beijing Tourism Group(北京旅游集团)과 50:50 합작법인을 설립하여 개발 중이었다. 그러나 1989년 발생한 천안문 광장 사태로 인해 프로젝트는 존폐의 기로에 서게 되었다.

개혁 개방의 물결 속에서 전국적으로 민주화 운동이 일어났고, 천안문 광장과 각 지역에서는 학생들과 시민들의 시위가 3개월 넘게 지속되었다. 결국 중국 정부는 이 상황을 무력 진압으로 해결하였고, 외국인 투자자들의 열기는 급속히 식어 갔다. 정치적 불확실성 속에서 투자 위험이 증가하자 많은 외국 기업들이 중국을 떠나기 시작했다.

Mr. Schultz의 방문은 이러한 위기를 헷지하기 위한 결정이었다. 제2차 세계대전 이후 '죽의 장막'이라 불릴 정도로 서방 세계와의 교류가 단절되었고, 문화대혁명까지 겪은 중국 기업과의 합작은 결코 쉬운 일이 아니었다. 그는 이러한 복잡한 상황에서 서방 문화와 아시아 문화를 동시에 이해할 수 있는 제3의 파트너가 필요함을 절실히 느끼고 있었다. 이에 김우중 회장님을 찾아와, 대우가 자신들의 지분을 인수할 의사가 있는지 탐문하며 새로운 협력의 가능성을 모색하고자 했던 것이다.

김우중 회장님은 중국의 미래에 대해 확고한 믿음을 갖고 계셨다. 이미 대우는 홍콩에 Kingstone이라는 회사를 설립해 중국 시장에서 활발히 사업을 확장하고 있었으며, 복건성에서는 대우전자를 통해 냉장고 공장을 투자하여 시장을 개척하고 있었다. 또한 노태우 대통령의 북방정책에 발맞춰 북한 사업에서도 한국의 어떤 기업보다도 선도적인 위치에서 적극적으로 나서고 있었다.

이렇게 대우그룹의 사업 방향이 중국과 북한에 집중되고 있던 시기, Mr. Schultz가 회장님을 방문한 것이었다. 회장님은 중국의 수도 베이징에 대규모 복합 상업 시설을 개발하여, 향후 중국 진출의 교두보를 확보할 수 있다는 전략적 판단을 내리셨다. 회장님은 흔쾌히 제3의 투자자가 되기로 결정하셨다.

다만 회장님은 기존 회사의 자본금을 25% 증자하고, 대우가 이 증자 금액 전액을 인수하는 방안을 제안하여 기존 투자자들이 빠져나가지 못하도록 하셨다. 또한 합작 기간을 시설 완공 후 20년에서 30년으로 연장하는 것을 중국 정부로부터 사전 승인받아야 한다는 조건을 제시하셨다. 당시 모든 복합 상업 시설에 대한 외국인 독자 기업이나 중외 합자 기업은 20년의 운영 기간만 허용되었으나, 대우의 투자 전제 조건을 위해 베이징시는 특별한 승인 과정을 거쳐 새로운 영업 면허증을 발급했다.

대우는 이미 1억 5천만 마르크가 투자된 사업임에도 불구하고, 어떠한 프리미엄 없이 액면가로 25%의 지분 투자자가 되었다. 독일과 중국 측은 각각 지분이 50%에서 37.5%로 줄었지만, 대우의 참여로 운영 기간을 대폭 늘릴 수 있어 모두에게 윈윈이 되는 좋은 출발이 되었다.

이 사업은 내게 운명처럼 다가왔으며, 이후 내 인생의 모든 커리어의 초석이 되어 주었다. 거기서 얻은 경험은 마치 한 권의 교과서처럼 이후 마주할 모든 도전과 기회 속에서 나를 이끌어 주는 소중한 지혜로 자리 잡았다. 나는 이 합작회사에서 두 차례에 걸쳐 6년 반을 근무했는데, 이 사업은 단순히 내 커리어의 시작점이 아니라 세상을 바라보는 눈을 키워 준 소중한 시간을 내게 준 사관학교와 같았다.

Beijing Lufthansa Center는 앞서 말한 대로 한국, 독일, 중국 3사 간의 합작 투자로 진행된 초대형 복합 상업 시설로, 총 연면적 168,000㎡의 규모를 가진 개발 사업이었다. 총 사업비로 3억 9,000만 마르크가 투자되었으며, 580개의 특급 호텔 객실, 20,000㎡의 사무실 공간, 167세대의 고급 레지던스, 그리고 43,000㎡ 규모의 백화점과 단지 내 12개의 다양한 식당을 포함하고 있었다. 이 프로젝트는 현재까지도 베이징에서 가장 상징적인 비즈니스 허브로 자리 잡고 있으며, 성공적인 사업 모델로 널리 인정받고 있다.

나는 이 사업의 합자계약(合資契約) 체결 단계부터 시작해 사업성 검토 보고서 작성, 인허가 획득, 임대 및 운영까지 전반적인 과정을 경험할 수 있었다. 특히 이 회사에서 근무하는 동안 Chief Financial Controller(CFO)로 활동하며 매주 주요 경영진과 함께 사업 성과를 평가하고 전략을 수립하여 실무에 반영하는 역할을 수행했다. 또한 연 2회 개최되는 이사회를 통해 전반적인 사업을 지휘하고 통제하는 독일식 경영 방식을 체득할 수 있었던 것은 매우 값진 경험이었기에 이에 소개한다.

1991년 2월, 지루한 협상 끝에 마침내 3사는 합자계약서를 체결했다. 그러나 해외 투자를 위해서는 정부의 외화투자 승인이 필수적이었고, 그 승인을 얻기 위해 다섯 개의 부처를 모두 통과해야 했다. 건설교통부를 시작으로 외무부, 재무부, 안전기획부, 경제기획원의 허가를 받아야 했는데, 이는 결코 쉬운 일이 아니었다. 특히 당시 중국과 정식 외교 관계가 수립되기 이전이었기에 민간기업의 해외 투자에 대한 정부 관리들의 이해가 부족했다. 우리는 수많은 사업성 검토보고서를 제출하고 설명을 반복했지만, 그들에게 사업의 수익성을 납득시키는 것은 마치 산을 옮기는 일처럼 힘든 일이었다.

합자계약 체결까지는 약 4개월이 소요되었지만, 정부의 투자 승인을 얻기 위한 싸움은 그보다 훨씬 길고 힘든 과정이었다. 6개월이 지나도 아무 진전이 없자, 독일 측 사장인 Mr. Schulz와 중국 측 대표인 유아주(劉亞洲) 회장은 점점 우려를 표하기 시작했다. 다행히 외무부를 제외한 나머지 부처의 승인은 어렵게 확보했지만, 외무부는 한국의 주중 북경대표부(주중한국대사관 전신)의 승인을 조건으로 내걸었다. 문제는 당시 주중 북경대표부의 상무관이 비협조적 태도를 보이며 무려 4개월 이상 결정을 미루고 있었다는 점이었다.

홍성부 사장님은 여러 경로를 통해 주중 북경대표부의 노재원 대표에게 협조를 요청하셨고, 나 역시 수시로 상무관을 찾아가 간곡히 읍소했지만, 그는 가타부타 의견 표명도 없이 사업 승인 협조 공문을 계속 틀어쥐고 있었다.

나는 이런 상황을 바라보며 속이 타들어 갔다. 주무부서인 건설교통부는 물론 재무부와 경제기획원까지 승인을 내준 상황에서 외무부가 민간기업의 투자 사업을 두고 서류 보완 요청이나 의견 개진도 없이 이렇게까지 방치한다는 것이 도무지 이해되지 않았고, 분노하지 않을 수 없었다.

결국 홍성부 사장님은 노재원 대표님을 직접 만나 상황을 설명하셨다. 그 자리에 함께 있던 나는 노재원 대표님이 담당 상무관을 불러 강하게 질책하는 모습을 지켜볼 수 있었다. 그렇게 마지막 관문인 외무부의 승인을 얻어내는 데 성공했다. 또한 기업의 입장을 잘 이해해 주셨던 경제기획원의 강만수 차관님이 적극적으로 나서서 최종 허가와 외환 반출 과정까지 신속히 처리해 주셨기에, 마침내 우리는 투자자로서 진정한 출발선에 설 수 있었다.

중국을 향한 용기와 열정

공사가 막바지에 이르자, 회사는 개업 준비반을 조직하고 본격적으로 인력 선발에 들어갔다. 특히 호텔의 마케팅팀과 Office 및 Residence Apartment의 임대를 위해 다국적 인력으로 팀을 구성하려는 움직임이 있었다. 합자회사의 사장인 Mr. Bishop은 투자자인 대우 측에 전문 인력을 파견해 마케팅을 적극 지원해 달라고 정식으로 요청했다. 나는 이 사업에 처음부터 관여해 왔기에, 회사의 투자가 마무리되면 합작회사로 가서 근무하고 싶은 마음이 굴뚝같았다.

1990년대 초반 중국의 모습은 모든 면에서 낙후되어 있었다. 마치 1970년대 초 한국의 모습을 보는 듯했고, 모든 것이 부족한 개발 초기 단계에 머물러 있었다. 그러나 나는 이미 십여 차례의 출장을 통해 그곳에 점점 빠져들고 있는 자신을 발견했다. 중국은 나에게 묘한 매력을 풍기고 있었다. 그곳의 거리, 사람들, 그리고 서서히 불어오는 변화의 바람이 나를 강렬히 끌어당겼다. 마치 새로운 시대가 시작되는 듯한 그 생생한 에너지가 나를 사로잡았다.

한편, 나의 어머니는 중국 길림성(吉林省) 용정시(龍井市)에 있는 용정중학교를 다니셨다. 그 학교는 민족 시인 윤동주 선생님이 졸업한 학교로, 어머니는 그곳의 장학생으로 공부하셨던 사실을 늘 자랑스럽게 말씀하셨다.

그러나 1949년 2월, 겨울 방학 중 집에 돌아와 계시던 어머니는 갑작스레 아버지가 병환으로 돌아가시는 아픔을 겪으셨다. 집안의 맏이였던 어머니는 동생 다섯 명과 외할머니를 부양해야 했고, 아무 연고도 없던 만주에서 더는 머무를 수 없다고 판단하셨다. 결국 친척이 있는 경기도 연천으로 돌아가기로 결심하셨다.

어머니는 새벽을 틈타 꽁꽁 얼어붙은 두만강을 몰래 건너 북한 함경남도 남양시로 먼저 넘어가셨다. 그리고 천신만고 끝에 온 가족을 이끌고 북한의 삼엄한 경비를 피해 남쪽으로 내려와, 초등학교에서 교직 생활을 하면서 가족을 돌보셨다.

나는 어릴 적부터 어머니가 만주에서 자라며 겪으셨던 수많은 이야기를 들으며 자랐다. 그 이야기들은 마치 한 편의 영화처럼 생생했고, 나는 어릴 때부터 그 먼 땅에 대한 막연한 동경을 품고 있었다. 어쩌면 이런 선천적 연고가 있었기에 나는 중국에서 승부를 걸어야겠다는 생각이 들었던 것 같다. 그 먼 땅에 대한 꿈과 어머니의 이야기는 나에게 중국이라는 무대를 향한 용기와 열정을 심어주었다.

그런데 내가 북경으로 가 마케팅을 도울 수 있도록 허락해 달라고 김 이사님께 간청했을 때, 그는 쉽사리 허락하지 않았다. 그는 나를 믿었던 것일까, 아니면 다른 이유가 있었던 것일까? 이사회에서는 정식으로 대우의 협조를 요청하며 북경에서 한국 시장을 개척할 인력을 파견해 달라고 했지만, 김 이사님은 결정을 미루며 필요할 때마다 출장을 보내겠다는 방침으로 일관했다.

나는 그런 그의 방침을 보며, 합작 파트너가 된 지 얼마 되지 않은 상황에서 경험도 없이 무작정 뛰어들었다가 망신을 당할까 봐 우려가 컸던 것 같다고 느꼈다. 아마 그는 조금 더 신중하게, 그리고 우리를 좀 더 신비롭게 남겨 두고 싶었던 것일지도 모른다. 나는 그의 마음을 어렴풋이 이해하면서도, 북경으로 가고 싶은 열망은 여전히 가슴속에서 타오르고 있었다. 그래서 나는 수시로 북경 출장을 다니며 그 갈증을 해소하고 있었다.

나는 출장자의 신분이었지만, 합작회사에서는 어엿한 Korean Market 담당 Manager로 자리 잡고 있었다. 내 곁에는 북경 외국어대학 영문과를 졸업한 직원 두 명이 배속되어 있었다. 그때는 천안문 사태로 인해 많은 외국 기업들이 중국을 떠나던 시기였지만, 한국은 중국과의 연내 정식 수교가 예정되어 있어 많은 기업들이 중국 진출을 적극 모색하고 있었다. 한국의 대기업들은 발 빠르게 움직이며 인력을 충원했고, 기존의 호텔에 1인 지사를 차려 운영하던 방식에서 벗어나 정식 무역상사 대표처를 개설하기 시작했다.

합작사의 Marketing 부서에는 30여 명의 외국인들이 함께 일하고 있었다. 그들은 독일, 호주, 미국, 영국, 일본, 홍콩, 싱가폴 등에서 온 경험 많은 전문가들이었다. 나는 한 달 중 10여 일을 북경 출장을 통해 합작사의 마케팅을 지원했는데, 내 실적은 전체 마케팅 부서에서 단연 최고를 기록하고 있었다.

어느 날, Marketing Director가 나를 불렀다. 그는 내게 물었다.
"당신은 한 달에 겨우 10일 정도만 여기에서 일하는데, 어떻게 그렇게 많은 계약을 따오는지 이해하기 어렵다. 그 비결이 무엇인가?"
나는 자신 있게 대답했다.
"우리가 판매하는 Kempinski Hotel과 Office, Apartment는 북경에서 가장 뛰어난 상품입니다. 누구를 만나더라도 자신 있게 소개할 수 있어요. 게다가 저는 영업에 타고난 소질이 있는 것 같고, 제 적성에도 잘 맞는 것 같습니다."

나는 회사에서는 겨우 3년 차 대리에 불과했지만, 북경 합작회사에서는 나만의 자리를 굳건히 지켜가고 있었다.

1991년, 그해는 내게 정말 바쁜 시간이었다. 리비아에서 귀국한 이후로는 가족 모임 때마다 어른들이 결혼을 재촉하셨다. 서른이 넘은 나이였기에 결혼을 생각하지 않을 수 없었지만, 나에게는 가정보다는 사회에서 성공하고 싶은 욕심이 훨씬 더 컸다. 어려운 시절을 겪으며 자랐기에, 가난의 고리를 끊고 가족이 풍요롭게 살 수 있도록 경제적 안정을 이루는 것이 무엇보다 중요했다. 그래서인지 나는 항상 일에만 매달려 살았다.

회사 일과 해외 출장, 그리고 밤에는 대학원에서 공부하느라 정신없이 바쁜 나날이 이어졌다. 집에 돌아오면 열한 시가 다 되어 있는 날들이 계속되던 어느 날, 지금의 아내를 만났다. 절친한 친구의 처제였던 그녀는 모태신앙을 가진 독실한 기독교 신자였고, 마음씨가 곱고 배려심이 많은 사람이었다. 몇 번 만나면서 나는 그녀가 종교적 배경만 다를 뿐, 내게 과분한 사람이라는 생각이 들었다. 그리고 불과 한 달 만에, 그녀와 함께라면 내가 꿈꾸는 인생의 목표를 이룰 수 있겠다는 확신이 생겼다.

바쁜 일정 속에서 자주 만나지는 못했지만, 그녀가 나와 우리 가족에게 정말 좋은 사람이라는 느낌을 매번 받았다. 또한, 나처럼 일 중심으로 살아가는 사람을 잘 이해해 줄 수 있는 사람이라는 확신도 들었다. 결국 나는 청혼을 결심했고, 차분히 결혼 계획서를 작성한 뒤 그녀를 만나 세 가지 공약을 제시하며 내 과거와 미래에 대해 진지하게 이야기를 나눴다.

나는 일이 곧 취미이자 삶의 전부이며, 작은 성과를 이루는 것에서 보람을 느끼며 살아왔다고 고백했다. 앞으로도 성공할 때까지는 가정보다는 외부에서의 성과를 통해 삶의 의미를 찾을 것이라고 했다. 또한, 과장이 되는 해까지 직장을 다니고, 그 후에는 사업을 시작할 것이며 평범한 가장처럼 살지는 않을 것이라고도 덧붙였다.

대신 나는 그녀에게 2년마다 해외여행을 함께 하겠다는 약속과 3년 안에 집을 장만하겠다는 공약, 그리고 평생 그녀와 가정에 정직하고 충실한 가장이 되겠다는 언약을 했다. 그녀는 나의 진지한 청혼에 환한 미소로 답했다. 양가의 어른들을 모시고 결혼 승낙을 받아, 꽃 피는 5월에 성균관대학교 명륜당에서 결혼식을 올렸다. 우리는 만난 지 100일 만에 부부의 인연을 맺게 된 셈이었다.

어쩌면 서로를 충분히 알지 못한 채 결혼을 서둘렀을지도 모르겠다. 하지만 지난 35년 동안 우리는 꽤나 모범적인 가정생활을 해 왔고, 나는 청혼 당시 했던 공약을 100% 이상 초과 달성했다고 아내에게 자랑스럽게 말하며 살아왔다. 그토록 바쁜 한 해였지만, 그해는 내 인생에서 가장 소중한 전환점이 되었다.

1992년 2월, 드디어 성균관대학교 무역대학원을 졸업했다. 무역업무와 점점 멀어져 가는 아쉬움으로 시작한 공부였지만, 졸업을 앞둔 시점에서 나는 이미 무역 분야로 돌아가기엔 너무 먼 길을 와버렸음을 깨달았다. 그동안 많은 일로 쫓기듯 바쁜 나날을 보냈지만, 시작한 이상 끝을 봐야 한다는 마음으로 버텼다.

복학 후 지난 2년 동안 성균관대학교 가장 끝자락에 위치한 대학원 건물까지 이어진 가파른 언덕길을, 수업에 늦지 않으려고 서둘러 걸었던 기억이 새록새록 떠올랐다. 그 언덕길은 마치 내가 걸어온 길처럼 가팔랐지만, 그 끝에 이르렀을 때 느꼈던 성취감은 이루 말할 수 없는 기쁨으로 나를 감싸 주었다.

그날, 나는 아빠였고 회사원이었다

졸업 직후, 나는 첫 딸 수진이를 얻었다. 새벽부터 산통을 느끼는 아내를 데리고 동국대 후문에 있는 삼성 제일병원으로 향했다. 첫 아이였기에 병원에서 출산을 기다렸지만, 아이는 쉽게 나오지 않았다.

그런데도 회사에서는 빨리 출근하라는 재촉이 이어졌다. 공교롭게도 어제 독일 파트너 사장인 Mr. Schulz가 입국해, 내가 김포공항에 나가 힐튼호텔까지 영접했던 터였다. 게다가 그는 북경의 합작사업과 관련해 서울과 북경을 오가며 자주 만나던 사업 담당자이기도 했다. 홍성부 사장님과의 업무 협의가 예정되어 있었고, 저녁에는 김우중 회장님과의 면담 약속까지 잡혀 있었기에 월차 휴가를 낼 수도 없었다.

나는 아내를 병원에 남겨두고 오전 열 시쯤 일단 회사로 돌아와 사장님과 Mr. Schulz의 면담 및 오찬을 챙겨드린 후 사무실에 돌아오니 오후 두 시가 막 넘고 있었다. 지난 몇 시간 동안 나는 병원에 두고 온 아내와 곧 태어날 아이 생각에 정신이 하나도 없었다. 회사에서는 일이 쌓여 있었지만, 머릿속은 온통 아내와 아이로 가득 차 있었다.

그렇게 허둥대던 중 오후 두 시쯤 장모님의 전화가 걸려 왔다. 전화기를 잡은 손이 떨렸고, 머릿속은 하얗게 멍해졌다. 아내와 아이의 건강을 묻는 내 목소리에도 떨림이 배어 있었다. 그리고 궁금했던 아이의 성별을 물었다. 장모님은 둘 다 건강하며 딸이라고 말씀하셨다. 약간 계면쩍은 듯한 목소리였지만, 그 말을 듣고 나는 안도의 한숨을 내쉬었다. 아빠가 되었다는 사실이 실감나기 시작하자, 온몸에 힘이 쭉 빠지는 느낌이 들었다. 벅찬 감동이 밀려오며 나는 당장이라도 병원으로 달려가 아이의 얼굴을 보고 싶었다.

병원까지는 택시로 20분도 채 걸리지 않는 거리였지만, 나의 사수였던 백 차장님은 저녁에 조금 일찍 들어가라며 나를 붙잡으셨다. 이미 아내와 통화를 마친 상태였고 일찍 퇴근해서 가겠다고 다독여 놓았지만, 마음 한구석은 미안함으로 가득 차 있었다. 회장님과의 면담 일정은 계속 지연되고 있었고, 차장님은 퇴근하는 나를 붙잡아 Mr. Schulz와 함께 저녁식사를 하자고 제안하셨다. 정중한 부탁이었기에 나는 어쩔 수 없이 따라야 했다.

저녁식사를 기다리며 회장실에서 연락을 기다리다 보니, 어느새 시간은 오후 아홉 시를 넘어가고 있었다. 더 이상 조바심을 참을 수 없었던 나는 불쑥 Mr. Schulz에게 오늘 두 시에 아버지가 되었다는 소식을 전했다. 그는 깜짝 놀라며 축하를 해 주었고, 왜 아직도 가족에게 가지 않고 여기 있냐며 빨리 가보라고 재촉했다. 하지만 나는 바로 떠날 수 없었다. 차장님은 회장님과의 면담이 끝난 후에 떠나길 원하셨기 때문이었다.

결국 회장님과의 면담은 자정이 넘어 12시 반이 되어서야 끝났다. 나는 그제서야 병원으로 돌아갈 수 있었다. 아내는 무척 섭섭했는지 감정을 드러냈고, 나는 정말 진심으로 미안한 마음을 전하여 그녀의 마음을 가라앉힐 수 있었다.

거의 새벽 한 시가 되어 병원에 도착했기에 규정상 아이를 볼 수 없어, 첫 딸 수진이와의 만남은 신생아실 유리창 너머로 이루어질 수밖에 없었다. 아침 일곱 시가 되어서야 나는 아내와 함께 수진이를 안아 볼 수 있었고, 무한한 행복감을 느낄 수 있었다.

지금 생각해 보면 그날의 나는 정말 황당하고 바보 같은 선택을 했던 것 같다. 아내와 아이를 생각하면 안타까운 마음이지만, 당시의 나에게는 일과 책임이 더 크게 느껴졌던 것일까? 그날의 나는 아마도 아버지가 된 기쁨보다는 업무와 상사에 대한 의무감에 더 많이 휩싸여 있었던 것 같다.

학교를 졸업하고 아이도 생기니, 나에게는 조금씩 마음의 평화와 안정이 찾아오고 있었다. 결혼하자마자 도봉동 부모님 집에서 방 한 칸을 빌려 신혼생활을 시작했지만, 회사의 일과 학교, 그리고 새 가정을 감당하는 일은 사실상 쉽지 않았다. 틈틈이 중국 출장까지 다니다 보니, 집에 있는 아내에게 따뜻한 말 한마디 건넬 여유조차 없었다.

그래도 점점 저녁 시간을 되찾게 되었고, 자꾸만 떠오르는 딸의 재롱 떠는 모습은 퇴근 후 나의 발길을 재촉하게 만들었다. 일요일이 되면 갓 태어난 수진이를 데리고 늘 어디론가 셋이서 함께 나들이를 나섰다. 군 생활을 했던 1사단 지역과 고등학교 시절 자주 다녔던 경의선과 경원선 주변의 추억 어린 장소들을 찾아다니곤 했다. 그런 소소한 나들이는 내 삶에 소중한 휴식과 위안을 가져다주었고, 가족과의 시간이 점점 더 큰 행복으로 다가오기 시작했다.

임대계약으로 떠난 15개월의 북경 생활

Beijing Lufthansa Center (北京燕莎中心) 전경

1992년 6월, 베이징 루프트한자 센터(Beijing Lufthansa Center: 北京燕莎中心)가 드디어 완공되었고, 성대한 개업식을 치렀다. 2,000명이 조금 넘는 종업원으로 시작한 이 회사는 모든 면에서 경영이 안정되기까지는 시간이 더 필요해 보였다.

초기 사업계획보다 수익성이 훨씬 낮았는데, 그 원인은 호텔과 레지던스 아파트의 영업 부진이었다. 이사회가 열릴 때마다 각 사의 대표들은 격렬하게 책임을 묻고 대책을 요구했지만, 중국의 경제 상황은 여전히 천안문 사태의 후유증에서 벗어나지 못하고 있었고, 외국 기업들은 여전히 관망만 하고 있었다. 결국 시간이 유일한 해결책일 수밖에 없었다.

시장 조사를 해 보니, 그나마 한국 기업들의 진출과 확장 속도가 가장 빠르다는 보고가 나왔다. 이사회에서는 다시 한번 대우그룹에 적극적인 지원을 요청하며 나섰다. 나는 그동안 매월 출장을 다니며 마케팅을 도왔고, 독일 측과 중국 측 모두에게 좋은 평판을 쌓아 가고 있었다. 이사님께 다시 한번 나를 파견해 달라고 요청했지만, 그는 여전히 요지부동이었다.

그러던 어느 날, Mr. Schulz가 홍성부 사장님께 장문의 편지를 보냈다. 그는 나의 영업 실적과 일에 대한 열정을 높이 평가하며, 나를 지명해 파견해 달라고 정식으로 요청했다. 파트너 회사의 사장이 직접 요청하자, 사장님은 이사님을 불러 나를 보내라고 지시까지 하셨다. 하지만 그는 왠지 나를 중국에 보내려는 마음이 없었는지, 오히려 사내에서 적합한 다른 인물을 찾고 있었다.

그 순간, 나는 복잡한 감정에 휩싸였다. 중국 현장에서의 경험과 열정을 인정받은 것에 대해 기쁘기도 했지만, 정작 나의 보스는 나를 보내지 않으려는 듯한 처사가 이해되지 않았다. 그런 우여곡절 속에 시간이 흐르자, 이사님은 정식 임대 계약(Secondment Agreement)을 통해 나를 보내겠다고 하며, 임대 보상비로 월 4,700달러를 요구했다. 당시 내 월급이 100만 원 정도였던 것을 생각하면 터무니없이 높은 금액이었다.

이제는 어렵게 됐구나 싶던 차에, 현지 합작 회사의 사장인 Mr. Bishop이 그 금액을 수락하겠다는 편지를 보내왔다. 나의 나이와 경력을 고려했을 때 상당히 비싼 금액이었지만, 그동안의 실적을 평가하여 2년간 임대 계약을 받아들이겠다는 답변이었다.

이렇게 되자 이사님은 더 이상 나를 보내지 않을 수 없게 되었고, 결국 나는 장기 출장자의 신분으로 기한도 없이 파견되게 되었다. 그렇게 나는 켐핀스키 호텔의 Korean Market Director 겸 현지법인 부사장으로 파견된 김경원 전무님의 업무 보좌역으로서 재경부 소속으로 일을 시작하게 되었다.

그렇게 나는 일당 50달러로 계산된 출장 수당을 받으며 매달 말이면 출장 연장 신청서를 작성했다. 작은 달은 30일치, 큰 달은 31일치를 청구했지만, 한 번도 제때 출장비를 받은 적이 없었다. 2월이 되자 28일치 출장비를 청구했는데, 이마저도 한 달이 지나서야 받을 수 있었다.

가족과 함께 현지에서 생활하는 데 이런 불편함은 크게 다가왔다. 주식회사 대우는 큰 회사였기에 해외 근무 규정이 비교적 잘 정리되어 있었지만, 대리급 직원을 파견하면서 급여 차액을 회사가 모두 가져가려는 결정을 보며 나는 마음의 상처를 입었다. 나아가 나의 보스에 대한 신뢰에도 의문을 품게 되었다.

회사의 가장 큰 자산은 인재다. 그런데 밖에 나가서 합작회사의 경비로 경험을 쌓을 수 있는 기회를 보스라는 이유로 마치 아랫사람에게 시혜를 베푸는 듯한 권한으로 사용하는 분들이 아직도 많을 것이라 생각한다. 이는 분명히 개선되어야 할 문화다. 인재를 키우고, 그들이 회사를 위해 더 큰 가치를 창출할 수 있도록 지원하는 것이 진정한 리더십이 아닐까?

그때의 경험은 나에게 큰 교훈을 남겼다. 조직 안에서 신뢰와 공정함이 얼마나 중요한지, 그리고 리더의 역할은 단순히 권한을 행사하는 것이 아니라 부하를 보살피고 함께 성장하는 데 있음을 깨닫게 해 주었다.

출장자의 신분에서 월 4,700달러를 받는 직원으로 전환되고 보니, 영국 출신 Marketing Director의 월급과 맞먹는 금액이었고, 대부분의 외국인 중간 관리자들보다도 높은 수준이었다. 때로는 복도에서 나의 처우에 대해 수군거리는 목소리들이 들리곤 했다. 하지만 실상을 밝힐 수도 없었고, 그저 더 열심히 일하는 수밖에 없었다. 스트레스는 컸지만, 실적만큼은 단연 최고를 유지하며 버텼다.

나는 영업부에서 일하면서도 재경부 소속으로 회사의 자금 흐름과 은행 대출 상환 업무를 맡게 되었다. 서로 다른 두 가지 역할을 수행하는 것은 쉽지 않았지만, 나에게는 도전이자 기회였다. 당시 재경부의 부서장은 Mr. Ludwig Myer라는 독일인이었다. 그는 Lufthansa 항공에서 파견 나온 베테랑으로, 여러 나라에서 지점장을 역임한 경험을 가진 CFO였다. 그는 나처럼 영업과 재무를 동시에 담당하는 직원을 30년 경력 동안 처음 본다고 말하곤 했다.

나는 상고를 나와 경영학을 전공했기 때문에 재경 업무를 이해하는 데 큰 어려움은 없었다. 특히 Mr. Myer는 선생님 같은 성격에 이야기를 좋아하는 분이어서, 퇴근 후에도 종종 함께 맥주를 마시며 시간을 보냈다. 그 시간들은 단순히 업무를 배우는 것을 넘어, 영어 실력을 키우는 데도 큰 도움이 되었다. 그는 나에게 재경 업무를 가르쳐 준 스승이었고, 동시에 나의 성장을 지켜봐 준 조언자이기도 했다.

시간이 흘러 Mr. Myer가 Siemens China의 CFO가 되었을

때, 나를 자신의 팀으로 데려가고 싶어 했다. 그로부터 오랜 시간이 지난 2001년, 그는 Mercedes Benz 아시아 태평양 지역의 CFO로서 내가 근무하던 Lone Star Korea 사무실을 업무차 방문했다. 아주 가끔씩 그와 그의 가족들이 생각나긴 했지만, 그를 다시 볼 수 있으리라고는 전혀 예상하지 못했는데, 우연히 그와 나는 업무적으로 연결되어 재회하게 된 것이었다. 나는 당시 Lone Star의 상무로서 회사의 대표로 그와 그의 일행을 맞이했다. 그는 나를 자랑스러운 제자인양 소개했고, 동료들에게 내 이야기를 들려주었다. 그날 저녁 나는 그를 초대하여 오랜만에 우리가 즐겼던 맥주를 마시며 추억을 함께 나누었다.

가족과 함께 북경에서 보낸 15개월은 일과 경험을 쌓는 데 있어 고기가 물을 만난 듯한 기쁨이었다. 새로운 환경에서의 업무는 내게 큰 성장을 안겨 주었고, 그 과정에서 얻은 지식과 경험은 소중한 자산이 되었다. 그러나 다른 한편으로는 예상치 못한 비용들이 속속 드러나며 생활을 어렵게 만들었다. 교통비, 의료비, 가족 항공료 등 출장자로서 미처 생각하지 못했던 지출들이 쏟아졌고, 이 모든 것을 출장비로 해결해야 한다는 부담은 짐이 되었다.

또한, 현지에서 생활하며 자연스럽게 대우 그룹에서 온 가족들과 어울릴 수밖에 없었는데, 그들과의 대화 속에서 나의 보수와 복리후생이 그들과 얼마나 큰 차이가 나는지를 실감할 수밖에 없었다. 같은 회사에서 일하지만 나와 그들 사이의 격차는 분명했다. 그 차이는 단순히 숫자로만 느껴지는 것이 아니라, 생활 전반에 걸쳐 영향을 미쳤다.

그러던 중 본사 담당자로부터 김 이사님이 내 출장 복귀를 고려하고 있다는 소식을 종종 들을 수 있었기에 장기적인 계획을 세울 수도 없었다. 가족을 데리고 나온 이상 언제라도 부르면 업무와 상관없이 바로 돌아가야 한다는 현실은 나를 옥죄었다. 한 치 앞을 내다볼 수 없는 불안감은 점점 커져만 갔고, 더 이상 이곳에 머무를 이유가 없다는 결론에 이르렀다. 결국 주변의 반대를 무릅쓰고 출장 복귀 신청서를 제출했다.

성공보다 아쉬움이 길게 남은 연변대우호텔의 투자

본사로 돌아와 보니, 베이징 루프트한자 센터 프로젝트에서 얻은 경험과 자료를 바탕으로 베트남 하노이에 동일한 개념의 Hanoi Daeha Center를 준비하고 있었고, 중국에도 여러 사업을 모색하고 있었다. 베이징 사업을 통해 사업성 검토 보고서(Feasibility Study Report), 합작 계약서, 정관 작성, 건설 과정과 초기 운영까지 경험한 나는 회사가 무엇을 목표로 하며 무엇을 준비해야 하는지 금세 파악할 수 있었다.

길림성 조선족자치주 당 비서실로부터 연변에 특급 호텔을 투자해 달라는 요청이 회장실에 접수되었다는 소식을 들었다. 싱가포르 회사가 기초 공사만 마치고 중단한 호텔이 있으니 이를 인수해 달라는 요청이었다. 귀국하기 직전 어머니를 모시고 연변을 통해 어머니가 다니셨던 용정 대성중학교와 백두산까지 다녀온 기억이 났다. 베이징에 비하면 한참 낙후된 시골이었지만, 우리 한국인의 후예답게 중국 내에서 자리를 잘 잡은 조선족자치주의 중심 도시인 연변은 내게 무척 깨끗한 인상을 주었다.

건축 기술자 두 명과 함께 연변으로 출장을 가서 연변조선족자치주(延邊朝鮮族自治州) 공산당(共産黨)의 문용길(文鎔吉) 비서장(秘書長)을 만나 사업 경과에 대한 상세한 설명을 들었다. 4일간의 출장 기간 중 백신호텔에 묵으면서 현지 호텔 시장의 현황과 가능성을 조사했고, 동행한 기술자들은 싱가포르 회사가 이미 진행한 기초 공사와 도면을 면밀히 검토했다.

〈우측에 앉은 분이 장덕강(張德江) 당서기(黨書記)이다.〉

귀국하기 전날, 연변자치주의 장덕강(張德江) 당서기(黨書記)를 만났는데, 첫눈에 그의 열정을 느낄 수 있을 만큼 우호적이며 에너지가 넘치는 분이었다. 그는 김일성대학 출신이어서 우리말이 대단히 유창했지만, 가능한 한국말 사용을 삼갔다. 장덕강 서기는 한국을 대표하는 기업인 대우그룹이 조선족 자치주에 호텔을 건설해 줄 것을 겸손하고 간곡하게 요청했던 것이 아직도 기억에 남는다.

최종 투자 계약을 체결할 때까지 나는 대략 10여 차례 더 연변을 방문했는데, 장 서기는 단 한 번도 빠짐없이 우리를 만찬에 초대해 극진히 대접해 주었다. 이분은 훗날 광동성(廣東省)과 절강성(浙江省)의 당서기를 역임했고, 중국 전체에서 서열 3위인 전국인민대표대회 상무위원장(한국의 국회의장)에까지 오른 입지전적인 인물로서 내가 만난 중국인 중 가장 높은 인사였다.

1992년 8월, 한중 수교가 정식으로 이루어지던 그해 많은 한국인들이 연변(延邊)을 통해 장백산(長白山: 백두산)을 찾기 시작했다. 연변은 단순히 아름다운 자연 경관뿐 아니라 언어의 장벽이 낮아 중소기업의 투자도 활발하게 이루어지고 있었다. 연길, 훈춘, 도문, 장춘 등은 점차 한국인에게 친숙한 이름이 되어갔다. 특히 연길 공항은 항상 인산인해를 이루며 작은 공항이 감당하기 어려울 정도로 붐볐다.

곧이어 대우의 이경훈 회장님이 연변을 방문하여 연변자치주 당위원회 산하의 기업과 90:10의 합자계약을 체결했다. 이후 김우중 회장님과 정희자 힐튼호텔 회장님도 연변을 방문하시며 투자가 본격화되었다. 당시 연세대 건축과를 졸업한 최인환 이사님은 현장 소장으로 발령받아 현지로 부임하셨고, 그 초행길에 동행했던 기억이 아직도 생생하다.

대우가 연변에 비교적 큰 규모의 호텔을 투자하기로 하자 많은 한국 기업들이 뒤따라 연변을 찾았고, 연변 주당위(州黨委)의 장덕강 서기와 정룡철 주장은 한국을 자주 오가며 한국 기업들의 투자 유치를 위해 분주히 활동했다.

호텔 건설은 순조롭게 진행되는 듯 보였다. 그러나 문제는 당초의 사업성 분석과 계획과 달리, 이경훈 회장님이 방문하면서부터 그 규모가 점차 커지더니 김우중 회장님과 정희자 회장님의 방문 이후 계획이 대폭 변경되면서 발생하기 시작했다. 원래 현지 수준에 맞춘 3성급 혹은 4성급 호텔로 계획되었지만, 대우의 명성에 걸맞게 5성급 호텔로 변경되면서 사업비가 크게 증가했다. 게다가 장백산 폭포 앞에 위치한 길림성(吉林省)의 초대소(招待所)를 인수해 연변대우호텔의 부속 호텔로 새롭게 지은 대우 장백산장 역시 사업의 수익성을 악화시키는 주요 요인이 되고 말았다.

호텔의 수익성을 개선하기 위해 총지배인으로 부임했던 분들의 고군분투는 이루 말로 표현할 수 없을 정도로 힘겨웠다. 나는 그들의 마음고생을 가까이에서 지켜보았기에 누구보다 잘 알고 있다. 결국, 이 호텔은 김우중 회장님이 계시던 시절에는 대우 그룹사의 전폭적인 지원 아래 활발하게 운영되었지만, 동남아시아와 한국을 휩쓴 외환 위기의 거센 파도 속에서 결국 제3자의 손으로 넘어가는 운명을 맞이하고 말았다.

나는 40년 가까운 경제 활동 기간 동안 수많은 사업을 다루었지만, 그중 이 호텔만이 경영성과를 내지 못하고 남의 손으로 넘어가게 되었다는 사실이 지금도 아쉽고 안타깝게 남아 있다. 한국의 기업 문화는 회장님의 결정이면 무조건 수행해야 한다는 압박이 강하다. 그러한 환경에서 그 명령을 잘 수행해내는 임원이 승진하고 성공하는 모습을 수없이 목격했다. 하지만 그 뒤를 이은 후임자들은 감당하기 어려운 고초를 홀로 겪어야 하는 경우가 많았다. 그런 현실을 볼 때마다 안타까움을 느끼곤 했다.

나는 독일, 미국, 아랍 등 다양한 외국 기업에서 근무하며 "안 되는 것은 안 된다"는 문화를 배웠다. 앞서 언급한 한국의 기업 문화가 사업의 안정성에 결코 도움이 되지 않는다는 사실을 모두가 알고 있지만, 그 문제를 직시하고 고치려는 사람은 드물다. 마치 고양이 목에 방울을 달겠다고 나서는 이가 없는 것처럼, 누구도 그런 변화를 주도하려 하지 않는다. 되지 않을 일이란 것을 잘 알면서도 결코 "No!"라고 말하지 않는다. 그런 현실이 우리의 위기임을 깨닫고 있지만, 이 문제는 해결되지 않은 채 지금까지 우리의 기업 문화로 여전히 남아 있다.

1993년 1월, 나는 과장으로 승진했다. 주어진 일을 확실히 처리하는 데에는 자신감이 넘쳤다. 맡은 일들은 모두 성공적으로 수행했고, 나의 능력에 대한 믿음도 점점 커져만 갔다.

계림은 품었고, 서안은 내려놨다

연변 대우호텔의 공사가 시작되자마자, 나는 또 다른 임무를 받았다. 중국 광서성(廣西省) 계림(桂林)에 위치한 Sheraton Hotel과 섬서성(陝西省) 서안(西安)에 있는 Hyatt Hotel을 인수하라는 지시였다.

두 호텔 모두 연변대우호텔과 마찬가지로 각 도시에서 최고의 5성급 호텔로 꼽히는 곳이었다. 그러나 과도한 투자와 채무 압박으로 인해 더 이상 버틸 수 없는 지경에 이르러 있었다. 개혁개방 초기, 성정부와 시정부가 채무 보증을 서며 자금을 조달해 건립한 호텔들이었기에, 정부는 채권은행과 신탁회사들로부터 엄청난 압박을 받고 있었다.

〈계림쉐라톤호텔 합자계약 체결식〉

계림시에는 이미 대우자동차가 버스 공장을 투자하여 성공적으로 운영 중이었다. 광서성의 성장(省長)은 대우가 폐업한 현지 버스 공장을 인수해 성공적으로 일궈낸 것을 보고, 계림대우버스공장의 정일영 사장님을 통해 Sheraton Hotel을 매입하여 정상화해 줄 것을 여러 차례 요청해 왔다. 당시 그 호텔은 채무 상환이 불가능한 상태로 계림시 고등법원의 법정관리에 들어가 있었다.

서안은 중국 수나라와 당나라의 수도였던 역사적으로 유서 깊은 도시이다. 한때 장안이라고 불리던 이곳은 진시황의 병마용이 있는 곳으로도 유명하다. 대우는 중국 내륙에 위치한 이 도시를 북서부 진출의 교두보로 삼아 무역 활동을 활발히 펼치고 있었다. Hyatt 호텔 역시 채무 상환이 어려운 상황이었지만, 심천의 신탁회사가 관리하며 간신히 법정관리를 면하고 있었다. 다만 계림의 Sheraton 호텔에 비하면 영업 상태는 그나마 나은 편이었다.

두 호텔에는 몇 가지 공통점이 있었다. 첫째, 중국에서 가장 유명한 관광 도시에 위치해 있다는 점이다. 둘째, 과도한 부채로 인해 채권자의 관리하에 있다는 점이다. 셋째, 각 도시에서 가장 좋은 호텔이라는 점이다. 넷째, 매입 금액이 장부가격의 50% 미만이었다는 점이다. 이 모든 조건을 고려했을 때, 우리가 호텔을 매입하여 금융 부담을 낮추고 잘 운영한다면 곧 정상화될 수 있을 것으로 보였다. 김우중 회장님은 그 가능성을 보고 두 호텔을 매입하기로 결정하셨는데, 이는 단순한 사업적 판단을 넘어 중국 내에서 대우의 입지를 더욱 공고히 하려는 전략적 선택이기도 했다.

호텔 두 곳을 매입하기 위해 나는 북경, 서안, 계림을 오가며 긴 협상의 시간을 보냈다. 북경의 현지 변호사와 함께 머리를 맞대고 수많은 조건들을 하나씩 짚어가며 합의점을 찾아 나섰다. 특히 서안의 Hyatt 호텔은 회사에서 회생 가능성을 높게 평가했기에, 나는 그곳에 더 많은 시간을 할애하며 집중했다. 석 달이 넘는 시간 동안 매입 금액과 계약 조건 대부분을 합의하는 데 성공했다. 마지막으로 남은 것은 우발채무에 대한 책임과 보증 문제뿐이었다.

그런데 이때, 호텔의 이사회 회장이 협상에 본격적으로 개입하면서 상황이 급변했다. 그는 추가 자료 제공을 거부했고, 우발채무와 관련된 모든 책임을 그들의 신탁회사로 넘겨 버렸다. 그의 말에 따르면, "슈퍼마켓에서 물건을 살 때 포장을 뜯어본 후에 구입하지 않는다"는 어처구니없는 논리를 펼치며 자료 제공 거부 이유를 밝혔다.

이렇게 되자 그들과 신탁회사 변호사 간의 마찰이 시작되었고 협상은 더 이상 진전되지 못했다. 나는 협상의 진전을 위해 다양한 방법을 시도했지만, 상대방의 태도는 완고했다. 그들의 고집은 쉽게 꺾이지 않았고, 협상은 점점 더 복잡해져만 갔다.

한편, 섬서성 성장(陝西省 省長)은 조바심을 내며 우리에게 서둘러 협상을 마무리할 것을 요구했지만, 우발채무에 대한 리스크를 감수할 수 없었기에 우리는 더 이상 나아갈 수 없었다. 결국 나는 이사회 회장을 직접 만나 이야기를 나눴다. 그의 입에서 "위에서 뭐라고 해도 이 호텔을 대우에 넘기지 않을 것"이라는 말을 들은 순간, 육 개월 동안 이어졌던 협상은 사실상 끝이 났다.

계림 Sheraton Hotel은 또 다른 이야기였다. 이곳은 계림 고등법원 경매부 소속의 법정관리인이 담당하고 있었다. 현직 판사들이었던 그들은 경매와 파산 절차에 정통했고, 이미 유담보 채권과 무담보 채권 금액을 확정해 놓은 상태였다. 따라서 매매 조건을 협상하는 데 큰 어려움은 없었다. 다만, 관할 법원의 변매(变卖: 변통된 방식의 법원 경매) 방식에 대한 법적 유효성 여부에 대한 확인이 필요했다. 우리가 선임한 북경의 변호사는 이 방식에 대해 계속 의문을 제기했고, 결국 중국 최고법원의 서면 유권해석을 받기 위해 법원장과 최고법원을 여러 번 방문한 뒤에야 서면 유권확인서를 받을 수 있었다. 마지막으로 남은 문제는 국유기업의 토지사용권(土地使用权)을 외자기업이 인수하면서 발생하는 토지 출양권(土地出让权)으로의 변경 문제였다. 이는 김 회장님과 계림시장 간의 협상을 통해 원만히 해결할 수 있었다.

광서성 정부와 계림 고등법원의 적극적인 지원 덕분에 호텔 매입은 성공적으로 마무리되었고, 비협조적이었던 서안 Hyatt 호텔은 매입을 포기하기로 결정했다. 훗날 그 호텔은 심천(深圳)의 신탁회사가 법원에 경매를 신청하면서 더 큰 어려움을 겪었고, 매입 협상에 냉소적이었던 이사회 의장은 개인적인 책임을 면할 수 없었다고 들었다.

중국통으로의 성장과 삶의 축복

Beijing Lufthansa Center, 연변대우호텔, 계림대우쉐라톤호텔 사업을 연이어 성공적으로 마무리하면서 나는 중국 사업에 대한 확신을 더욱 강하게 가질 수 있었다. 이 사업들을 진행하는 동안 본사의 법무실은 물론, 중국 현지 변호사와 인허가를 담당하는 정부 관계자들과 끊임없이 교류했다. 그 과정에서 중외합자기업법, 파산법, 민사소송법 등에 대한 깊은 이해를 쌓을 수 있었다. 특히 외국인 투자와 관련된 법규와 절차에 특별히 노력을 기울이면서, 나는 진정한 중국통으로 성장할 수 있었다.

당시만 해도 한국의 대부분 기업들은 제조업 부문에 집중하며 공장 투자에 주력하고 있었다. 그러나 우리 대우는 세계경영의 일환으로 장기적인 전략을 세우고, 전진기지를 확보하기 위한 복합상업개발 분야에서 선도적인 역할을 했다. 나는 이러한 시대적 흐름과 그룹 역점사업의 중심에 서서 중국이라는 거대한 시장을 남보다 앞서 이해하고, 필요한 역량을 키워 나갈 수 있었다.

계림대우쉐라톤호텔을 매입하기까지는 대략 7개월 정도가 걸렸던 것 같다. 그 시간은 짧지 않았지만, 그만큼 매입 회사의 경영 상태를 철저히 파악할 수 있는 기간이기도 했다. 쉐라톤에서 파견된 총지배인을 통해 영업 상황을 꼼꼼히 들여다보고, 개선을 위해 필요한 전략들을 하나씩 짚어가며 호텔의 미래를 그려 보았다. 그 과정에서 나는 점점 이 호텔에 대한 애착이 커져갔다. 북경의 Kempinski Hotel에서의 경험도 있었기에, 이번에는 직접 인수한 호텔에 참여해 보고 싶은 욕심이 생겼다. Chief Financial Officer로서 파견되어 호텔 분야에서 새로운 경력을 쌓아가고 싶었다.

하지만 중국은 항상 새로운 기회가 넘쳐나고 있었다. 회장실로 끊임없이 들어오는 사업 제안들은 우리를 쉴 틈 없이 바쁘게 만들었다. 아마도 그런 이유 때문이었을까? 이사님은 나를 계림으로 보내지 않았다. 그의 결정에 아쉬움이 크게 남았지만, 곧 둘째 아이가 태어날 예정이기도 해서 마음을 다잡아야 했다. 때로는 포기가 새로운 길을 열어 주기도 한다는 것을 스스로 믿기로 했다.

나는 과장이 된 후로는 정신없이 중국을 들락거렸다. 앞선 두 개의 사업과 또 다른 많은 신규 사업을 엮어가며 바쁜 나날을 보내던 중, 어느새 그해의 끝자락에 서 있음을 깨달았다. 한 해를 돌아보니, 시간은 빠르게 흘렀지만 보람으로 가득 찬 한 해였다는 생각이 들었다. 모든 순간이 꽉 차 있었고, 그 속에서 나는 조금 더 성장한 듯했다.

그해 12월 4일, 둘째 딸 수연이가 태어났다. 작은 생명의 탄생은 나에게 또 하나의 큰 기쁨을 선물했다. 행복과 기쁨으로 가득 찬 그 순간은 마치 한 해를 아름답게 마무리하는 선물처럼 느껴졌다. 수연이의 울음소리는 새로운 시작을 알리는 종소리 같았고, 나는 그 소리를 들으며 한 해를 감사함으로 마무리할 수 있었다.

1993년은 내 삶의 여정에서 또 하나의 의미 있는 발자국을 남긴 해였다. 그렇게 나는 행복과 보람으로 가득 찬 한 해를 뒤로하고, 새로운 해를 기다리며 마음을 다잡았다.

산동성(山東省) 제남(濟南)의 골프장 사업

김 이사님께서 나에게 산동성(山東省)의 성도(省都)인 제남(濟南)으로 가자고 하셨다. 당시 김 회장님의 대통령 출마설이 언론에 오르내리고 있었고, 회장님은 한동안 국내로 들어오지 않으시고 해외에서 머물고 계셨다. 제남에 도착하자, 회장님은 로비 한쪽에 앉아 계셨고, 나는 이사님을 따라가 인사를 드렸다. 주변에는 계열사 사장님들과 부사장님들도 많이 모여 있었다. 회장님께서는 제남에 18홀 골프장을 투자하기로 결정하셨다고 말씀하시며, 일단 그 부지를 직접 확인해 보고 오라고 지시하셨다.

제남시장이 제공한 차량으로 골프장 부지를 향해 출발했다. 그러나 출발한 지 5분도 채 되지 않아 시내에서 차량들이 무질서하게 몰려 길이 완전히 막혀 버렸다. 양방향 4차선 도로가 앞뒤로 차량들로 꽉 막히면서 움직일 수 없는 상황이 되었다. 당시로서는 이런 혼잡한 교통 상황을 처음 경험해 보는 것이었다. 기본적인 질서도 제대로 관리하지 못하는 이곳에 과연 골프장 사업이 성공할 수 있을까 하는 의문이 잠깐 머릿속을 스쳤다.

한참을 기다린 끝에 겨우 그곳을 빠져나와 공자의 고향인 곡부(曲阜) 방향으로 약 45분 정도 달렸다. 가는 길에는 차량은 물론 집이나 마을도 거의 보이지 않았고, 온통 논과 밭뿐이었다. 제남시에는 골프장이 하나도 없었는데, 도시에서 60km 이상 떨어진 이런 외진 곳에 골프장을 세워야 하는지 의문이 들었다.

현장에 도착하자 김 이사님은 주변을 둘러보시더니 갑자기 나에게 물으셨다.

"넌 어떻게 생각해?"

나는 망설임 없이 "여긴 아니지요!"라고 대답했다. 그 후, 주변에 유명하다는 도교 사원을 잠깐 둘러보고 다시 제남으로 돌아왔다. 제남시장의 초청 만찬이 예정되어 있었고, 우리는 만찬 직전에야 회장님을 만나 보고할 수 있었다. 김 이사님은 "회장님, 부지가 너무 멀리 있어 골프장 부지로는 적합하지 않습니다"라고 보고하셨다. 그러자 회장님은 "김 이사, 내 말 들어. 난 여기다 골프장을 투자할 테니까 그렇게 알고 시정부와 협조해서 빨리 진행해"라고 말씀하셨다. 김 이사님은 "예, 알겠습니다"라고 짧게 대답했다.

그날 저녁 만찬에는 대우그룹의 주요 계열사 사장님들과 중역들이 모두 참석하셨고, 나는 식탁 끝의 가장 먼 자리에 앉아 있었다. 회장님은 만찬 도중 시장님께 대우가 골프장을 투자할 것이라고 약속하시며, 담당 임원인 김 이사님을 소개해 주셨다. 이 광경을 보면서 나는 실무자로서 큰일이 났다는 생각밖에 들지 않았다.

다음 날, 우리는 제남시정부의 성시개발국장(城市开发局长)과 외상

투자국장(外商投资局长)을 만났다. 그곳에서 도시계획에 대한 설명을 들었고, 골프장 부지가 너무 멀리 떨어져 있다는 점을 지적하며 시에서 20km 정도 거리의 새로운 부지를 찾아 달라고 요청했다. 회의가 끝나고 본사로 돌아온 나는 골프장 개발 사업을 위해 제남시 담당자들과 지속적으로 소통하며 부지 변경을 요구했다.

하지만 그들은 도시계획이 이미 확정되었으니 변경이 불가능하다는 입장만을 고수했다. 나는 당시 중국에서 시장의 결정이 얼마나 강력한 힘을 발휘하는지 잘 알고 있었다. 북경, 연변, 계림에서의 투자사업이 성공할 수 있었던 데에는 시의 영도자들의 역할이 컸음을 강조하며 설득을 시도했다. 그러나 상황은 쉽게 풀리지 않았다.

시간이 지나도 사업은 진전이 없었고, 회장실에서는 빨리 추진하라는 압박만 거세졌다. 나는 최대한 시간을 끌며 부지 변경을 요구했고, 김 이사님도 중간중간 상황을 점검하시며 서두르지 않는 모습이었다. 그렇게 이 사업은 내 손안에서 접히게 된 첫 사업이 되었다.

중국 사업이 날로 늘어나는 만큼 우리 해외투자사업부도 급속하게 성장하고 있었다. 미국 플로리다에서는 현직 대통령 George HW Bush의 아들인 Jeb Bush와 함께 주택개발사업을 진행하고 있었고, 알제리에서는 힐튼 호텔, 수단에서는 영빈관 호텔, 불가리아에서는 쉐라톤 호텔, 베트남 하노이에서는 Daeha Business Center를 투자하여 건설 중이었다. 중국에서는 앞서 언급한 세 개의 사업장 외에도 상해에서는 Shanghai Daewoo World Trade Center를 추진하고 있었다.

이 모든 사업들이 대우그룹의 '세계경영'이라는 기치 아래 불과 5

년 만에 이루어지고 있었으니, 우리 부서의 모든 이들이 정말 바쁘게 일하고 있었다.

결단의 문 앞에서, 다시 길을 묻다

김우중 회장님을 모시고 참석한 중국정부와의 실무회의

투자가 결정되면, 사업에 관여했던 직원들이 그 투자법인으로 발령받아 나가는 것이 일반적이었지만, 미국과 같은 1급 지역의 사업장에는 종종 사내 다른 부서에서 일하는 서울대 건축과 출신을 뽑아 보내는 것을 보게 되었다. 조직이 성장할수록 공평한 인사관리가 무엇보다 중요했지만, 원칙 없는 인사로 인해 능력 있는 직원들이 조직을 떠나고 보스에게 순응하는 직원들만 남을지도 모른다는 우려를 하게 되었다.

나는 이미 가정을 꾸리고 부모님을 모시며 살다 보니 경제적으로 늘 쪼들릴 수밖에 없었다. 다행히 해외 출장이 잦아 출장비를 절약해 용돈과 부족한 월급을 보충할 수 있었다. 어떻게든 사업을 만들어 해외 주재원으로 나가 개인적인 고충을 해결해 보고 싶었지만, 그마저도 쉽지 않았다. 다른 부서에서 데려와 파견 보내는 모습을 더 이상 보고 싶지 않았다. 그래, 차라리 중국으로 가서 내가 원하는 사업을 직접 해 보자! 중국의 가능성을 일찍이 경험한 나는 지금이 인생에서 도전할 때라 믿고 퇴사를 결심했다.

돌도 안 된 딸을 바라보며, 나는 아내에게 사표를 내고 중국에 가서 사업을 시작해 보겠다고 말했다. 아내는 전혀 놀라지 않은 채, 하고 싶은 일이 있으면 일찍 해 보는 것도 괜찮다며 오히려 나를 두둔해 주었다.

다음 날, 나는 사표를 제출했다. 이사님은 깜짝 놀라며 왜 그만두려 하느냐고 만류했지만, 나는 구차하게 내 사정을 설명하고 싶지 않았다. 경제적인 어려움과 공정하지 못한 인사에 대한 불만을 굳이 말하고 싶지 않았다. 무엇보다도 내 인생을 누군가의 손에 맡겨 처분만 기다리며 살고 싶지 않았다. 대우에서의 미래를 포기하고 새로운 길을 찾아 나서야 했다.

사표를 낸 후 몇 번의 설득이 더 있었지만, 나는 이미 새로운 길을 가기로 마음을 굳혔다. 퇴사 당일, 오후 두 시에 출근했다. 퇴근 후 송별식이 예정되어 있어 늦게 출근한 것이다. 책상 위에는 월남 하노이 Daeha Business Center 현지법인의 김경원 사장님께 전화를 해 달라는 쪽지가 놓여 있었다. 김경원 사장님(본사 직책: 부사장)은 베이징 루프트한자 센터에서 근무할 때 부사장이자 대우의 대표로서 나를 잘 알고 계셨고, 늘 격려와 지원을 아끼지 않으셨던 분이었다. 전화를 드리니 직원들을 통해 내가 회사를 그만둔다는 이야기를 들으셨다며, 그만두지 말고 하노이에 와서 함께 일하자고 제안을 하셨다.

통화 중 갑자기 장영수 회장님께서 찾는다는 연락을 받고 어리둥절한 채 회장님 사무실로 올라갔다. 회장님은 나를 보시더니 말씀하셨다.

"얼마 전에 나하고 중국 출장 같이 갔었잖아? 열심히 하는 것 같던데 왜 그만둬? 이리 와 앉아봐. 왜 갑자기 회사를 그만두는 거야? 뭘 하려고 하는데?"

죄송하다는 말과 함께 오랫동안 사업을 구상해 왔고, 중국에 가서 사업을 시작해 보겠다고 말씀드렸다. 회장님은 잠시 생각하시더니 말씀하셨다.

"나도 사업을 쭉 하다가 전무로 대우건설에 들어왔는데, 그때 모든 사람들이 나한테 1년도 안 다니고 그만둘 사람이라고 했어. 그런데

10년이 흘러 지금 회장까지 됐지. 사업을 해서 100억을 벌려면 매년 10억씩 벌어서 되는 게 아니야. 9년간 적자를 보다 마지막 10년차에 대박이 나야 그만큼 버는 거야. 너 그만큼 버틸 만큼 돈과 배짱이 있어?"

나는 대답을 주저했다. 회장님은 나를 보시며 말씀하셨다.

"네 얼굴을 보니 아직은 회사를 그만둘 때가 안 됐어. 내가 유학 보내줄 테니 가서 공부 좀 하고 와. 공부하면서 생각하다가 정 안 되겠으면 다시 와. 그때 내가 사표 받아 줄게. 나가봐!"

우물쭈물하고 있는 나를 바라보던 회장님은 잠시 침묵을 지키시더니 비서를 불러 이진택 인사담당 이사님과 김 이사님을 부르라고 지시하셨다. 얼마 지나지 않아 두 분이 급히 회장실로 올라오셨다. 회장실 앞에서 마주친 이진택 이사님은 내가 사표를 냈는지조차 모르고 계신 듯했고, 잠시 자기 사무실로 내려가 기다리라고 말씀하셨다. 이사님은 여전히 내 사표를 손에 쥐고 계셨던 모양이다. 그의 표정은 무겁고 복잡해 보였다.

잠시 후 두 분이 이진택 이사님의 사무실로 내려오셨다. 회장님의 지시에 따라 유학을 가라는 말씀을 전해 주셨다. 나는 고개를 저으며 퇴사자에게 유학을 보내는 것은 좋은 선례가 되지 않을 것 같다고 말했다. 그냥 이대로 떠나겠다고 고집을 부리자, 이사님은 더 이상 참지 못하셨는지 목소리를 높이셨다.

"넌, 제발 네 고집만 부리지 말고 말 좀 들어! 회장님께서 그렇게까지 말씀하셨으면 좀 들으란 말야!"

그 말을 끝으로 그는 방을 뛰쳐나가셨다.

이진택 이사님은 나를 향해 차분한 목소리로 말씀하셨다.

"언제 사표를 냈고, 왜 냈는지 말해봐! 회사의 지원으로 유학을 가는 것은 큰 혜택인데, 그렇게 하는 게 좋을 거야."

그의 말은 차분했지만, 내 마음은 복잡했다. 사무실로 내려와 보니, 이사님께서 이미 직원들에게 오늘 송별식은 없다고 말씀하시고 퇴근하셨다는 소식을 들었다. 그 순간, 나는 회장님의 말씀과 함께 새로운 길에 대한 고민이 다시 시작됐음을 느꼈다. 과연 어떤 선택이 나에게, 그리고 회사에게 옳은 것일까? 그 질문이 머릿속을 맴돌았다.

상황이 이렇게 되자 머쓱해진 나는 더 이상 사무실에 머무르기가 불편해 집으로 돌아왔다. 아내에게 오늘 있었던 일을 이야기하며 어떻게 해야 할지 물었다. 함께 사시는 부모님도 내가 회사를 그만둔다는 소식을 들으셨는지, 수시로 아내에게 그냥 다니도록 설득하라는 말씀을 하셨던 모양이다. 아내는 환히 웃으며 "잘 되었네요"라고 말했고, 유학을 가라고 권했다. 근심 어린 얼굴의 부모님께도 자초지종을 말씀드리니, 사실 그동안 걱정이 많으셨는데 이제야 잘 됐다 하시며 유학을 가라고 하셨다.

새벽까지 이런저런 생각에 잠겨 결심을 못 하고 있던 나는, 어느새 내 마음이 유학을 가자는 쪽으로 기울어져 있음을 깨달았다. 하지만 한편으로는 지난 한 달 동안 퇴사를 한다는 핑계로 부서 분위기를 망가뜨렸던 것이 떠올랐다.

오늘 출근해 사퇴 의사를 번복한다면, 무슨 면목으로 동료들을 마주할 수 있을까? 유학을 간다고 해도 준비에 시간이 꽤 걸릴 텐데, 그동안 이사님과 다른 윗분들을 어떻게 대해야 할지 걱정이 밀려왔다.

그때 문득, 중국에 근무할 당시 북경과학기술대학교 교수님을 몇 번 만났던 기억이 떠올랐다. 나는 그분께 바로 연락을 드려 한어 1년 연수과정 입학통지서를 보내 달라고 요청했다. 그 시절, 중국에서 유학을 하려면 학교에서 지정한 한어 연수과정을 이수해야만 대학이나 대학원에 지원할 수 있었다. 요청한 지 이틀 만에 입학통지서를 받고, 교육연수 신청을 마치고 출국하는 데 불과 2주밖에 걸리지 않았다.

모든 것이 빠르게 진행되면서도, 나는 여전히 마음 한구석에 무거운 짐을 지고 있는 듯했다. 새로운 길을 향해 나아가기로 결심했지만, 그 길이 과연 나에게 어떤 의미가 있을지, 그리고 오늘의 선택이 어떻게 내 삶을 바꿔 놓을지에 대한 고민은 여전히 깊어만 갔다.

북경과기대학(北京科技大学)에서 1년간의 중국어 연수

북경과기대학(北京科技大学) 언어연수원에 입소한 것은 마치 꿈만 같았다. 회사의 든든한 지원 덕분에 외국인 기숙사의 교수실에 입주할 수 있었고, 얼마 전까지만 해도 상상조차 못했던 중국어 연수를 받게 되었다는 사실이 실감 나지 않았다. 마치 하늘에서 떨어진 기회를 붙잡은 기분이었다.

북경과기대학교 (北京科技大學校) 한어(汉语) 연수과정 졸업사진

우리 반에는 신일본제철(新日本製鐵)의 연수생들뿐만 아니라 일본과 한국에서 막 고등학교를 졸업한 유학생들도 많았다. 같은 기숙사에는 북한에서 온 유학생들도 30여 명 정도 살고 있어서, 식당이나 복도에서 자주 마주쳤다. 가끔은 한국 학생들과 북한 학생들이 함께 축구를 하는 모습도 볼 수 있었는데, 그런 광경을 보며 남과 북의 경계가 무색해지는 순간을 느꼈다.

수업은 오전 아홉 시에 시작해 오후 세 시 반에 끝났다. 그 후에는 북경과기대의 한어 교수님들을 찾아가 저녁 일곱 시까지 개인 과외를 받았다. 공부하는 것이 일보다 훨씬 수월하다는 생각이 들었다. 회사에서 월급을 받으며 오로지 공부에만 전념할 수 있는 이 생활이 과거의 고단했던 시절과 너무나 대조적이었다. 그때도 지금처럼 공부만 할 수 있었다면 어쩌면 사법시험도 통과하지 않았을까 하는 약간의 교만한 생각마저 들 정도로 중국어 공부에 매진했다.

기숙사에서 두 달을 보낸 후, 아시안게임 선수촌 근처의 현지인 아파트로 이사했다. 아내와 두 딸을 북경으로 불러들여 함께 생활하기 시작했다. 아내는 예전에 북경에서 15개월을 살았던 경험이 있어 현지인 아파트 생활에 금방 적응했다. 집에서 일해 줄 조선족 아주머니를 구했기 때문에 아내는 한국 유치원에서 선생님으로 일할 수 있었고, 큰아이는 엄마를 따라 유치원에 다니기 시작했다. 돌이 되지 않은 작은 아이는 집에서 아주머니가 돌봐 주셨다.

나의 생활은 단순했지만, 그 안에서 나와 가족은 새로운 꿈을 키워 나가고 있었다. 아침 여덟 시에 자전거를 타고 학교에 가서 수업을 듣고, 개인 과외까지 마친 뒤 저녁 일곱 시에 집으로 돌아와 가족들과 함께 식사를 했다. 그 후에는 중국 뉴스나 드라마를 틀어놓고 보는 것이 일상이었다.

나와 아내는 중국에서의 생활에 큰 만족을 느꼈다. 나는 앞으로 중국에서 커리어를 쌓아가겠다는 포부를 밝혔고, 아내도 틈틈이 중국어를 열심히 공부하기 시작했다. 그 결과, 이듬해 귀국한 후에는 방송통신대학교 중국어과 3학년에 편입해 학사 과정을 마칠 수 있었다.

이렇게 온 가족이 언어를 배우며 그들의 문화를 직접 체험하고, 현지인들과 소통하기 시작하면서 모든 것이 우리 가족의 마음속 깊이 스며들었다. 중국인들의 순수하고 따뜻한 마음에 자연스럽게 끌리기 시작했고, 중국의 모든 것이 정겨워지면서 언어를 습득하는 속도도 빨라져 가끔 선생님들을 놀라게 하기도 했다.

북경에서 공부를 시작한 지 약 석 달이 지났을 무렵, 김 이사님이 베이징루프트한자 센터의 이사회에 참석하기 위해 북경을 방문하셨다. 공부를 위해 갑자기 떠난 탓에 마음속으로 늘 이사님께 미안한 마음이 있었는데, 식사 자리에 초대되어 반갑게 만날 수 있었다.

식사 자리에서 이사님은 회사에서 진행 중인 모든 사업에 대해 알려 주시며, 공부만 하지 말고 업무 감각을 유지하기 위해 중국에서 진행 중인 사업을 주기적으로 챙겨 달라고 부탁하셨다. 또한 출장비와 경비를 지원할 테니 중국 내 사업을 주도적으로 관리해 달라고 당부하셨다. 미안한 마음도 있었기에 기꺼이 요청을 받아들였고, 1년 과정이 끝날 때까지 본사에서 요구하는 업무를 빠짐없이 수행했다.

그중 기억에 남는 사업 중 하나는 북경 순의현(順义县) 골프 클럽 투자 사업이었다. 당시 무역지사에서 근무하던 박근태 차장님(전 CJ 대한통운 대표)과 함께 틈이 나는 대로 계약 조건을 협상하며 거의 계약 직전까지 진행했지만, 결실을 맺지 못한 아쉬움이 남았다.

1995년 8월 초, 나는 1년 동안의 한어 과정을 마쳤다. 그 기간 동안 외국어를 배우기 위해서는 그 나라에 가서 현지인들과 직접 소통하며 배워야 한다는 말을 실감할 수 있었다. 비록 짧은 시간이었지만, 이전에 중국에서 살았던 경험이 도움이 되었는지 어느 정도 의사소통이 가능한 수준까지 발전하며 원했던 만큼의 목표를 달성할 수 있었다.

소통의 열쇠, 중국어로 얻은 신뢰

다시 한국의 본사로 돌아와 해외사업부 중국팀을 맡아 김 이사님을 모시며 일하게 되었다. 지난 5년간 중국 사업을 위해 동분서주하며 수많은 사람들을 만나고 투자 협의를 진행했지만, 모든 의사소통이 영어로 이루어졌기에 늘 부족함을 느꼈다.

그러나 1년간의 어학 연수를 통해 중국어를 할 수 있게 되니 업무에 정말 큰 도움이 되었다. 이제는 어디를 가더라도 현지인들과 대화하는 것을 두려워하지 않게 되었고, 그들과 쉽게 친구가 될 수 있었다. 특히 중요한 대화를 위해 중국 측 대표와 독대를 해야 할 때면, 사전에 대화할 내용을 중국어로 준비해 간다면 거뜬하게 목적을 달성할 수 있었다.

중국인들은 우리와는 다른 독특한 특성이 있었다. 그들은 아무리 영어를 잘하더라도 상대방이 조금이라도 중국어를 이해한다고 생각하면 영어를 삼가고 중국어로 대화하려는 경향이 있었다. 특히 고위 관리자들은 영어를 할 줄 알더라도 계약 조건이나 계약서 협의를 할 때에는 반드시 통역을 통해 대화하려고 했다.

반면 우리 한국 사람들은 영어가 서툴더라도 직접 소통하려고 애쓰는 모습을 자주 보였다. 그리고 통역을 중간에 두고 대화하는 기술이 부족한 경우가 많았다. 나 역시 한국인이라 직접 소통하는 것을 좋아하지만, 외국어가 완벽하지 않은 한국 임원들에게는 가능한 한 통역을 통해 의사소통하는 것을 권하고 싶다. 그렇게 하는 것이 오히려 더 명확하고 효과적일 때가 많기 때문이다.

본사로 돌아온 지 얼마 되지 않아 베이징루프트한자센터에서 우리가 파견한 임원들에게 문제가 생겼다는 소식이 들려왔다. 그때 나는 계림에 있는 호텔로 출장 중이었는데, 긴급히 북경으로 가서 상황을 파악하고 보고하라는 지시를 받았다. 서둘러 현장에 도착해 조사를 해 보니, 합작사 내부에서 우리 측이 보낸 두 임원급 직원의 실수로 심각한 불신을 사고 있었다. 합작사 간에 합동 조사팀을 구성해 이사회에 보고해야 한다는 것이었다.

그 내용을 이 자리에 상세히 밝혀 회고록을 읽는 독자들에게 간접적인 교훈을 전하고 싶지만, 관련된 당사자들과 회사에게는 시간이 지났더라도 여전히 숨기고 싶은 이야기일 수 있다는 생각이 들어 여기서 자세한 내용은 생략하기로 한다.

사건을 이사회에 보고하자, 독일과 중국 측 이사들은 즉시 관련된 두 사람을 새로운 인물로 교체해 줄 것을 요청했다. 우리 측에서는 이 요청을 거부할 수 없는 상황이었고, 결국 이사회에서 그 결의가 통과되었다. 이사회가 진행되는 도중 중국 측 대표는 나를 한국 측 대표로 파견해 달라는 정식 요청까지 했다. Mr. Schulz를 비롯한 독일 측 이사들도 그 요청에 찬성하며 나섰다.

이사회에 참석했던 나는 당황스러웠지만, 내심 '이제야 내가 이곳에 올 수 있겠구나' 하는 생각에 기쁨을 감추지 못했다. 김 이사님은 서울로 돌아와 자금본부장으로 있던 조영래 이사님을 법인의 부사장으로, 나를 Chief Financial Officer로 선임한다는 통지서를 이사회 의장 앞으로 보냈다.

3년의 숙제, 10개월의 정리

공부를 마치고 귀국한 지 두 달도 채 되지 않아, 나는 다시 가족과 함께 북경으로 발걸음을 옮겼다. 이번에는 난생 처음으로 연간 매출이 1억 달러나 되는 회사의 재무를 총괄하는 책임자가 되었다. 무게감 있는 자리였지만, 함께 부임한 조 이사님이 든든한 버팀목이 되어 주셨다.

조 이사님은 현지 법인의 부사장으로서 회사의 전반적인 재무 관리와 은행 차입금 상환을 위한 외환 관리를 총괄하셨다. 특히 외국 회사에서는 자금수지(Cash Flow) 관리와 예측이 가장 중요시되기 때문에, 나는 이 부분에 최대한 집중하며 업무를 시작했다.

사장은 독일에서 선임된 Mr. Jean Pierre Vanluchen이었다. 그는 프랑스인이었지만, 미국 조지아주 애틀랜타에 있는 힐튼 호텔의 총지배인을 하다가 합류한 노회하고도 경험 많은 분이었다. 그는 2차 세계대전 당시 알제리 전투에도 참전했던 경력을 가지고 있었고, 독일이 투자한 회사에서 유태인인 자신이 사장을 하고 있다는 것에 큰 자부심을 느끼는 인물이었다. 그의 카리스마와 경험은 회사 전체에 큰 영향을 미쳤다.

중국 측 대표로는 胡东石 부사장이 기술을 담당하고 있었다. 그는 내가 1990년 초 이 회사에 실사를 나왔을 때부터 알고 지내던 사이로, 센터 건물을 Chief Engineer로서 직접 건설하였기에 누구보다도 건물을 잘 아시는 분이었다. 전형적인 건축 기술자답게 업무에 정통하고 정직한 분이셨는데, 한국의 일반적인 기술자에 비해 영어도 훨씬 유창했다. 그는 센터의 리노베이션과 보수 관리에 대한 예산과 집행 감독을 총괄하셨다. 그의 전문성과 성실함은 회사의 기술적 측면을 든든히 받쳐 주었다.

한편, 호텔, 오피스, 레지던스 아파트를 총괄 운영하는 Kempinski 호텔의 총지배인은 경험 많은 영국인으로서 운영 계약에 따라 센터의 전반적인 운영을 맡고 있었다. 이렇게 다양한 배경과 경험을 가진 사람들이 모여 하나의 팀을 이루며 회사를 이끌어가고 있었다.

업무를 파악해 보니, 회사에서 가장 시급한 문제는 건물을 완공한 지 3년이 지났음에도 불구하고 건설에 투입된 총사업비를 확정하지 못해 건설가계정(Construction in Progress)을 마감하지 못하고 있다는 것이었다. 이로 인해 건설이 완료된 후에도 회사의 모든 자산이 여전히 건설 중인 자산으로 남아 있어, 유형자산과 무형자산으로 분류할 수 없었고, 감가상각도 진행할 수 없는 상황이었다. 이는 과중한 세금 부담으로 이어져 회사가 큰 위험에 노출되어 있었다.

지난 3년간의 이사회 회의록을 살펴보면, 이 문제에 대해 이사회 전원이 큰 우려를 표시하며 법인 대표와 CFO에게 엄청난 압박을 가했던 것으로 나타났다. 그러나 업무의 양이 너무 방대했기 때문에 시작조차 하지 못한 채 3년이라는 시간을 허비하게 된 것이었다. 단순히 숫자만으로 유형자산과 무형자산을 분류하는 것이 아니라, 건설 기간 동안 투입된 모든 자산을 목록화하고, 매입일자, 단가, 수량, 매입금액, 구입처, 위치 등을 아이템별로 분류하는 재고조사(Inventory Taking)를 거쳐야 했다. 또한 모든 유형자산에 라벨 스티커를 붙여 관리해야 하는 엄청난 작업이 필요했다.

Turn-Key Lump Sum 방식으로 공사를 완공한 독일 건설업체는 자신들의 원가를 노출시키고 싶지 않아 상세 자료를 제공하지 않고 있었고, 많은 하청업체를 통해 공사를 진행하다 보니 실제 회계적으로 필요한 자료를 제공하는 데에도 어려움을 겪고 있었다. 게다가 완공한 지 3년이 지나 하자 보수 기간도 끝났기 때문에, 시차가 있는 독일과의 소통에도 큰 어려움이 있었다.

이러한 상황에서 회사는 방대한 업무량과 복잡한 자료 정리에 직면해 있었고, 이를 해결하기 위해 체계적이고 집중적인 접근이 필요했다. 그러나 당시로서는 이 문제를 해결할 수 있는 명확한 해결책이 마련되지 않은 채 시간만 흘러가고 있었다.

나는 소수의 인원으로 Task Force Team을 구성했다. 나를 제외한 세 명을 전담 인원으로 지정하고, 회사의 관련 부서에서 각각 1명씩 간접 지원 인력을 배정했다. 나는 건설 원청자인 독일의 Philip Holzman AG 본사와 북경 지사를 방문해 협조를 요청했지만, 그들 역시 인원이 모두 교체된 상태라 원하는 자료를 제공할 수 없었다. 그들이 할 수 있는 협조의 범위는 관련 파일을 제공하고, 필요한 자료를 내가 직접 판단해 가져가는 것이 전부였다. 거의 두 달 동안 직원 한 명과 함께 우리 회사의 창고와 그들의 창고를 뒤져 필요한 자료를 거의 모두 확보할 수 있었다.

센터의 건물은 호텔, 오피스, 레지던스 아파트, 전시장, 식당 아웃렛, 백화점 등으로 구성되어 있었기 때문에, 이 자료들과 기존의 건설 계정 내역을 비교하며 각 건물별로 원가를 확정하고 분류해 나갔다. 그러나 진짜 문제는 이제부터 시작이었다. 호텔과 레지던스 아파트는 모든 가구, 집기, 식기류 등이 완벽히 제공된 상태였기 때문에, 각 객실별로 FF&E(Furniture, Fixtures and Equipment)와 OPE(Operational Equipment)를 확정하고, 각 아이템에 라벨 스티커를 붙이며 재고자산 목록을 정리해야 했다. 580개의 객실, 12개의 식당과 주방, 체육시설, 그리고 163개의 아파트에 있는 모든 아이템의 재고자산 목록을 확정하는 작업은 정말 지옥 같은 일이었다.

그러나 중국 직원들은 이 엄청난 작업을 나의 지시에 따라 묵묵히 불평 없이 해냈다. 개혁개방 초기였던 당시, 중국인 직원들에게 중외합작기업(中外合作企業)에 근무하는 것은 로망이었다. 국내 기업이나 국영기업에 비해 최소 세 배 이상의 급여와 복지 혜택을 받을 수 있었기 때문에, 북경의 최고 대학 출신 직원들에게 우리 회사는 최고의 인기를 누리고 있었다. 그들은 매우 명석했고 약간의 동기부여만 주어지면 조금이라도 더 배우려는 자세를 보였다.

사실, 완공된 지 3년이 지난 데다 운영 중인 건물에서 재고자산을 파악하고 모든 아이템에 라벨링을 한다는 것은 불가능에 가까운 일이었다. 그러나 나를 포함한 Task Force Team은 이전에 이런 일을 해 본 적이 없었기에 오히려 해낼 수 있었다고 믿는다.

분명히 나보다 먼저 있던 분들은 모든 면에서 경험이 많았지만, 합리적이고 이성적인 판단으로는 이런 일을 해낼 수 있다고 생각하지 못했을 것이다. 아니, 그 일을 시작하기 전에 원청자가 모든 자료를 내가 원하는 수준으로 제공해야 한다는 전제 조건과 운영 중인 객실, 식당, 레지던스 아파트에 어떻게 접근할 것인가 하는 합리적인 의문이 그들을 움직이지 못하게 했을 것이다.

마지막으로 남은 것은 회계법인의 검증과 승인 절차였다. Coopers & Lybrand의 감사팀이 회사를 방문해 숫자와 재고자산 목록이 일치하는지, 유형자산과 무형자산으로 분류된 자산과 가치가 회계 기준에 적합한지, 그리고 이 자산들을 관리하기 위한 회사의 내부 자산관리 규약이 합리적으로 작성되었는지 등을 일주일에 걸쳐 조사했다.

감사팀은 샘플링 조사를 위해 호텔의 일부 객실, 주방, 식당, 그리고 레지던스 아파트의 일부를 직접 방문해 회사의 재고자산 목록과 일치하는지 확인했다. 그들은 놀라운 표정으로 어떻게 이렇게 잘 정리할 수 있었냐며 감탄을 금치 못했다.

Coopers & Lybrand의 감사팀은 법인 대표인 Mr. Vanluchen에게 지금까지 많은 회사를 감사(監査)했지만 이렇게 완벽하게 자산 분류가 되어 있는 회사는 처음이라며 대단한 만족감을 표시했다. 그들은 북경시 감독관청에 감사 결과를 승인한다는 편지를 보냈고, 우리는 마침내 1995년도 재무제표를 마감하며 감가상각을 적용할 수 있게 되었다. 이 모든 과정은 꼬박 10개월이 걸렸다.

우리 팀은 무지했고 순박했지만, 어떻게든 회사가 원하는 것을 해내고 싶었다. 그런 열정과 의지가 결국 이 거대한 프로젝트를 성공으로 이끌었다. 우리는 때때로 엄청난 일을 해낸 뒤 훗날 돌아보며 '어떻게 내가 그것을 해냈을까?'라는 의문을 갖곤 한다. 바로 이 경우가 그런 상황에 딱 맞는 말이 아닐까 싶다.

유태인 보스의 신뢰와 인정

〈중국측 대표 Mr. Shi Jinbao(좌측),
Mr. Vanluchen(가운데), 김경원 부사장님(우측)〉

Mr. Vanluchen은 정말 까다로운 분이었지만, 나이가 내 아버지 뻘이었기에 나는 늘 어른으로서 그를 대했다. 유태인들이 냉정하고 까다롭다는 말을 들은 적이 있었는데, 그는 그러한 전형적인 유태인이었다. 아무리 사소한 일이라도 그냥 넘어가는 법이 없었고, 조금이라도 마음에 들지 않으면 나를 불러 면전에서 직설적으로 지적하며 자신의 느낌을 표현했다. 업무에 있어 그는 놀라울 정도로 꼼꼼했으며, 미국에서 오랜 기간 근무한 탓에 시류 직성 및 관리에 있어서도 미국식 다큐먼트 방식을 철저히 고집했다.

영어가 부족했던 나로서는 그에게 인정받기가 정말 쉽지 않았고, 아니 오히려 그는 나를 결코 인정해 줄 사람이 아니라고 느낄 정도였다. 특히 회사의 재무관리 방식 또한 미국식 표준을 선호하여, 나에게도 그가 원하는 방식을 철저히 요구했다. 그는 이상하리만큼 내게 많은 것을 요구하고 지적했으며, 가르쳐 주려고도 했다.

건설 가계정을 마감하기 위해 나는 10개월 동안 거의 매일 야근을 해야 했다. 야근 문화가 없는 서양인들의 눈에 부임하자마자 거의 1년 가까이 야근을 이어가는 내 모습은 매우 낯설었을 것이다. 그럼에도 아무도 떠맡으려 하지 않아 해결이 불가능할 것 같았던 일들을 하나씩 해내는 과정을 지켜보면서, 그는 서서히 나를 인정하기 시작했다.

나는 이 회사에서 총 4년 2개월 동안 근무했는데, 그 기간 동안 Mr. Vanluchen에게 많은 것을 배웠다. 그를 통해 진정한 전문가가 되기 위해 내가 무엇을 개선하고 어떤 소양을 갖춰야 하는지를 깨닫게 되었다.

2년 정도 함께 일하던 어느 날, 그의 사무실에서 가벼운 한담을 나누던 중 갑자기 그가 이런 말을 꺼냈다.

"나는 아들과 딸 둘이 있는데, 그들이 나를 별로 좋아하지 않아. 휴가 때 비행기 표를 보내주며 오라고 해도 이런저런 핑계를 대며 피하고 있어."

개인적인 가족 이야기를 한참 늘어놓더니 이어서 그는 말했다.

"Mr. Yim, 너는 친구가 없지? 나도 친구가 별로 없어."

나는 왜 내가 친구가 없을 거라고 생각하느냐고 물었고, 그는 이렇게 답했다.

"너나 나나 분명히 Company Man이야. 넌 매일 야근을 하고 주말에도 일만 하는 것 같아. 젊은 사람이 Social Life를 별로 즐기지 않는 것 같더군."

그러면서 덧붙였다.

"내가 사람들에게 쉽지 않은 사람이라는 걸 잘 아는데, 넌 우리 아이들보다 훨씬 더 한결같이 나를 잘 대해 주는 것 같아."

그의 말 속에서 나를 향한 신뢰와 인정을 느낄 수 있었기에, 나는 그저 웃음으로 답을 대신했다.

CFO로서 매주 한 번씩 열리는 주요 경영활동 분석 및 예측 회의를 준비하느라 나는 늘 여유가 없었다. 회의 자료와 보고서를 작성하는 데만 해도 시간이 부족했으며, 그사이에 쏟아지는 수많은 업무들은 나를 쉴 틈 없이 몰아붙였다. 그중에서도 가장 신경 써야 할 업무는 외환 시장 관리였다. 당시 회사의 은행 차입금은 독일 마르크와 달러로 구성되어 있었기 때문에, 주수입 화폐인 인민폐와의 환헷지를 위해 세계 외환 시장의 움직임을 끊임없이 주시해야 했다.

그 과정에서 나는 독일 마르크와 달러를 활용한 SWAP 거래와 환투자를 통해 매년 약 100만 달러의 수익을 올릴 수 있었다. 나는 이 일을 하며 외환 투자에 재능이 있다는 것을 처음 깨달았다. 4년 2개월의 근무 기간 동안 단 한 번도 실수 없이 꾸준히 수익을 창출해 회사에 큰 도움을 주었고, 이 성과는 이사회에서도 인정을 받아 여러 차례 격려와 칭찬을 받을 수 있었다.

그때의 경험은 단순히 숫자와 통계를 다루는 것을 넘어 글로벌 시장의 흐름을 읽고 예측하는 능력을 키우는 매우 소중한 기회였다. 환투자를 통해 얻은 수익은 회사에 도움이 되었을 뿐 아니라, 나 자신이 가진 새로운 재능을 발견할 수 있는 계기가 되었다.

골프 광풍이 몰아치다

1996년부터 북경의 한국 사회에는 골프 시대가 도래했고, 그 광적인 열기는 어디를 가도 느낄 수 있었다. 모든 사람들이 골프를 치기 시작했다. 나는 골프를 치지 않았지만, 본사의 김 이사님의 지시에 따라 골프장 투자 사업에 관여하고 있었다. 그중 하나가 북경시 순의현(順义县)에 있는 순의 골프장이었는데, 초기에는 주로 대사관 직원이나 가족들만 눈에 띄었던 곳이었다. 하지만 어느 순간부터 한국 상사 주재원들로 붐비는 모습을 목격하게 되었다.

1996년, 차장으로 진급하자 조영래 이사님께서 진급을 축하하며 Callaway 골프채를 선물해 주셨다. 이사님은 "이제 너도 골프를 칠 줄 알아야 한다"며 연습장 이용권까지 3개월치를 끊어 주셨다. 감사한 마음으로 조 이사님과 함께 연습장을 다니기 시작했지만, 정작 골프장에는 한 번도 나가지 못하고 있었다.

당시 골프의 광풍이 얼마나 거셌는지, 누구를 만나도 골프 이야기였고, 회사에서 미팅을 해도 골프 이야기로 시작해 골프 이야기로 끝나곤 했다. 한 번은 영사관에 일이 있어 찾아갔다가 영사님의 끝없는 골프 이야기로 결국 일도 못 보고 돌아올 정도로, 모든 곳에서 골프가 화제의 중심이 되었다.

하지만 내가 근무하던 합작회사에서는 누구도 골프 이야기를 꺼내지 않았다. 훗날 내가 근무한 다른 외국 회사들도 마찬가지였다. 외국 회사에서는 골프가 업무 중 대화 주제가 되는 일은 없었다. 회의실에서나 점심 자리에서, 퇴근 후의 모임에서도 골프 이야기는 거의 나오지 않았다. 업무와 개인 생활의 경계가 명확했고, 동료 간의 관계 역시 업무 중심으로 유지되었기 때문이다.

합작회사였기에 나는 평일에 골프장을 간다는 엄두를 낼 수도 없었고, 주말에는 비싼 그린피로 인해 골프장에 가지 않고 연습만으로 만족하며 지냈다. 그러나 주변의 골프 열기가 뜨거워질수록 오히려 나는 골프에 대한 흥미가 떨어졌다.

솔직히 내 일을 잘하고 싶은 마음이 컸지만, 모든 면에서 여전히 부족하다고 느꼈고, Mr. Vanluchen이 내게 맡긴 많은 업무는 동료들과 함께 골프를 칠 여유를 허락하지 않았다. 또한 어린 두 딸들과 함께할 시간이 오직 주말밖에 없었기에, 나는 결국 골프를 배우는 것을 뒤로 미루기로 결정했다.

나는 CFO였지만, Kempinski Hotel에서 영업을 담당했던 경험이 있었기 때문에 북경에 주재하는 대부분의 한국 회사 지점장 및 주요 관리자들과 좋은 관계를 유지하고 있었다. Kempinski Hotel은 위치와 시설 면에서 북경의 다른 호텔들과 비교해도 경쟁력이 뛰어났고, 김영삼 대통령과 독일의 Helmut Kohl 수상 등 다수의 국가 원수들이 투숙할 정도로 인기 있는 호텔이었다.

또한 많은 한국계 기업들이 개업식 장소로 우리 호텔을 선택했기 때문에, 자연스럽게 주요 한국 기업인들과 정치인들이 단골로 찾는 숙박 장소로 자리 잡았다. 덕분에 나는 다양한 분야의 주요 인사들과 교류하며 관계를 돈독히 유지할 수 있었다. Kempinski Hotel은 단순히 숙박 공간을 넘어, 한국과 중국을 연결하는 하나의 교두보 역할을 했던 것 같다.

황당한 요구와 우리 기업의 의전 문화

한국에서 오시는 VIP 손님들을 모시는 일은 늘 긴장의 연속이었다. 그중에서도 몇 가지 당황스러웠던 기억은 지금도 생생하다. 국책은행의 한 부행장님은 우리 호텔에서 제공하는 볼펜을 특히 좋아하셨는데, 단순히 좋아하는 정도를 넘어 한 번에 100개씩 무상으로 요구하시곤 했다. "지난번 서울로 가져가 직원들에게 나눠 줬더니 아주 인기가 많았다"며 볼펜과 메모지 패드를 다량으로 달라고 하셨다. 더욱 당황스러웠던 것은, "곤란하면 대우 본사 모 본부장에게 이야기할 테니 알아서 하라"는 말씀이었다. 그때 느낀 당혹감은 지금도 잊히지 않는다.

또 다른 분은 은행 개업식을 앞두고 밤 열두 시가 다 된 시간에 나의 집으로 직접 전화를 걸어, 대우전자 컴퓨터를 경품으로 기부해 달라고 요구하셨다. 마치 빌려간 물건을 돌려받듯 윽박지르는 듯한 그의 태도는 나를 매우 당황하게 했다. 비록 나와 그들 사이에서 어찌어찌 소화할 수는 있었지만, 그때마다 느꼈던 부담감과 황당함은 여전히 기억 속에 생생하다.

그러나 가장 민망했던 것은 우리나라 기업의 윗분들에 대한 과도한 의전이었다. 어느 크리스마스이브 저녁, 호텔 로비는 초대형 크리스마스 트리와 화려한 장식들로 가득했고, 작은 관현악단이 아름다운 음악을 연주하며 분위기를 한껏 띄우고 있었다. 많은 외국인 부부들이 아이들과 함께 파티 복장을 차려입고 모여들어 분위기가 절정에 달하고 있었다.

그런데 공교롭게도 그날, 한국의 한 대기업 그룹 총수가 북경을 방문한 것이었다. 삼사십 명이 넘는 한국 직원들이 모두 검은색 양복을 입고 아침부터 호텔 로비와 라운지를 분주히 오가는 모습이 눈에 띄었다.

크리스마스를 즐기던 외국인 손님들은 호기심 어린 눈길로 그들을 바라보았고, 한국 직원들은 밤 열두 시가 넘도록 커피숍에 삼삼오오 앉아 회장님의 취침을 기다리고 있었다. 이를 보던 호텔 총지배인이 내게 물었다.

"너희 한국인은 크리스마스를 즐기지 않니?"

그 순간 나는 할 말을 잃고 말았다. 총수가 방문하면 지사장과 관련 직원 몇 명만 있으면 될 텐데, 그룹 전체의 주재원들을 하루 종일 하릴없이 잡아두는 관행은 비단 그 회사뿐 아니라 대부분의 한국 기업에서 흔히 볼 수 있는 풍경이었다.

더욱 놀라웠던 것은 어떤 기업의 직원이 회장님이 묵을 객실을 사전에 여러 차례 방문해, 수도꼭지를 모두 교체해 달라고 요구하며 떼를 쓰던 일이었다. 40년 경력의 영국계 총지배인은 그런 광경에 깜짝 놀라며 고개를 저었다. 이런 일들은 단순히 당혹스러움을 넘어 우리 문화와 관행에 대해 깊이 성찰해 보아야 할 문제들이었다.

팽창의 끝과 IMF 사태 발생

1995년 3월, 우리나라는 OECD에 가입 신청서를 제출하며 해외여행 자율화와 외환 자유화의 물꼬를 텄다. 이에 개인들의 해외여행 수요가 폭발적으로 증가했고, 기업들 또한 OECD 권고 규정에 따라 외환 관리가 느슨해진 틈을 타 본격적으로 해외투자를 확대하기 시작했다. 이듬해인 1996년 10월, 우리나라는 OECD의 29번째 회원국으로 공식 가입하면서 금융 조달 비용이 크게 낮아졌고, 해외투자는 한국 기업들에 있어 필수적인 경영 전략으로 자리 잡게 되었다.

나는 북경에 있으면서도 이러한 해외투자의 패러다임 변화가 얼마나 빠르게 일어나고 있는지를 피부로 느낄 수 있었다. 자금성과 만리장성, 그리고 백두산은 한국 관광객들로 가득했고, 중국 전역에서 대기업과 중소기업을 가리지 않고 엄청난 투자 열풍이 일고 있음을 직접 목격할 수 있었다.

북경에는 LG가 중국 사옥을 세웠고, POSCO와 삼성도 이에 합류했다. 대우는 천진, 북경, 상해에 대형 오피스 빌딩 건립을 준비 중이었으며, 상해에서만 여섯 개가 넘는 한국 기업들이 오피스 빌딩 투자에 뛰어들고 있었다. 지방 도시까지 포함하면 그 투자 규모는 상상을 초월할 만큼 어마어마했을 것이다.

당시 태국을 시작으로 IMF 외환 위기가 동남아시아 전역으로 확산되고 있었지만, 우리 기업들은 오히려 이를 사업 확장의 기회로 인식하며 공격적인 투자를 이어가고 있었다. 그 무렵 나는 외국인들로부터 "한국 기업들은 달러를 찍어내는 기계라도 갖고 있느냐"는 말을 자주 들었고, 한편으로는 걱정스러운 시선으로 우리의 과도한 투자를 바라보게 되었다.

결국 1997년 말, 우리나라도 IMF 외환 위기를 맞게 되면서 금리가 30%까지 치솟았고, 차입금을 이용해 해외에 많은 투자를 하던 기업들은 순식간에 도산하기 시작했다. 김대중 대통령 시대가 도래하면서 IMF의 긴급 구제 금융을 신청한 우리나라는 극도의 긴축 정책을 펼쳐야 했고, 환율은 1달러에 2,000원까지 급등했다. 금리 역시 20~30%의 높은 수준을 유지해야 했다. 이로 인해 셀 수 없을 정도로 많은 실업자가 발생했고, 은행 대출로 집을 산 사람들은 가족과 함께 길바닥으로 내몰리는 비참한 시대가 시작되었다.

김대중 대통령은 미국과 일본으로부터 경제적 도움을 이끌어내 한국의 외환 위기를 빠르게 안정시키기 위해 노력했지만, 한꺼번에 무너진 경제 기반을 다시 세우는 일은 쉽지 않았다.

1998년 말, 대우그룹은 삼성그룹을 제치고 계열사 41개, 해외법인 396개를 거느린 재계 순위 2위 기업이었지만, 1997년 말 외환 위기를 겪으면서 긴축 경영을 택한 다른 기업들과 달리 쌍용자동차를 인수하고 고금리 자금을 계속 끌어들여 외형 확대를 유지하고 있었다. 결국 1999년 11월 23일, 김우중 회장의 사표가 이사회에서 수리되면서 대우그룹은 본격적인 해체의 길로 들어서게 되었다.

계림 쉐라톤 호텔의 사장이 되다

1998년 12월, 나는 예전에 직접 인수했던 Guilin Sheraton Hotel의 사장으로 발령을 받았다. 드디어 그토록 바라던 한 회사의 경영 책임자가 된 것이었지만, IMF 사태로 인해 악화된 한국 경제 상황과 대우 그룹이 신속히 구조조정을 하지 않으면 위험해질 것이라는 뉴스가 연일 보도되는 탓에 기쁨보다는 무거운 부담감을 먼저 느꼈다.

부임을 앞둔 나에게 김 상무님은 이렇게 당부하셨다.

"너도 알다시피 IMF 여파로 인해 회사가 자금을 지원하기 어려우니 아무것도 기대하지 말아라. 이제부터는 독자 생존해야 한다. 네가 알아서 잘 운영하고 최대한 호텔의 가치를 높이는 데만 집중하라."

나는 먼저 현지의 실상을 정확히 파악하기 위해 계림으로 출장을 떠났다. 현장에 도착해 보니, 호텔의 상황은 인수 당시보다 훨씬 더 악화되어 있었다. 처음 호텔을 인수했을 때는 채무만 조정하면 자체적으로 경영수지를 맞출 수 있을 거라 판단했고, 본사에서도 리노베이션 예산을 편성하며 낙관적으로 접근했었다.

그러나 몇 년이 지난 지금, 호텔은 전혀 개선된 모습이 아니었다. 돈은 이미 지출했다고 장부에 기록되어 있었지만, 눈에 띄는 변화는 거의 없었다. 본사에서 많은 기술자들이 왔다 갔고 건축 기술자 한 명이 상주했지만, 한국의 하청 업체들과 무성하게 협의만 진행했을 뿐, 실제 공사는 아무것도 이루어지지 않은 상태였다. 객실 개조를 위해 비싼 샘플들만 사들여 창고와 객실에 가득 채워 두었지만, 정작 실질적인 공사는 단 한 가지도 진행되지 않았다. 참으로 암담하고 답답한 상황이었다.

나는 Kempinski Residence에서 나와 Asian Game Village 근처에 아파트를 얻어 가족들을 북경에 남겨 두고, 홀로 계림으로 향했다. 우선 1년 동안 모든 것을 걸고 호텔을 회생시키기 위해 최선을 다할 작정이었다. 만약 그래도 좋아질 기미가 보이지 않으면, 과감히 퇴사하여 다음 사람에게 기회를 넘기겠다는 각오를 다졌다. 절망적인 사업체를 떠안은 나로서는 일종의 배수진을 친 셈이었다.

인수인계를 위해 전임자를 만났을 때, 그가 이 호텔에 여전히 미련을 두고 있음을 느낄 수 있었다. 그는 대우의 임원이었지만, 귀국 후 더 이상 회사에 남아 있을 수 없는 상황이었다. 오랜 세월을 대우에서 보낸 그에게 회한이 없을 리 없었다. 나는 그의 마음을 충분히 이해할 수 있었다. 하지만 호텔의 경영 상태가 너무나 심각했기 때문인지, 그는 제대로 된 인수인계 없이 홀연히 귀국해 버렸고, 나는 결국 난파선과도 같은 이 호텔을 그대로 떠안게 되었다.

부임 첫날부터 나는 사무실에서 이틀을 꼬박 새웠다. 내 숙소는 호텔 5층에 있었지만, 일부러 방으로 돌아가지 않았다. 호텔 구석구석을 둘러보고 또 둘러보면서 냉정하게 현실을 직시했다. 대우가 인수한 이후의 회계 장부를 모두 검토해 보니, 그동안 꾸준히 분식회계가 이루어져 왔다는 사실까지 알게 되었다.

나는 Sheraton Hotel의 총지배인인 Mr. Akram Touma와 함께 향후 마케팅 계획, 현금 흐름, 그리고 자본적 지출 소요 내역을 집중적으로 협의했다. 토요일 오후 8시에 시작한 회의는 다음날 새벽 3시가 되어 비로소 끝났다. 삼일 동안 열 시간도 제대로 쉬지 못한 상태에서 피로가 밀려왔지만, 모든 문제들이 산처럼 너무나 크게 느껴져 잠을 이룰 수 없었다.

나는 즉시 호텔 리노베이션을 위해 본사에서 파견 나와 있던 김진양 차장을 귀국시켰다. 또한 본사 기술 담당 정영모 이사님께 연락해 모든 리노베이션(Renovation) 계획을 전면 취소하겠다고 통보했다. 앞으로는 현지에서 자체적으로 수익을 만들어가며 내 판단하에 공사를 진행할 것이고, 기존의 한국과 홍콩 협력사들에게도 모든 공사 계획을 철회한다고 통지했다.

이제부터는 현실을 직시하고, 차근차근 다시 시작해야 했다.

생존을 위한 처절한 투쟁과 끝없는 개혁

내가 이 호텔을 인수할 당시 객실 수는 500실이었지만, 돌아와 보니 판매 가능한 객실은 430실로 줄어 있었다. 호텔이 1987년 오픈한 이후 단 한 번도 객실 점유율이 60%를 넘어 본 적이 없었기 때문에, 전임자와 호텔 총지배인이 합의하여 70개의 객실을 빼내 사무실로 개조해 버린 것이었다. 계림은 유명한 관광지여서 컨퍼런스 그룹의 수요가 많다는 이유로, 기존에 호텔 내 재무부, 인사부, 총무부, 구매부가 사용하던 대형 사무실을 비우고 회의실로 변경하기로 결정했다는 것이다.

이전 사무실을 가보니 천장부터 벽까지 모두 뜯겨져 마치 귀신이 나올 것처럼 황량한 모습이었다. 1년 전에 사무실을 비운 뒤, 그 많은 직원들을 객실 하나에 책상 두 개씩 넣은 채 공사 자금이 없다는 이유로 그대로 방치해 두었던 것이다. 더욱 놀라웠던 것은 객실 15개를 호텔 매니저들의 숙소로 사용하고 있다는 사실이었다. 세 명을 제외하면 모두 현지 계림 사람이었는데도 방과 하루 세 끼의 식사를 제공하고 있었다. 그들은 친구들이 외부에서 찾아오면 자기 객실을 내어 주는 일까지 있었다고 하니, 이런 식으로 운영하면서 이익을 기대하는 것 자체가 무리였다.

장부를 살펴보니 호텔은 만성 적자에 시달리고 있었고, 가용 현금은 불과 USD 30,000에도 미치지 못했다. 언제 부도가 나도 이상할 것이 없었다. 처음에는 모든 상황이 그저 암담하게만 느껴졌지만, 이내 화가 치밀어 올랐다. 나는 스스로에게 말했다.

"오늘부터 이 호텔은 내 것이다. 나는 이 호텔의 주인이다. 그토록 원했던 사업을 여기서 시작하는 거야."

다음 날, 총지배인 Mr. Touma를 불러 외국인 숙소 2개만 남기고 즉시 모든 객실을 비우라고 지시했다. 또한 예전 사무실을 원상 복구할 것이니 후관 호텔 1층에 분산 배치된 임시 사무실을 모두 비우고 이전 준비를 하라고 명령했다.

이러한 나의 결정은 호텔 내부를 뒤집어 놓기에 충분했다. 숙소를 빼앗기게 된 매니저들은 즉시 총지배인에게 불만을 토로했다. 지난 3년 동안 호텔에서 먹고 자며 행복하게 생활했던 그들의 권리를 갑자기 나타난 젊은 한국인이 불과 일주일도 안 되어 빼앗으려 한다며 격렬히 반발했다. 총지배인도 그들의 편이었다. 그는 사무실 원상 복구 결정에도 동의하지 않겠다고 주장했다.

하지만 나는 단호했다. 호텔을 살리기 위해서는 과감한 결정이 필요했고, 더 이상 시간을 낭비할 수 없었다. 이제 나는 이 호텔의 주인이었고, 모든 책임은 내게 있었다. 현재의 어려운 상황을 극복하기 위해 나는 무조건 앞으로 나아가야만 했다.

총지배인과 관련 부서 대표들을 회의실로 불러 논의를 시작했다. 그들의 주장은 명료했지만, 내 입장에서는 받아들이기 어려운 점이 많았다. 그들은 호텔이 개업한 이래로 한 번도 객실 점유율이 85% 이상 채워진 적이 없으며, 후관 1층의 객실 대부분은 항상 비어 있었다고 설명했다. 직원들이 사용하던 객실 역시 전임 총지배인과 나의 전임자 간의 합의로 직원 복지를 위해 제공된 것이고, 이미 2년 이상 사용했기 때문에 갑자기 살 곳이 없다고 했다. 또한 사무실을 회의실로 바꾼 결정도 당시에는 합당한 이유로 이루어진 것이며, 새로운 대표가 올 때마다 전임자의 결정을 번복하면 안 된다는 논리였다.

나는 그들의 말을 들으며 일부 수긍할 만한 점도 있었지만, 내가 가진 데이터와 경험은 그들과 다른 결론을 가리키고 있었다. 직원들의 고용 계약서와 이력서를 꼼꼼히 검토한 결과, 객실에서 생활하는 직원 대부분이 계림 출신으로 호텔에 입사하기 전에는 모두 집에서 출근했던 사람들이었다. 고용 계약서 어디에도 회사가 직원들에게 숙소를 제공해야 한다는 조항은 없었다. 지금까지 중국에서 호텔 인수를 위해 수십 개의 호텔을 검토했지만 현지 직원들을 위해 객실을 제공하거나 하루 세 끼 식사를 제공하는 경우는 들어 본 적이 없었다. 나는 그들에게 이렇게 말했다.

"꼭 필요하다면 서너 개의 객실에 이층 침대를 설치하여 6명 정도가 거주할 수 있도록 제공하겠다. 식사는 근무일 점심식사를 제외하고 즉시 중단하겠다. 호텔의 경영 상황이 매우 어렵고 적자 상태이기 때문에 비용을 최대한 절약해야 한다는 점을 이해해 달라."

나는 더 이상 양보할 수 없었다. 호텔의 생존이 걸려 있는 문제였기 때문이었다.

두 번째로, 지난 3년간의 영업 보고서를 검토한 결과, 컨퍼런스 그룹으로부터 얻은 수입은 정말 미미했다. 그 정도의 수입이라면 굳이 별도의 회의 공간을 만들기 위해 투자할 필요가 없었다. 필요할 경우, 영업 실적이 부진한 중식당의 VIP실이나 이탈리안 레스토랑을 임시로 회의 공간으로 활용할 수 있을 것이라고 설명했다.

마지막으로, 우리 호텔 고객의 대부분은 단체 관광객이었기 때문에, 8개 이상의 객실을 사용하는 그룹의 가이드에게 무료 객실을 제공하고 있었다. 앞으로는 후관 1층의 사무실로 사용하던 공간을 복원해 가이드용 객실로 제공함으로써, 판매 가능한 객실 수를 최대한 확보할 계획이라고 말했다. 나는 언제든지 모든 객실을 판매 가능한 상태로 유지해야 하는 오너의 대표이므로, 객실 70개를 사용할 수 없다면 그만큼 호텔의 가치도 떨어질 수밖에 없음을 강조했다. 이에 불만이 있는 직원은 언제든지 회사를 떠나도 개의치 않겠다고 선언했다.

회의를 마치고 사무실로 돌아와 위 내용을 간추려 총지배인에게 정식 공문을 보냈고, 사본을 싱가포르 쉐라톤 아시아태평양 본부에도 발송했다. 곧 싱가포르 본부의 세일즈 디렉터와 HR 디렉터가 호텔을 방문해 현황을 파악했고, 이러한 비정상적인 상황을 조속히 개선하라고 총지배인에게 권고한 뒤 돌아갔다.

이후 직원들이 사용하던 객실은 회수했지만, Mr. Touma는 내게 계속 불만을 품고 사사건건 부딪혔다. 한 달 내내 영어로 총지배인과 다투다 보니 지칠 대로 지친 어느 날, 나는 그에게 한국 속담에 "절이 싫으면 중이 떠난다"는 말이 있다며, 나는 절(호텔)이고 당신은 중(직원)이니 싫으면 떠나 주었으면 좋겠다고 통보했다. 그리고 즉시 싱가포르 본부에 그의 소환을 요청하며 후임자를 찾아 달라는 편지를 보냈다. 그때서야 그의 태도가 순식간에 달라졌지만, 나는 모른 체하고 계속 밀고 나갔다.

현지 공사업체를 불러 사무실 복구 공사를 맡겼다. 공사 대금은 20%

선금에 나머지 80%는 완공 후 지급하는 조건으로 계약을 체결했고, 첫 거래인 만큼 이익을 최소화해 가능한 한 싸게 공사를 진행하도록 했다. 사무실 복구 공사는 빠르게 진행되었고, 곧 50여 개 객실에 흩어져 있던 각 부서의 임시 사무실을 모두 본래의 통합 사무실로 복귀시켰다. 사무실로 사용했던 객실의 벽에 설치된 빌트인 캐비닛도 모두 철거하고 원래 상태로 복원했다.

이 모든 과정은 결코 쉽지 않았지만, 나는 조직적 반대나 저항이 일어날 틈을 주지 않기 위해 속전속결로 두 달 만에 일을 마무리했다. 때로는 냉정한 결단이 회사의 생존을 위해 반드시 필요하다는 것을 직원들에게 확실히 보여 주었던 것이다.

동시에, 나는 분식된 회계장부를 정상화하는 데 많은 시간을 투자했다. 본사에는 이미 수년간 분식된 재무제표가 보고되어 연결재무제표로 병합된 상태였기 때문에, 현 시점에서 수정이 어렵다는 이유로 내 승인 요청이 거부되었다. 그러나 분식된 숫자를 그대로 둔 채로는 아무리 영업을 잘해도 최소 5년 동안 정상적인 경영 상태를 보여 줄 수 있는 재무제표가 나올 수 없다고 판단했다. 그래서 나는 CFO에게 재무제표를 모두 정상화하라고 지시했다. 실제 숫자를 기준으로 장부를 다시 작성하니, 그동안 흑자로 보고되었던 당기 순이익은 상당한 규모의 손실로 나타났다.

현지 법인의 분식회계는 법인장 혼자만의 의지로 가능한 일이 아니라고 생각한다. 본사의 관리 부재라기보다는, 어떤 이유로 인해 묵시적으로 용인된 동의가 그런 결과를 가져왔다는 점을 밝히고 싶다. 그러나 분식회계가 용인되는 순간부터 현지 법인장과 그 측근을 제외한 누구도 회사의 정확한 숫자를 알 수 없게 된다. 결국 비리가 발생하기 쉬운 환경이 조성되므로, 회사를 경영하거나 재무회계를 담당하는 사람들은 결코 처음부터 분식회계를 용인해서는 안 된다고 강력히 믿는다.

당시 채권단이 대우 그룹에 개입한 상황이었기에, 더 이상 분식회계를 유지해서는 안 된다고 설득하며 나의 뜻대로 모든 장부를 처음부터 투명하게 수정했다.

총지배인 Mr. Touma와의 관계도 점차 개선되기 시작했다. 그에게 떠나라는 통지를 한 이후로, 나는 모든 회의를 직접 주도하기 시작했다. 한 달여 동안 하루에 거의 스무 시간씩 일하는 나의 모습을 가까이에서 지켜본 그는, 처음에는 자신과 갈등의 원인이었던 객실 회수 및 사무실 복구 작업을 내가 전광석화처럼 추진해 가는 과정을 목격하며 서서히 내 진정성과 열정을 신뢰하기 시작했다고 고백했다. 부임한 지 두 달이 조금 넘었을 무렵, 나는 처음으로 그를 저녁 식사에 초대해 밖으로 데리고 나갔다. 그 자리에서 나는 그에게 말했다.

"나는 이 호텔을 살릴 자신이 있다. 나는 지금까지 인생을 살면서 늘 내가 럭키보이라고 믿어 왔다. 당신과 함께라면 반드시 호텔을 다시 살릴 수 있을 것이다."

그의 손을 꽉 잡으며 진심을 전했더니, 그의 눈에 눈물이 고이는 것이 보였다.

곧이어 본사에서 상무님과 기술담당 이사님이 호텔을 방문한다는 소식이 들려왔고, 나는 Mr. Touma와 함께 호텔의 생존을 위한 영업 계획과 리노베이션 계획을 확정하기 위해 밤낮으로 긴밀히 협의했다. 나의 사업계획은 단순하면서도 명확했다. 복잡할 필요가 없었다. 대우 그룹의 위기로 인해 본사의 지원이 불가능한 상황이었기에, 호텔의 생존을 위해 가장 시급한 사항 몇 가지를 우선적으로 추진하기로 결정했다.

첫째는 호텔의 중문 명칭을 즉시 변경하는 것이었다. 대우가 호텔을 인수한 이후 명칭을 Guilin Daewoo Sheraton Hotel, 桂林大宇大飯店(계림대우대반점)으로 바꿨는데, 문제는 한자 명칭이었다. 본래 '桂林大宇喜來登大飯店(계림대우희래등대반점)'이 되어야 했지만, '喜來登(희래등)'이라는 쉐라톤 브랜드명을 사용하지 않았던 것이다. 중국인과 화교들에게 우리 호텔은 쉐라톤이라는 글로벌 브랜드와 전혀 관련이 없어 보였고, 이것은 호텔의 영업 활성화를 위해 큰 장애 요소였다. 나는 호텔 매출 확대를 위해 반드시 중문 명칭을 변경해야 한다고 믿었다.

둘째는 본사가 보유하고 있던 모든 리노베이션 계획을 취소해 달라는 요청이었다. 대신 현지에서 벌어들인 수익으로, 현지 인력을 활용해 가장 시급한 우선순위에 따라 자체적으로 리노베이션을 추진하고자 했다

주요 자본적 지출 대상 사업으로는 호텔 전체의 카펫 교체, 객실 문의 도색 및 책상 재페인트, 객실 내 수도꼭지 재도금, 후관 건물 사무실로 사용했던 객실의 커튼 교체 등이 포함되었다. 이 모든 작업의 자금은 호텔 영업을 통해 확보한 현지 가용 자금 범위 내에서

진행하기로 했다.

  김 상무님과 정 이사님을 만나 위와 같은 사업 계획을 보고했다. 먼저, 호텔의 중문 명칭 변경 건에 대해 김 상무님은 단호히 불가하다고 답하셨다. 이 문제는 이미 김 회장님께 보고된 사항이며, '대우'라는 그룹 이름을 뺄 수는 없다는 것이었다.

  나는 대우라는 이름을 빼자는 것이 아니라, '喜來登(희래등)'이라는 쉐라톤 브랜드명을 추가해야 한다는 점을 적극 강조했다. 쉐라톤에 관리비를 지급하는 목적과 SK가 워커힐 쉐라톤을 SK호텔로 바꿀 수 없는 이유, 서울 힐튼호텔을 서울 대우호텔로 바꿀 수 없는 이유와 같은 사례를 들며 설득했지만, 끝내 승인받지 못했다. 김 상무님이 귀국하시던 날 계림공항에서 다시 한 번 간청했지만, 돌아온 대답은 단호한 "안 돼!"였다.

  호텔로 돌아오는 길에 나는 깊은 고민에 빠졌다. 이 문제가 호텔의 생존과 영업 활성화에 필수적이라는 확신이 들었다. 월급쟁이가 아니라 오너의 입장에서 생각해 본 결과, 나는 과감히 결단을 내렸다.

  호텔로 돌아와 총지배인과 홍보 담당자를 불러 호텔의 중문 명칭을 즉시 '桂林大宇喜來登大飯店(계림대우희래등대반점)'으로 변경하도록 지시했다. 정문 앞 간판부터 교체하도록 했고, 호텔 차량의 로고 변경은 물론, 객실 내에 제공되는 성냥, 볼펜, 메모지 등 신규로 발주하는 모든 물품에 새로운 이름을 적용하도록 했다. 인터넷상 호텔 명칭도 예외가 아니었다.

  둘째, 호텔의 리노베이션 계획은 본사가 지원할 수 없다는 상황을 잘 알고 있었기에 김 상무님께서는 내 요청을 흔쾌히 승낙해 주셨다. 다만, 정 이사님께서는 내가 제시한 계획의 소요 자금이 그의 경험상 예상했던 금액과 큰 차이가 난다고 우려하셨다. 또한 모든 색상, 디자인, 품질 등을 쉐라톤 본사에 승인받아야 하고, 그들이 선정한 공급업체를 통해 진행해야 한다는 점을 다시 한번 상기시켜 주셨다.

나는 그런 원칙을 충분히 이해하지만, 그렇게 할 경우 우리의 자체 자금으로는 아무것도 할 수 없으니, 중국산 자재를 사용하더라도 우선 당장 변화가 필요하다고 강조했다. 사실 호텔의 카펫은 교체 시기를 한참 지나 복도 이음새 사이로 바닥 완충재가 가루처럼 터져 나오고 있었고, 매일 공정부 직원들이 카펫을 꿰매는 상황이었다. 호텔 인수 당시 총지배인이 최우선 교체 대상으로 요청했던 카펫은 지난 3년간 샘플과 견적서만 받아놓은 채 아무런 진행도 없었다. 두 분도 이러한 상황을 충분히 잘 알고 있었기에, 결국 내게 모든 권한을 일임하셨다.

이렇게 해서 호텔의 생존을 위한 첫 번째 실질적인 발걸음을 내딛게 되었다.

가장 시급했던 카펫 교체 작업부터 시작했다. 호텔 리노베이션 공사 중에서도 단일 품목으로 가장 많은 자금이 들어가는 카펫 교체를 우선적으로 진행하는 것은, 호텔의 자금 상황을 고려할 때 쉬운 결정은 아니었다. 그러나 카펫 선정부터 발주, 설치까지 상당한 시간이 소요되기 때문에 봄 성수기 이전에 공사를 마치기 위해서는 당장 결정이 필요했다.

먼저 광서성에 있는 모든 카펫 회사를 초청해 입찰을 진행했다. 발주할 품목(복도, 객실, 식당, 회의실, 공용 면적 등)과 수량을 제시하며 경쟁을 붙였다. 두 회사의 프레젠테이션을 들어 보며 각 회사의 장단점을 파악할 수 있었는데, 그중 한 회사가 특히 내 관심을 끌었다.

그 업체는 쉐라톤의 공식 공급업체인 홍콩의 TAIPING에 카펫을 납품하는 중국 현지 생산업체였다. 정 이사님께서 이미 그들과 접촉하여 객실 카펫 샘플을 구입해 둔 상태였다. 이 회사에 TAIPING 샘플을 보여 주고 견적을 받아 보니, 가격이 TAIPING의 1/3 수준이었다. 설치비까지 포함해도 TAIPING의 1/4 가격에 불과해 깜짝 놀랐다. 가격 협상을 하지 않은 상태에서 이렇게 저렴한 견적이 나올 줄은 상상하지 못했다. 만약 이 업체가 실제 TAIPING에 납품하는 생산 공장이라는 사실만 확인되면 더 이상 고민할 필요가 없다고 판단했다.

나는 즉시 중국 산동성(山東省) 위해(威海)에 있는 그들의 생산 공장을 방문했다. 공장의 회장(董事長)이 직접 나와 공장의 생산 시설과 현장, 전시장을 보여 주며 공장의 역사와 주요 납품처를 소개해 주었다. 특히 홍콩의 TAIPING과의 거래 실적에 대한 내용을 서류와 함께 상세히 설명해 주었고, 믿을 수 있는 업체라는 확신이 들었다. 전시장을 한 번 더 둘러보며 우리 호텔에 적합한 카펫의 문양과 품질을 그 자리에서 결정하고 견적을 받았다. 오전 내내 협상을 통해 10%의 추가 가격 인하를 이끌어 냈고, 회장도 흔쾌히 수락했다.

그런데 모든 협상이 마무리되는 순간, 갑자기 회장이 나에게 "Kick-back(커미션)은 얼마를 드려야 합니까?"라고 물었다. 일반적인 수준이 얼마나 되는지 물어보니 보통 매입 금액의 2.5%라고 했다. 나는 감사의 뜻을 전했지만, 매입 금액에서 그 2.5%를 추가로 깎아 최종 계약을 체결했다.

협상이 끝나고 그들의 점심 식사 초대에 응해 식사와 술을 함께 하던 중 회장은 이렇게 말했다.

"지금까지 수많은 손님들이 공장을 방문했지만, 카펫을 현장에서 결정하고 커미션도 받지 않은 사람은 당신이 유일합니다."

그 말을 들으며 이제 본격적으로 호텔 리노베이션의 첫걸음을 내디뎠다는 뿌듯함을 느꼈다.

첫 성수기인 4월이 오기 전, 나는 대략 150실의 객실 커튼을 교체해야 했다. Room Director인 Ms. Chen에게 기존 객실 커튼과 가장 유사한 패턴의 중국산 원단을 현지 시장에서 찾아보라고 지시했다. 몇 가지 샘플을 본 후, Ms. Chen과 함께 계림 시내 포목상 주인을 만나러 갔다. 당시 중국산 원단은 수입산과 비교할 수 없을 정도로 매우 저렴했다. 나는 우선 샘플을 만들어 우리 객실에 설치해 보라고 주문하며, 한 가지 조건을 달았다. 반드시 원단을 세탁한 후에 커튼을 제작해야 한다는 것이었다.

며칠 후, 객실에 커튼 샘플이 설치되었다는 소식을 듣고 확인하러 갔다. 색상과 패턴은 기존과 약간 차이가 있었지만, 새것이라 그런지 크게 눈에 띄지 않았다. 포목상 주인과 Ms. Chen에게 원단을 세탁해서 제작했는지 확인했더니, 새 제품인데 굳이 세탁할 필요가 있느냐며 세탁하지 않았다고 했다. 나는 원단을 빨면 크기가 줄어들 수 있으니, 이 샘플 커튼을 세탁해서 다시 달아보라고 지시했다. 다음날 Ms. Chen이 급히 내 사무실로 찾아와 말했다.

"사장님 말씀대로 세탁해서 다시 달아보니 크기가 많이 줄었어요. 어떻게 이걸 미리 아셨나요? 정말 놀랍습니다."

나는 빙그레 웃으며 대답하지 않았지만, 사실 내겐 그런 확신이 있었다.

중고등학교 시절, 우리는 까만 교복을 입고 다녔는데 대부분 제일모직의 엘리트 학생복이나 선경의 스마트 학생복을 입었다. 하지만 가정 형편이 어려웠던 나는 시장에서 싸게 파는 교복을 입을 수밖에 없었는데, 그 교복은 세탁하면 염색도 빠졌지만 크기가 엄청나게 줄어들었다. 그래서 부모님은 항상 몸에 맞지 않는 큰 교복을 사 주셨던 기억이 있었다. 중국산 원단도 아마 그럴 것이라 짐작했다. 가난의 경험이 이렇게 유용하게 쓰일 줄은 몰랐다.

쉐라톤 본부에서는 욕실 내 모든 수도꼭지를 교체하길 원했지만, 나는 모든 수도꼭지를 떼어 현지 도금업자에게 맡겨 재도금을 한 후 다시 달았다. 결과는 새것과 다름없이 반짝거렸다. 객실의 문과 책상도 모두 떼어내어 현지 페인트업자 공장에서 새롭게 도색한 뒤 다시 가져와 설치했다. 소파 역시 현지 업체에게 맡겨 중국산 원단으로 천갈이를 하니 새 제품처럼 보였다.

당시 중국 경제는 모든 면에서 낙후되어 있었고, 배급경제에서 시장경제로 전환된 지 얼마 되지 않아 많은 사람들이 일을 찾고 있었으며 경쟁이 치열했다. 이런 배경으로 인해 위와 같은 작업을 하는 비용이 매우 저렴했고, 일을 맡기면 밤새워서라도 해 오는 시절이었다. 나는 중국의 이러한 상황을 잘 이해했고, 그것을 호텔 리노베이션 작업에 적극적으로 활용할 수 있었다.

나는 럭키보이, 만화 같은 기적을 이루다

4월이 다가오기 전부터 호텔 예약이 밀려들기 시작했다. 마케팅 디렉터는 지난 5년 동안 이런 예약은 본 적이 없다며 놀라워했고, 다른 호텔들도 마찬가지 상황이라고 전했다. 계림을 대표하는 호텔이었기에 객실 가격을 즉시 15% 올렸는데도 시장에서 거뜬히 받아들였다. 드디어 성수기인 4월이 되자 엄청난 관광객들이 계림으로 몰려오기 시작했다.

1996년 이후 아시아 금융위기의 여파로 호텔 시장은 오랜 침체기를 겪고 있었지만, 이제는 경제가 살아나기 시작한 듯했다. 또한 그동안 중국인들의 경제적 수준이 여행할 정도로 넉넉하지 못했는데, 광저우와 선전 등 경제적으로 부유한 지역부터 여행 붐이 일어나기 시작한 것이었다.

계림 내 일부 호텔에서는 초과 예약으로 손님들이 방을 찾지 못해 로비에서 농성을 벌이는 일까지 일어났다. 시장실에서도 직접 호텔에 방을 요청하는 일이 잦아졌고, 여행사 직원들이 현금을 들고 와 객실을 달라며 애원하는 일도 흔했다. 마치 만화 속 기적 같은 상황이 현실로 펼쳐지고 있었다. 우리는 결국 표준 객실 요금(Rack Rate)으로까지 가격을 올렸지만 모든 객실이 팔려나갔다.

호텔은 활기를 띠었지만, 그동안 한 번도 이처럼 많은 손님을 받아 본 적이 없었기 때문에 직원들이 절대적으로 부족한 상황이었다. 급히 호텔 직업고등학교에 연락하여 실습 명목으로 학생 150명을 데려왔다. 원래 매년 50명 정도를 실습생으로 받아 1년간 훈련시키곤 했는데, 올해는 상황이 급박해 과감하게 인원을 늘렸다.

실습생들에게 급여를 지급할 필요는 없었고, 학생들도 이를 통해 3학년을 대신할 수 있었기에 서로에게 좋은 기회였다. 계림에는 많은 호텔이 있었지만 우리 호텔은 유일한 5성급 호텔이었기에 학생들이 가장 선호하는 실습장소였다.

하지만 나는 실습생이라도 무급으로 일시키는 것은 옳지 않다고 생각했다. 그들에게서 고등학교 때 취업을 나갔던 내 모습을 보았기 때문이다. 매달 100위안이라도 지급하려 하자 직원들의 반발이 거셌다. 노동조합 위원장은 찾아와 "우리가 일을 가르쳐 주는데 왜 돈을 줘야 하느냐"며 항의했다. 다른 호텔은 이런 돈을 지급하지 않는다고도 했다. 나는 그들에게 지급하는 돈은 노동의 대가가 아니라 교통비 정도이며, 호텔의 호황이 영원히 지속되지 않으니 그들의 도움이 없으면 호텔 운영이 어렵다고 설득했다. 결국 나의 뜻대로 지급이 이루어졌다.

나는 또한 성수기인 4월부터 11월까지 매달 USD 10,000을 따로 떼어 격려금 명목으로 전 직원들에게 똑같이 분배했다. 작은 성의였지만 사회주의 국가에서 살아온 그들에게는 매우 생소한 정책이었다.

내가 부인 지후 70개의 객실을 직원들로부터 회수하는 문제로 직원들과 냉랭한 갈등을 빚었던 기억이 호텔 내 모든 직원들의 머릿속에 생생히 남아있었다. 하지만 몇 개월도 지나지 않아 객실이 부족할 만큼 호텔이 붐빌 줄 누가 상상이나 했겠는가? 이 일을 계기로 직원들이 나를 바라보는 시각이 완전히 바뀌기 시작했고, 나는 더욱 자신 있게 호텔 전 분야의 개혁을 추진할 수 있었다.

이 모든 과정을 Mr. Touma는 나와 함께하며 매우 만족해했다. 그러나 갑작스럽게 쉐라톤 싱가폴 본부에서 그를 중국 요녕성(遼寧省) 심양(瀋陽)의 쉐라톤 호텔 총지배인으로 이동 발령을 내렸다. 그는 싱가폴 본부에 연락해 나와의 관계가 회복되어 모든 상황이 좋아졌으니 떠나지 않겠다고 요청했지만, 이미 결정된 사항을 되돌릴 수는 없었다.

그는 결국 6월에 우리 호텔을 떠나게 되었다. 나와 그가 함께 일한 기간은 불과 7개월에 지나지 않았지만, 25년이 지난 지금까지도 우리는 마치 형제처럼 끈끈한 관계를 유지하고 있다.

이후 나는 새로운 총지배인을 선발하기 위해 싱가폴 본부에서 보내준 세 명의 후보자들과 면접을 진행했다. 그러나 그 누구도 나의 마음에 차지 않아 모두 거절했다. 결국 싱가폴 본부에서는 더 이상 후보자를 보내지 않았고, 사실상 "너 혼자서 잘 할 수 있으면 해 보라"는 뜻을 내비친 것이었다.

Mr. Akram Touma가 떠난 후, 나는 호텔 내 유일한 서양인이었던 총주방장 Mr. Dominiq Bonnel을 중용하게 되었다. 그는 프랑스 출신의 뛰어난 요리사로, 인도네시아 출신의 아내와 어린 아들이 있었다. 중국어가 유창했고 직원들과도 매우 좋은 관계를 유지하고 있어, 나는 늘 그를 신뢰하며 사업에 대한 고민을 나누곤 했다. 그에게 열심히 일하면 쉐라톤 본부에 총지배인으로 추천하겠다고 약속한 적도 있었다. 1년 후 나는 그와의 약속을 지키기 위해 쉐라톤 본부에 정식으로 그의 총지배인 임명을 요청했으나, 본부에서는 총주방장 이상의 경력이 없는 그를 임명하는 것을 거절했다.

Mr. Bonnel과 함께 일하며 나는 식음료 부문의 개선이 호텔 운영에 얼마나 중요한지 깨닫게 되었다. 그는 구매 과정에서 상당한 비리가 있는 것 같다고 내게 말했지만, 정확한 문제의 본질을 짚어 주지는 못했다. 그러던 중 어느 날부터 직원들로부터 격려의 편지와 함께 익명의 투서가 날아오기 시작했다. 그 투서의 주요 내용은 호텔에서 사용되는 고기, 생선, 과일 등의 식재료를 실제 존재하지도 않는 개인들에게 터무니없이 비싼 가격으로 구매하고 있다는 것이었다.

노조위원장은 중국인 부사장과 관계가 좋지 않았지만, 부사장이 회사 내 공산당 서기였기 때문에 마지못해 그를 따르고 있었다. 나는 노조위원장을 불러 현지 시장에서 판매되는 식재료 목록을 주며, 극비리에 다른 4성급 호텔의 노조위원장을 통해 그들의 구매단가를 조사해 달라고 부탁했다. 세 호텔에서 얻은 구매 단가를 우리 호텔과 비교해 보니 엄청난 차이가 났다.

나는 서두르지 않고 차분히 다음날 부서장 회의를 소집했다. 그 자리에서 다른 호텔들의 구매 단가와 우리 호텔의 단가를 비교한 표를 나눠 주며 말했다.

"나는 한국인이어서 잘 모르겠지만, 여기 사는 여러분은 시장 가격을 잘 알지 않습니까? 우리가 특급호텔인 것을 감안해도 이 단가는 너무 과하게 비싼 것 같은데, 어떻게 생각하십니까?"

구매부장은 우리가 쉐라톤 호텔이기에 품질 좋은 식자재를 사용하는 것이라며 변명했지만, 참석한 다른 부서장들은 크게 놀라는 모습이었다.

회의가 끝난 후, 노조위원장이 내게 찾아왔다. 그는 내가 제시한 구매 단가표가 부서마다 돌고 있고, 특히 구매부에 대한 비난이 거세게 일어나고 있다고 알려 주었다. 그리고 그는 슬쩍 내게 누가 이 먹이사슬에 연루되어 있고, 그 정점에 누가 있는지 암시하며 떠났다. 그 순간 나는 이 문제의 본질을 더욱 깊이 조사해야겠다고 결심했다.

익명의 투서 내용대로 식품 구매 영수증을 복사해 그곳에 적힌 매출처가 실제 존재하는지 확인하게 했다. 보고서에 따르면 역시나 그 매출처들은 실제 시장에 존재하지 않는 것으로 나타났다. 다음날 아침 회의를 마친 후, 나는 모든 부서장들을 호텔 버스에 태워 계림 시장으로 향했다. 그리고 구매부장에게 우리가 가장 많이 거래하는 내 출처 목록을 보여 주며 직접 안내하라고 했다. 그는 몹시 당황하며 안절부절못했고, 다른 부서장들은 이미 알고 있었는지 서로 수군거렸다.

시장에 도착해 나는 큰 소리로 물었다.

"왜 상점도 없는 곳에서 이렇게 많은 물건을 구매했습니까?"

호텔로 돌아온 후, 구매부장이 내 사무실을 찾아와 말했다.

"저는 그저 시키는 대로 했을 뿐입니다. 모든 지시는 부사장으로부터 받았고, 원하시면 지금 사표를 내겠습니다."

나는 그에게 아직 할 일이 남았으니 당장 납품업자를 데려오라고 지시했다.

그날 오후 4시쯤, 구매부장은 문제의 납품업자를 내 사무실로 데려왔다. 납품업자는 살기 어린 눈빛으로 나를 바라보며 '나는 너희들이 원하는 대로 했을 뿐인데 왜 귀찮게 구느냐'는 식으로 강한 태도를 보였다. 니는 그에게 누가 소개해 상점도 없이 이런 장사를 했는지 묻자 그는 답하지 않았다. 나는 그날 즉시 그와의 거래를 끊고, 호텔 근처에도 얼씬도 하지 말라고 강하게 경고하며 내보냈다.

그날 저녁, 그 납품업자가 내 사무실로 전화를 걸어 협박을 해 왔다. 그는 내게 "아이들을 조심하라"며 "네 배에 칼이 안 들어갈 줄 아느냐"고 위협했다. 나는 즉시 알고 지내던 계림시 공안국(公安局)의 하처장(何处长)에게 연락했고, 그 납품업자는 광주(廣州)로 도망치던 도중 공안국에 의해 사흘 만에 붙잡혔다.

나는 부사장에게 이 사건에 대해 아무 말도 하지 않았다. 그도 이미 모든 내막을 알고 있을 것이기 때문이었다. 대신 나는 구매부장을 공정부로 이동시키고, 그 자리에는 검수과장을 임명하여 호텔의 모든 구매 절차를 철저히 개선했다.

구매 절차를 개선하기 위해서는 엄격한 검수 절차와 창고 관리가 사전에 확립되어야 하며, 이를 관리하는 사람들 간의 이해 충돌이 없어야 한다는 것은 상식이다. 하지만 이를 명확히 구분하여 조직을 관리하는 것은 현실적으로 매우 어려운 일이었다.

앞서 Delmonte 주스의 구매 가격이 다른 호텔에 비해 지나치게 높았던 점을 지적하자, 곧바로 정상적인 수준으로 조정이 되었다. 그러나 며칠 후 확인한 결과, 구매한 주스의 유효기간이 불과 10여 일밖에 남지 않았다는 사실을 발견했다. 이것은 사소해 보이지만, 관리자가 지속적인 관심을 갖지 않으면 쉽게 놓칠 수 있는 문제였다.

식품 창고를 점검하던 중, 호텔 개업 당시 구매했던 식재료가 아직도 그대로 사용되고 있다는 사실을 알게 되었다. 구매 부서와 창고 관리자가 식재료의 유효기간 관리에 전혀 관심을 두지 않았다는 증거였다. 나는 이러한 재료들을 모두 모아 직원들이 보는 앞에서 전부 태워버렸다. 또한 이후로는 매일 창고를 방문하여 담당 직원들이 창고 관리 업무에 대한 나의 높은 관심을 명확히 인지하도록 했다.

그 결과 창고 관리와 구매 절차의 투명성과 효율성이 점차 높아지기 시작했다. 이 과정을 통해 나는 관리자의 꾸준한 관심과 책임감이 조직 내에서 얼마나 큰 변화를 만들어 낼 수 있는지 다시 한번 깨닫게 되었다.

한편, 매월 1일이면 나는 한국의 옛 새마을 운동을 떠올리며 직원들에게 자원봉사를 신청받아 이른 아침 7시에 주요 광장이나 거리로 나가 함께 청소를 했다. 우리의 이러한 작은 봉사는 광서성 뉴스에 미담으로 소개되기도 했다.

또한 아침 뷔페에서 남은 음식은 쉐라톤 규정상 반드시 잔반 처리해야 했지만, 나는 많은 양의 음식이 그냥 버려지는 것이 마음에 걸렸다. 그래서 총지배인이 부임하기 전까지 나의 직권으로 남은 음식

들을 따로 모아 정기적으로 고아원에 보내기도 했다. 비록 작은 도움일지라도 그 아이들이 따뜻한 식사를 할 수 있다는 생각에 나 스스로도 마음이 편안해졌다.

또한 지역의 중·고등학생들에게 장학금을 지원했는데, 그 아이들의 눈빛에서 희망과 열정을 볼 때면 나 역시 큰 보람을 느꼈다. 이러한 소규모 봉사 활동들은 호텔의 이미지를 개선하는 데에도 긍정적인 영향을 주었고, 많은 언론과 방송 매체들이 우리 호텔을 취재해 가는 계기가 되었다.

7월 영업이 끝난 후, 호텔의 매출은 이미 전년도 1년 동안의 연매출을 초과했다. 호텔의 오랜 숙원사업이었던 카펫 교체와 객실 리노베이션 작업도 순조롭게 마무리되었고, 최초로 500개 객실을 모두 운영할 수 있는 정상적인 상태가 되었다. 그 결과, 그해 연간 매출은 1987년 호텔 개업 이후 처음으로 흑자를 달성하는 쾌거를 이루었다.

이러한 성과로 우리 호텔은 광서성 정부로부터 최우수 선진기업상을 수상했으며, 이듬해에는 광서성 정부의 추천으로 중국 국무원이 선정한 전국 200대 선진기업상까지 받게 되었다. 당시 광서성에서는 정부가 운영하는 공항과 일반 제조기업 한 곳, 그리고 우리 호텔만이 이 상을 수상했다.

쉐라톤 호텔의 모회사인 Starwood Group은 매년 전 세계 소속 호텔들의 운영 성과를 5가지 분야로 나누어 평가한 후 상을 수여했는데, 우리 호텔은 그해 'Most Progress Hotel' 분야에서 5개의 호텔 중 하나로 선정되었으며, 'Room Generated Index' 분야에서도 5개 우수 호텔 중 하나로 선정되는 영예를 누렸다. 이렇게 우리는 호텔 역사상 최고의 한 해를 맞이하게 되었다.

대우그룹의 해체, 나의 새로운 도전

안타깝게도 대우그룹은 몰락의 길로 빠르게 접어들고 있었다. 1999년 8월, 대우그룹은 워크아웃에 들어갔고, 결국 11월에는 김우중 회장이 경영권을 내려놓고 그룹을 떠나게 되었다. 채권단의 압력과 강도 높은 구조조정으로 인해 많은 동료들이 회사를 떠나는 소식이 계속 들려왔다. 해외 법인에도 여파가 미쳐 급여 삭감과 경비 절감이 이어졌고, 주재원으로서의 자부심과 대우 역시 예전 같지 않았다.

2000년이 되자 호텔 영업은 비수기였음에도 뚜렷하게 호전되고 있었다. 자금 흐름이 안정되자 나는 호텔 개선 사업을 지속적으로 추진했고, 4월에서 6월까지의 준성수기에는 방이 부족할 정도로 폭발적인 매출 성장을 보였다.

그러나 그런 와중이던 5월 말, 김 상무님으로부터 전화가 걸려 왔다. 그는 대우에서의 25년을 마감하고 한화건설의 대표이사로 옮기게 되었다고 알리며, 대우그룹이 생존을 위해 팔 수 있는 모든 자산을 매각해야 하는 상황이라고 설명했다. 이어서 "곧 호텔도 매각될 것이고, 그때까지 너는 호텔을 떠나지 마라. 네가 거기 있어야 호텔을 제값 받을 수 있다"고 당부하고 전화를 끊었다.

나는 그를 10년 동안 보스로 모시며 많은 것을 배우고 따랐다. 그가 바라는 일을 누구보다 성실히 수행했다고 자부하지만, 결국 그에게 나는 한결같이 목표를 향해 나아가는 이들 중의 한 조각일 뿐이었다. 그의 기대에 맞추어 걸어왔지만, 그 길 위에서 따뜻한 시선이나 인간적인 애정을 느낄 수는 없었다. 나의 헌신이 단순한 퍼즐 조각처럼 자리했을 뿐, 온전한 관계로 계속 이어지지 못한 아쉬움이 남는다. 그는 훗날 한화건설 부회장으로 은퇴했다.

김 상무님이 대우를 떠난 그날 저녁, 나는 혼자 사무실에 남아 불을 꺼둔 채 깊은 생각에 빠졌다. 오랜 고민 끝에 자정이 되기 전 사표를 써서 본사로 팩스를 보낸 후, 무거운 마음으로 집으로 돌아갔다. 이제는 나의 길을 갈 때가 왔다고 확신했다.

계림쉐라톤호텔에서 주요행사후 직원들과의 합영

2000년 7월 31일, 나는 모든 열정을 바쳐 일했던 계림대우쉐라톤 호텔을 떠나 귀국하게 되었다. 호텔 직원들이 모두 나와 눈물로 배웅해 주었고, 나 역시 눈물을 참지 못했다. 공항까지 가족과 직원들이 함께 탄 버스 안에서 내내 눈물이 멈추지 않았다. 나중에 큰 딸 수진이의 일기장에는 그날 계림을 떠나던 날의 기록이 남아 있었다. 직원들과 아빠가 공항까지 가는 동안 계속 울었다는 내용이었다.

 귀국한 후 아내에게 3개월 정도 휴식을 취한 뒤 북경으로 돌아가 무역업을 시작할 계획을 밝혔다. 아내는 역시나 반대하지 않고 "더 늦기 전에 하고 싶은 일을 해 보는 것이 좋겠다"고 오히려 격려해 주었다. 중국 학교에서 2학년과 1학년을 마친 두 딸을 서울의 창서초등학교로 전학시키고 나서, 나는 생애 처음으로 제대로 된 휴식을 취할 수 있었다.

 그러던 어느 날, 학교에서 돌아온 둘째 딸 수연이가 나를 보며 물었다.

 "아빠, 왜 집에서 놀고 있어? 친구들 데려오기가 창피하잖아!"

 순간 당황해서 "노는 게 아니라 잠깐 쉬는 거야"라고 설명했지만, 수연이는 낮에는 집에 있지 말아 달라고 부탁했다. 어릴 적 아버지의 모습이 떠올라 그 심정을 바로 이해할 수 있었다. 그날 이후부터는 오전에 집을 나서 밤이 되어야 집으로 돌아오는 생활을 반복했다.

 퇴직금을 받고 보니 약 6,600만 원이었다. 신용카드가 얼마 전 만료되어 다시 발급받으려고 신청했지만 거절되었다. 집 근처 신촌 현대백화점에서도 직업이 없다는 이유로 카드 발급을 거부했다. 오랜만에 한국에 돌아와 선후배들을 만났지만, IMF 위기의 여파로 내가 해고당한 것으로 여기고 위로하려는 모습을 보면서 착잡함을 느꼈다.

서울의 하늘은 예전과 다를 바 없었지만, 세상은 너무나 달라져 있었다. 나는 그런 현실을 조금씩 받아들이며 다시 한번 새로운 출발을 준비해야 했다.

가족의 행복과 나의 꿈 사이에서의 갈림길

그렇게 아이들의 눈치를 보며 집에서 쉬고 있던 어느 날, 대우에서 같은 부서에서 일했던 고강 부장님에게 연락이 왔다. 고 부장님은 내가 가장 존경하는 선배이자, 늘 진심 어린 조언을 해 주던 형님 같은 존재였다. 그는 나에게 자신도 대우를 떠나기로 결정했으며, Morgan Stanley 서울 지점의 Vice President로 자리를 옮기게 되었다고 말했다. 축하를 전해야 마땅했지만, 그 순간 회사의 미래가 더 걱정되었다. 유능한 인재들이 계속 떠난다면 회사는 앞으로 어떻게 될까 하는 생각에 마음이 복잡했다.

고 선배는 Lone Star Advisors Korea라는 미국계 투자회사에서 임원급 인물을 찾고 있다며, 내가 그곳을 한 번 만나 보라고 조언했다. 그러나 나는 망설였다.

"이제는 남을 위해 일하지 않고 내 사업을 하고 싶어요. 중국에 가서 인생을 걸어 보려 합니다."

내 계획을 솔직하게 말했지만, 그는 내게 이렇게 말했다.

"네가 잘 알겠지만 지금 경제가 말이 아니잖아. Lone Star에 가면 연봉으로 20만에서 30만 달러 정도 받을 수 있을 거야. 어차피 지금 휴식 중이니 몸값이라도 한번 알아보는 건 어떨까? 나중에 결정하면 되니까 말이야."

오후에 딱히 갈 곳이 없던 나는 고 선배의 권유에 따라 Lone Star의 사무실로 향했다. 그곳에서 Steve 대표와 Patel 사장을 만났고, 일주일 후에는 Steven Lee 한국 책임자와 최종 인터뷰를 진행했다. 한 시간 가까이 영어로 진행된 인터뷰의 끝자락에서, 그는 내게 마지막 질문을 던졌다.

"당신의 직장 생활에서 가장 중요하게 생각하는 가치는 무엇입니까?"

나는 조금의 망설임도 없이 대답했다.

"Fair treatment in Fair competition, and Fair competition in Fair treatment."

훗날 Steven Lee는 모든 한국 직원들에게 이 질문을 던졌지만, 이렇게 대답한 사람은 오직 나뿐이었다며 자주 웃곤 했다. 며칠 뒤 Lone Star의 HR Manager로부터 전화를 받았다. 고용 계약을 체결하러 사무실로 나오라는 연락이었다. 꼭 다니려는 마음으로 인터뷰를 본 것은 아니었기에, 실제 제안을 받고 보니 오히려 생각할 시간이 더 필요했다.

나는 다시 한번 내 인생의 방향을 고민하기 시작했다. 광화문에 있는 Morgan Stanley 사무실을 찾아가 고 선배의 조언을 구했다. 비록 쉰 지 얼마 되지 않았지만, 이미 세상은 빠르게 변하고 있었다. 지난 10년간 중국 사업에 전념하며 그곳에서 가능성을 몸소 체험한 나로서는, 눈앞의 돈과 안정이라는 조건만으로 오랜 꿈과 도전을 쉽게 포기하기가 어려웠다. 고 선배는 미국 투자회사의 시스템과 투자 메커니즘을 배우며 몇 년 경험을 쌓은 후에 내 사업을 시작해도 늦지 않을 것이라고 조언했지만, 그 말만으로 결단을 내리기는 쉽지 않았다.

북경과 계림에서 유치원과 초등학교를 다니다 한국으로 돌아온 두 딸은 이미 한국 학교생활과 친구들에게 푹 빠져 있었다. 결혼 후 대부분의 시간을 중국에서 보낸 아내 역시 오랜만에 한국에서 가족과 친구들과 함께하는 생활에 행복해했다. 이미 답을 알고 있었지만, 나는 아내에게 Lone Star에서 제안받은 연봉과 조건을 얘기했다. 아내는 환하게 웃으며 서울에서 좀 더 살고 싶다는 본심을 드러냈다. 북경으로 다시 돌아가 살자는 말에 아이들은 단호하게 "절대 안 가요! 할아버지 집에서 지낼 테니 엄마 아빠만 가세요"라고 강력히 반발했다.

가족의 행복과 내 꿈 사이에서 깊이 갈등했지만, 결국 나는 가족의 의견을 존중하면서도 내 꿈을 완전히 포기하지 않는 나만의 길을 찾기로 마음먹었다. 그렇게 새로운 선택 앞에 다시 서게 되었다.

3장

급변하는 세계경제 속에 대륙을 넘나드는 거침없는 도전

론스타 코리아에서의 새로운 출발

　2000년 9월 25일, 나는 론스타 어드바이저스 코리아(Lone Star Advisors Korea Ltd.)에 이사로 입사했다. 본래 석 달 정도 쉬려고 마음먹었지만, 두 달 만에 새로운 회사로 출근하게 된 것이다.

　론스타 어드바이저스 코리아는 미국 텍사스주 달라스(Dallas)에 본사를 둔 사모펀드인 론스타 펀드(Lone Star Funds)의 한국 지사였다. 이 회사는 1998년 한국에서 투자 활동을 시작해 시장에서의 가능성을 확인한 후, 1999년 초 정식으로 법인을 설립했다. 내가 입사했을 당시 이미 직원 수가 150명을 넘는, 외국계 투자회사로서는 상당히 큰 규모의 회사였고, 투자 규모 역시 당시 다른 주요 외국계 투자회사들보다 서너 배 이상 많았다. 론스타는 국내에 진출한 미국계 투자회사 중 단연 최대 규모였다.

이 회사는 부실채권(NPL)과 부동산 투자를 주요 사업으로 삼고 있었는데, 자매회사로 허드슨 어드바이저스 코리아(Hudson Advisors Korea) 법인과 스타 프로퍼티 매니지먼트(Star Property Management Ltd.: SPM)를 함께 운영했다. 이 두 회사는 론스타가 자산을 매입하면, 매입한 자산을 직접 운영·관리하는 자산관리 전문 회사들이었다. 내부적으로는 이 세 회사가 사실상 하나의 조직처럼 움직였고, 직원 대부분은 허드슨과 SPM 소속이었지만, 나는 임원으로서 세 회사의 명함을 모두 사용하며 업무를 수행했다.

론스타 코리아는 이후 한국에서 큰 규모의 투자 활동을 펼쳤다. 외환은행을 인수한 것을 비롯하여 강남파이낸스빌딩, 극동건설, 조흥은행 리스회사, 외환카드 등 다수의 굵직한 자산과 회사를 인수했고, 이를 통해 큰 수익을 올리며 언론과 사회의 주목을 받았다. 그러나 동시에 논란과 법적 분쟁에 휘말리면서 결국 2016년 한국에서 완전히 철수하게 되었다.

지금도 많은 사람들은 론스타를 부정한 기업으로 인식한다는 사실을 잘 알고 있다. 하지만 나는 론스타의 임원으로서 많은 투자 프로젝트에 직접 참여했던 당사자로서, 론스타가 자산을 취득하고 투자하는 모든 과정, 즉 자산의 발굴, 자금 조달, 투자 실행과 관리, 그리고 최종 자산 회수까지 매우 공정하고 투명한 절차로 이루어졌다고 자신 있게 말할 수 있다. 문제가 될 만한 부분은 거의 없었으며, 굳이 문제를 꼽는다면 보다 투명하고 공개적으로 운영되는 미국식 경영방식이 아닌, 다소 폐쇄적이고 은밀한 경영 스타일이 오해와 논란을 키운 주된 원인이었다고 본다. 결국, 이러한 오해와 갈등으로 인해 피해를 입은 것은 론스타뿐만 아니라 한국 국민들도 마찬가지였다는 점에서 안타까움을 느낀다.

입사 첫날 사무실로 출근해 보니, 모든 사무 환경이 매우 쾌적하고 세련되었다는 인상을 받았다. 전에 근무했던 한국 회사들과는 확실히 다른 분위기였다. 미국 회사다운 탁 트인 사무실과 세련된 인테리어, 고급스러운 집기들이 일하는 사람으로 하여금 업무에 더욱 몰입할 수 있는 환경을 만들어 주었다.

나를 인터뷰했던 Steven Lee와 Steve Cha 대표는 그동안 내가 대우에서 수행한 호텔 인수 및 운영 경험을 높이 평가하며, 앞으로 론스타가 한국 내 주요 오피스 빌딩 투자를 본격적으로 확대할 예정이니 이 분야에 집중해 줄 것을 요청했다.

입사 직후, 주식회사 대우에서 함께 근무했던 유회원 상무님이 리먼 브라더스(Lehman Brothers)에서 론스타 전무로 옮겨 오셨다. 회사에서는 우리가 대우 출신이라는 점을 감안하여 함께 일하도록 배려해 주었다.

유 상무님은 대우 해외투자사업실의 같은 소속이었으며, 미국 법인에서도 오래 근무하셨기에 나는 그분을 잘 알고 있었다. 사실 그분이 리먼 브라더스에 계실 때도 나에게 함께 일하자는 제안을 하셨던 터라, 나는 이번에 그와 함께 일하게 된 것을 진심으로 기쁘게 생각했다. 이렇게 새로운 회사에서 새로운 인연과 도전이 또 한 번 시작되었다.

사라질 뻔한 공장, 되살린 희망

나는 당장 오피스 건물을 매입할 계획이 없었기 때문에 주식회사 쌍용으로부터 매입한 구조조정 자산을 처분하는 업무로 론스타에서의 첫발을 내디뎠다. 그중 아산에 위치한 쌍용 ALC(초경량 콘크리트) 공장은 여러 어려운 여건 속에서도 원래 사업 주인들에게 돌려준 보람찬 사례로 기억된다.

이 공장은 쌍용건설이 약 500억 원을 투자해 건립했지만, 제품의 시장 진입이 계획보다 크게 지연되던 중 IMF 사태를 맞아 더 이상 금융 부담을 견디지 못하고 론스타에 헐값으로 매각한 사업장이었다. 매도 조건에는 '임대 후 재매입(Lease and Buy Back)' 조항이 포함되어 있어, 쌍용건설이 이 공장을 매각할 때 얼마나 아쉬웠을지를 짐작할 수 있었다. 그러나 약정된 임대 기간이 지나자 쌍용건설은 재매입 조건을 포기했고, 결국 공장은 폐쇄될 위기에 처했다.

나는 담당 임원으로서 공장 폐쇄를 앞두고 직접 시설 점검과 폐업 확인을 위해 공장을 방문했다. 그전에도 여러 번 공장을 둘러보았기에 그곳에서 일하던 근로자들이 대부분 30대에서 50대 초반이며, 250명 정도라는 사실을 알고 있었다. 내가 공장을 폐쇄하면 그들은 어떻게 될까? 대부분 일자리를 잃을 수밖에 없는 현실을 잘 알고 있었기에, 착잡한 마음으로 공장을 찾았다.

그러나 공장에서는 놀라운 일이 벌어지고 있었다. 모든 직원들이 내일이면 문을 닫을 공장을 위해 페인트를 칠하고, 청소를 하며, 마치 학창 시절 장학사가 방문하면 대청소를 하던 그때의 모습이 내 눈

앞에 펼쳐지고 있었다.

유광열 본부장과 공장장이 나를 기다리고 있었다. 그들은 시간을 조금만 더 달라고 간곡히 부탁했다. 임대료는 물론, 직접 자금을 마련해 공장을 매입하겠다는 것이었다. 쌍용건설은 이미 이 사업에서 손을 뗐기 때문에, 그들은 모두 일자리를 잃게 되는 절박한 순간에 나에게 구원의 손길을 기대하고 있었다. 내일부터 닫힐 공장이지만, 곧 다시 모여 공장을 재가동하겠다고 모두가 나와 함께 마지막 청소를 하고 있었다.

공장을 둘러보며 근로자들의 모습을 다시 한번 바라보니 거기에 나의 옛 모습이 겹쳐 보였다. 그들이 실직을 하게 된다면, 그들의 가정에 있는 아이들은 어떻게 될까 하는 생각이 가슴을 흔들었다. 합심해서 공장을 살려 보겠다는 그들의 확고한 의지를 내 손으로 꺾을 수 없었다.

나는 유광열 본부장과 회의실로 들어가 그의 구체적인 사업 계획과 요청 사항을 들은 후 서울로 돌아왔다. 론스타는 큰 회사였고 막대한 수익을 내는 회사였다. 나는 공교롭게도 이 미국 회사의 임원으로 일하고 있었지만, IMF 사태의 한가운데에서 살기 위해 절규하는 우리 근로자들의 비극을 외면할 수 없었다.

내부의 반대가 컸지만, 같은 임원이자 ROTC 선배였던 유득상 상무님의 지원을 받아 결국 나는 그들이 공장으로 돌아와 다시 일을 할 수 있게 해 주었다. 유광열 전무는 쌍용에서 나와 내가 론스타를 떠난 후, 유득상 선배의 많은 지원과 협조를 받아 이 공장을 결국 인수했고, 현재는 회장으로서 크게 성공하고 있다. 그들의 성공을 보며 나는 깊은 보람을 느낀다.

강남파이낸스센터 인수, 협상의 마무리 그리고 묘한 기분

론스타에서 근무하는 동안 나는 서울 시내 주요 지역에 위치한 여러 오피스 건물을 매입했다. 여의도에 있는 동양증권 사옥, SK증권 사옥, 명동의 청방빌딩, 그리고 역삼동의 강남파이낸스 빌딩이 내가 매입한 건물들이었다. 특히 강남파이낸스 빌딩은 당시 국내에서 가장 높은 임대료를 자랑하는 오피스 빌딩으로 자리 잡았으며, 지금까지도 국내 최대 규모의 업무용 건물로 유명하다. 이 건물은 약 90% 완공 상태에서 매입하여 완공과 임대까지 성공적으로 마무리한 경험이 있어 여기에 소개하고자 한다.

이 건물은 원래 현대그룹의 사옥으로 건축 중이었으나 소유주가 현대산업으로 변경되었다. 그러나 IMF 사태로 인해 금융 비용이 급증하고 건설 경기가 침체되면서 현대산업은 더 이상 프로젝트를 지탱할 여력이 없어 결국 매각을 결정하게 되었다. Morgan Stanley와 매매 계약을 체결했지만, 그들은 1년이 넘도록 계약을 완결하지 못했고, 이로 인해 현대산업의 신용도는 점점 악화되었다. 결국 Morgan Stanley와의 계약 종료일이 지나자 현대산업은 Steven Lee 대표에게 론스타의 매입을 간청하며 도움을 요청했다.

당시 나는 이미 여의도의 건물들을 성공적으로 매입한 경험이 있었기 때문에 Steven Lee 대표는 나에게 전화를 걸어 현대산업의

2001년에 완공한 강남파이낸스센터 당시의 전경

대표와 만나자고 제안했다. 우리는 삼성동 인터컨티넨탈 호텔에서 만나 강남파이낸스 빌딩 매입에 대해 논의했다. Steven Lee 대표는 나에게, "Mr. Yim, 우리는 Morgan Stanley와 다릅니다. 우리는 자금도 있고, 당신도 함께하니 이 건물을 매입하지 않을 이유가 없습니다"라고 말했다. 또한 한 달 안에 매입이 완료되지 않으면 조용히 포기하자는 생각도 알려 주었다. 이 말은 나에게 큰 신뢰와 책임감을 느끼게 했다.

그날 오후 나는 남산 하얏트 호텔에서 이치삼 상무를 만나 매입 금액과 조건을 제시할 수 있도록 필요한 정보를 요청했다. 그리고 2주 안에 매입 가격을 제시할 수 있도록 최대한 협조해 달라고 부탁했다. 이 상무는 첫인상부터 '현대맨'이라는 것을 알 수 있을 정도로 강직하고 꼼꼼한 인상을 주었다.

이후 유회원 사장님이 미국에서 돌아와 인수팀에 합류했지만, 그는 사업 리스크가 크다는 이유로 반대 의견을 내셨다. 그러나 테헤란로에 열 개의 건물을 매입하는 것이 투자 원칙에 부합한다는 포트폴리오 이론을 고수하시던 유회원 사장님도, 본사와 Steven Lee 대표의 강력한 의지를 이해한 후에는 적극적으로 협력해 주셨다.

현대산업의 입장과 기밀 유지를 최우선으로 고려하였기에 나는 직원 누구에게도 이 사업에 대해서 알리지 않았다. 소공동 웨스틴 조선호텔에 방을 얻어 놓고 그곳에서 Steven Lee 대표님과 유 사장님을 만나 협의했고, 모든 자료는 호텔에 두고 그곳에서 실무 작업을 진행했다. 회사에서는 우리 셋만 알기로 하였기에 철저히 비밀을 유지하도록 각별히 주의했다. 회사 직원들은 열심히 일하던 내가 아침에 출근하면 오후 늦게 나타나는 날이 반복되자 무슨 일이 있냐고 걱정하는 이들도 있었지만, 끝까지 함구했다.

미국 텍사스주 달라스(Dallas) 본사와의 잦은 Conference Call 을 통해 우리는 최종 매입 승인을 받을 수 있었고, 매입가를 확정한 후 계약서를 들고 이 상무를 만나러 가는 날이 되었다. 통상적으로 이렇게 큰 계약들은 MOU를 먼저 체결하고 본 계약을 체결하지만, 우리는 이러한 과정 없이 바로 계약서를 제시하기로 했다. 만약 그들이 우리의 조건을 받아들이지 않으면 우리는 미련 없이 포기하기로 결정했다.

계약서를 들고 이 상무를 만난 것은 오후 네 시가 넘었을 때라고 기억한다. 그가 하루 종일 애타게 계약서를 기다리고 있었으며, 아니 정확히는 매입 금액이 얼마인지 궁금해하고 있다는 것을 나는 시시각각 느낄 수 있었다. 왜냐하면 그의 조바심 때문에 전화기를 계속 내려놓지 못했기 때문이다.

계약서를 쥔 그의 손에서 약간의 떨림을 느낄 수 있었다. 그리고 우리가 제시한 매입금액을 찾으려고 계약서를 뒤적이는 그의 모습을 떠올리며 호텔로 돌아왔다. 우리 역시 내심 조급하기는 마찬가지였다. 유 사장님께서 연신 전화를 걸어왔고, 나는 대략적인 상황을 보고드렸다. Steven Lee 대표님은 내 느낌이 중요하다며, 이 상무의 표정이 어땠는지 물었다. 나는 긍정적으로 답했고, 제시된 가격이 받아들여질 가능성을 90% 정도로 예상한다고 말씀드렸다. 거의 한 달 가까이 혼자 야근을 하며 지쳤던 터라, 오늘은 집에 일찍 들어가 쉬어야겠다고 말하며 귀가했다. 아이들이 잠든 시간에만 출퇴근하던 아빠가 일찍 집에 들어오자, 온 가족이 싱글벙글하며 좋아했다.

다음 날 출근하자, 아침부터 두 대표님이 간밤에 현대산업 쪽에서 연락이 없었는지 조바심을 내고 있었다. 그들은 내게 먼저 전화를 걸어 보라고 재촉했지만, 나는 우리가 먼저 연락해서는 안 된다며 버텼다. 오전 열한 시쯤 되자 이 상무로부터 전화가 걸려 왔다. 그는 Hyatt Hotel에서 현대산업의 이방주 사장님과 함께 Steven Lee 대표님을 만나자고 제안했다.

오후에 Hyatt Hotel의 Business Center에 예약된 회의실에서 네 명이 만났다. 이 사장님의 길고 장황한 설명은 결국 매입 가격을 400억 원 정도 더 올려 달라는 요구로 이어졌다. 하지만 우리는 이미 Morgan Stanley가 얼마에 계약했었는지 알고 있었고, 그보다 더 높은 가격을 제시했기 때문에 터무니없는 요구라고 생각하며 자리를 떠났다. Steven Lee 대표는 나지막한 목소리로 "이 사람들 미친 사람들이네"라고 말하며 거래를 끝내자는 신호를 보냈다. 당황한 표정의 이 사장님을 뒤로 한 채 우리는 호텔로 돌아왔다.

차 안에서 Steven Lee 대표는 내게 수고했다며, 호텔에서 철수하라고 지시했다. 그는 "지금 우리보다 더 높은 가격을 현대산업에 제시할 사람이 어디 있겠느냐"며, 그들이 자초한 일이라고 말했다. 유 사장님께 전화로 상황을 보고드리자, 사장님은 대표님과 함께 셋이 만나자고 하셔서 다시 호텔로 돌아갔다.

나는 회의 내내 아무 말도 없이 고개를 떨구고 있던 이 상무의 모습을 떠올렸다. 평소와 달리 우리를 똑바로 바라보지 못하는 그를 보며, 현대산업 내부에서도 조율되지 않은 상태로 급하게 나온 것임을 짐작할 수 있었다. 건설회사의 사장이라 본인이 직접 확인도 하고 가격 협상도 해 보려 했겠지만, 우리가 더 올려 줄 수 없다는 입장을 분명히 했으니 기다려 보자고 말했다. 그날 밤 현대산업에서는 아무도 내게 연락하지 않았다.

다음 날 아침 출근하자, Steven Lee 대표님이 사무실로 나를 호출했다. 올라가 보니 유 사장님도 함께 계셨다. 아무 연락이 없다고 하니 다시 한번 전화를 걸어 현대산업의 최종 의사를 확인해 보라고 재촉하셨지만, 나는 오전에는 연락하고 싶지 않았다.

잠시 후, 역시 이 상무가 먼저 내게 전화를 걸어왔다. 나는 "그렇게 큰 차이가 있음에도 불구하고 왜 대표님을 만나자고 했느냐"며 불만을 표했다. 이 상무는 "둘이서 시작한 일이니 결자해지하자"고 말하며 롯데호텔 명동에서 둘이 만나자고 제안했다. Steven Lee 대표와 유 사장님은 이번이 마지막 기회이니, 현대산업이 가격 인상을 요청할 경우 일정 한도 내에서 내가 재량권을 갖고 협상할 수 있도록 일임해 주셨다.

우리는 둘이 만나 지난 한 달간의 고단했던 협상 과정을 이야기하며, 일이 잘 안 되어 미안하다는 심정을 전했다. 그것은 우리 모두의 공통된 마음이었다. 그도 우리가 더 이상 금액을 올려 줄 수 없음을 잘 알고 있었지만, 조금이라도 더 올려 주기를 바라는 마음으로 나를 불러낸 것이었다. "만약 우리가 가격을 올려 주지 않으면 어떻게 할 거냐"고 물으니, 그는 잠시 망설이다가 "그렇다면 할 수 없죠, 받아늘이는 수밖에 없겠지요"라고 답했다. 한 달 넘게 이 상무를 자주 만나면서, 그는 정말 회사에 충성심이 깊고 자존심이 강한 전형적인 현대맨이라는 것을 잘 알게 되었다. 우리는 현대산업의 긴박한 자금 사정을 너무나 잘 알고 있었지만, 그들의 어려운 상황을 이용해 팔을 비틀고 싶은 생각은 추호도 없었다.

나는 잠시 생각을 정리하기 위해 자리를 일어나 밖으로 나갔다. 재량권을 갖고 나왔기 때문에 우리가 제시한 가격대로 밀어붙이면 협상은 그대로 성사될 것이었다. 그러나 내가 다시 대표님들에게 보고하면 상황이 더 복잡해져 오늘 결론이 나지 않을 수도 있었다. 또한, 제시한 금액에 여유가 있다는 것을 잘 알고 있었기에 현대산업의 자존심을 생각해서라도 조금은 더 올려 주는 것이 맞겠다는 생각이 들었다. 결국 나는 내 선에서 100억 원을 더 올려 주기로 하고 계약금으로 2,000억 원을 지급하기로 하면서 협상을 마무리했다. 기뻐하며 돌아가는 이 상무의 뒷모습을 바라보면서, 한국인으로서 묘한 뿌듯함을 느꼈다.

이후 정식 계약을 체결하는 과정에서 몇 번의 큰 위기가 있었지만, 결국 우리는 끝까지 거래를 마무리할 수 있었다. 잔금을 모두 지급한 후, 론스타 사무실은 강남파이낸스센터로 이전하게 되었다. 론스타가 한국에 진출한 지 정확히 3년 만에 한국에서 가장 크고 좋은 오피스 건물을 소유하게 되어 그곳으로 이사 온 것이었다. 그동안 두 달 가까이 회사 업무에 소홀했던 나를 걱정했던 직원들은 일이 성공적으로 마무리되자 환하게 웃으며 반겨 주었다.

건물 매입 계약과 함께 공사를 완공하기 위한 건설 도급 계약을 체결했다. 현대산업의 현장 소장인 허일 상무를 만나 건물을 잘 마무리해달라고 여러 번 당부했다. 그는 성격이 깔끔하고 매사에 빈틈이 없는 사람이었기에 공사를 기한 내에 완공할 수 있도록 최선을 다해 지원했다.

나는 건물 완공과 사무실 및 지하 상가 임대를 책임졌고, 두 대표님의 전폭적인 지원 덕분에 모든 업무가 순조롭게 진행되었다. 이 과정에서 열심히 일한 것을 인정받아 상무로 진급했고, 상여금도 두둑이 받아 기쁨과 보람 속에 2001년을 마무리했다. 이 상무님은 훗날 파크 하얏트 호텔 대표이사로 허 상무님은 현대산업 부사장으로 은퇴하셨다.

론스타는 '을' 당신은 '갑'

Lone Star 직원들과 함께한 청계산 등반대회

오피스 건물을 인수하여 운영하다 보면 예상치 못한 다양한 상황을 맞닥뜨리게 된다. 건물을 매입한 직후 커피와 자판기 업체의 벤딩머신 사장이 나를 찾아왔다. 그는 그동안 건물에 벤

Star PMC 직원들과 야유회

딩머신을 설치한 대가로 매월 70만 원을 전 건물 소유회사의 총무부장에게 현금으로 지급해 왔는데, 이제는 누구에게 그 돈을 드려야 하는지 물었다.

일반적으로 건물주는 건물 관리회사를 입찰을 통해 선정하지만, 이 업종의 경쟁이 매우 치열해 업체들이 충분한 마진을 확보하지 못한 채 저가로 입찰을 받는 현실을 알게 되었다. 이로 인해 다수의 건물을 관리하는 큰 관리회사들이 규모의 경제를 활용하여 소규모 업체들보다 낮은 가격을 제시하며 우위를 점하고 있었다.

또한 건물에서 일하는 경비원, 주차 요원, 안내원, 미화원 등의 급여와 복지 수준이 매우 열악하다는 사실도 알게 되었다. 나는 호텔 운영 경험을 바탕으로 입찰 시 인건비와 식대 등 복지 부분을 꼼꼼히 확인했으며, 이 부분의 예산이 부족한 회사는 심사 과정에서 탈락시켰다. 그러나 일단 계약이 체결된 이후 관리회사 사장들이 현장 근로자들의 처우에 별다른 관심을 기울이지 않는다는 인상을 받았다.

예를 들어 점심시간에 건물을 방문하면 용역 업무를 하시는 분들이 직접 밥을 지어 함께 식사하는 모습을 자주 목격했다. 관리소장

에게 물어보니 건물에서 나오는 공병이나 폐지를 팔아 점심 비용의 일부를 충당한다고 말했다. 마침 그때 벤딩머신 업체 사장이 내게 70만 원을 주겠다는 이야기를 돌려가며 하고 있었다. 나는 그 돈을 관리소장에게 직접 전달하라고 지시했고, 그가 보는 앞에서 관리소장에게 전화를 걸어 "벤딩머신 업체에서 매월 70만 원을 드릴 테니, 직원들의 식사나 복지 비용으로 사용하세요"라고 말했다.

다음 날 아침, 관리회사 사장이 내게 전화를 걸어 관리소장에게 보고를 받았다며 놀라움을 표했다. 그가 관리하는 건물이 100개가 넘는데 이런 식으로 돈을 관리소장에게 주는 회사는 처음이라며, 미국 회사라서 그런지 정말 다르다고 말했다. 비정상이 정상이 되어 버린 세상에서 내가 살고 있었던 건 아닐까 하는 의문이 들었다.

한 번은 공개 경쟁을 통해 선정된 건물 관리회사의 사장들을 만나 계약서의 주요 내용을 협의할 기회가 있었다. 그들은 하나같이 "우리는 '을'인데 계약을 주시는 것만 해도 감지덕지한데 어떻게 감히 '갑'에게 무리한 요구를 하겠습니까?"라는 태도를 보였다. 마치 내가 계약서를 주면 보지도 않고 바로 서명할 듯한 모습이었다. 그만큼 우리나라에서는 '갑'의 위치가 절대적이라는 현실을 다시 한번 깨닫게 되었다.

하지만 나는 그들에게 말했다.

"오히려 제가 여러분들을 '갑'으로 모실 테니 맡은 임무를 성실히 잘해 주세요."

나는 그들을 존중하고 신뢰를 보여 주는 것이 중요하다고 생각했다. 그들을 돌려보낸 후 사무실로 돌아와 이시형 차장을 불러 이렇게 말했다.

"양사 간 합의된 계약서의 '갑'과 '을'을 Track Change 기능을 통해 일괄적으로 바꾸세요."

이시형 차장은 "왜요?"라며 당황했다. 나는 그에게 설명했다.

"오늘부터 론스타는 그들에게 '을'이에요. 나는 그들을 '갑'으로 만들어 주고 싶어요. 계약서상의 갑의 책임과 권한, 의무가 을로 바뀌는 것뿐이고, 달라지는 것이 없으니 못 해 줄 이유가 없잖아요?"

이후 서울의 동종 업계에서는 론스타가 자신들을 '갑'으로 대우해 줬다며 기뻐한다는 소문이 퍼졌다. 그 소식을 들은 나는 빙긋 웃을 수밖에 없었다. 단순한 발상의 전환을 통해 그들도 한 번쯤 '갑'의 입장이 되어 진정한 파트너로 자리 잡기를 바라는 나의 의도 때문이었다.

강남파이낸스 빌딩의 임대를 위해 ERA Korea, Cushman & Wakefield, CB Richard Ellis 세 곳의 회사를 입찰을 통해 선정했다. 건물의 임대 면적이 워낙 넓었고 임대 수수료 역시 역대 최고 수준이었기에 수주 경쟁이 매우 치열했다. 나는 우리 건물이 국내 최고의 오피스 건물이므로 명성이 높은 최고의 기업들을 엄선하여 유치하고자 했다. 때로는 우리 기준에 미치지 못하는 회사들이 자사의 인지도 향상을 위해 입주하려고 했기 때문에 임대 용역사들과 마찰을 빚기도 했다.

또한, 그들의 특별한 인사나 접대 요청을 거절하는 것도 나의 주요 업무 중 하나였다. 이 건물은 업계에서 상징성을 지니고 있었기 때문에 통신사, 쓰레기 처리업체, 벤딩머신 업체, 건물 관리회사, 상업 지원 시설 등을 선정할 때 모든 면에서 공정하게 처리하기 위해 각별한 주의를 기울였다.

훗날 론스타에 대한 수사가 시작되면서 많은 임직원들이 고통을 받았고, 나와 관련된 업무를 맡았던 회사들 또한 대검찰청 중앙수사부의 심문 대상이 되었다. 그때 그들이 대부분 나에 대한 좋은 평가를 전해 줬다는 이야기를 듣게 되었다.

믿음과 결단 사이, 스스로 길을 선택한 순간

Steven Lee 대표님의 나에 대한 신뢰와 믿음이 점점 깊어질수록, 나와 유회원 사장님 사이의 관계는 서서히 틀어지고 있음을 느끼기 시작했다. 특히 Steven Lee 대표와 단독으로 만나는 경우가 많아지자 유 사장님은 나에게 경고의 메시지를 보내기도 했다.

두 사람 사이에서 실무의 총책임자로서 일을 처리하다 보니, 유 사장님과 의견 충돌이 잦아졌고, 그러한 상황을 눈치채고 있던 Steven Lee 대표는 나에게 "내가 당신을 100% 신뢰하니 소신껏 일하라"고 격려해 주었다. 하지만 업무에서 오는 스트레스와 미묘한 삼각관계로부터 비롯된 긴장감이 점점 감당하기 어려운 수준으로 다가왔다.

어느 날 아침, 심리적 부담감이 극에 달한 상태에서 나는 갑자기 사표를 내고 회사를 떠났다. 하고 싶은 말은 너무나 많았지만, 그 순간이 바로 중으로서 절을 떠나야 할 때라는 생각이 들었다. 가장 아쉽고 미안했던 점은 나와 함께 열심히 일해온 유능한 직원 열다섯 명에게 간단한 인사말만 남긴 채 훌쩍 떠나버렸다는 사실이었다. 그때의 미안한 감정은 아직까지도 내 마음 한구석에 깊이 남아 있다.

퇴사 후 Steven Lee 대표님이 여러 차례 만나자고 연락을 해 왔지만, 나는 그 요청을 외면했다. 퇴직금을 정산받고 한 달쯤 지난 어느 날 다시 연락이 와서 그를 만나게 되었다. 나와 유 사장님의 관계를 잘 알고 있던 그는, 나를 론스타의 중국 대표로 보내고 싶다는 제안을 하며 주말에 함께 북경에 가보자고 권했다.

하지만 유 사장님과 같은 회사에 있는 것이 불편했던 나는, 생각해 보고 연락드리겠다는 말로 사실상 거절 의사를 밝히고 자리를 떠났다. Steven Lee 대표님은 그때 흰 봉투를 내밀며 "좀 더 쉬고 나서 꼭 다시 연락해 달라"고 부탁했다. 집에 돌아와 봉투를 열어 보니 그 안에는 5,000만 원의 격려금이 들어 있었다.

며칠 동안 나는 진지한 고민에 빠졌다. 내가 좋아하는 중국으로 돌아가 론스타의 사무실을 맡아보는 것도 괜찮은 선택이라 생각했고, 점점 마음이 그쪽으로 기울고 있었다. 하지만 유 사장님과 다시 엮이게 될 것 같다는 생각이 들자, 결국 마음을 접을 수밖에 없었다.

최종적으로는 '그래, 이 돈을 갖고 사업을 한번 해 보자!'는 결론을 내리고, 고강 선배에게 전화를 걸었다. 당시 고 선배는 Morgan Stanley를 떠나 자산관리 회사를 운영하는 작은 회사에서 일하고 있었다. 나는 고 선배에게 우리가 함께 사업을 해서 꿈을 펼쳐 보자고 진지하게 설득했고, 고 선배는 기꺼이 나의 제안을 받아들여 주었다.

얼마 후 나는 성급하게 론스타를 떠난 것과 Steven Lee 대표의 제안을 거절한 것에 대해 잠시 후회한 적이 있었다. 하지만 이후 론스타 사태로 인해 중앙수사부의 수사가 진행되었고, 많은 임직원들이 고초를 겪었다. 함께 일했던 임원 중 여러 명이 구속되고 긴 소송 과정에 시달리는 모습을 보면서 나는 비로소 당시 내린 결정에 가슴을 쓸어내리기도 했다.

작은 시작, 큰 기대, 그리고 험난한 현실

2003년, 우리는 마포에 작은 회사를 차렸다. 늘 변치 말자는 꿈을 담아 'Everbright 투자자문회사'라는 이름으로 고강 선배님과 내가 공동대표로 창업했다. 우리 둘은 업무에 대한 자신감이 있었기에 신속히 시장에 진입할 수 있었다. 일을 시작한 지 얼마 지나지 않았지만, 대우의 투자사업실에서 함께 근무했고 여러 외국 프로젝트를 통해 실무를 충분히 익혀 왔기에 적지 않은 계약을 따낼 수 있었다.

그러나 계약된 일을 완수하면 당연히 보수를 받을 것이라 믿고 순진하게 열심히 일만 하던 우리를 이용하려는 사람들이 많다는 사실을 처음으로 깨닫게 되었다. 1년이 지나고 보니 받을 돈만 쌓였고, 결국 우리 두 사람의 월급과 사무실 운영비를 제외하면 간신히 수지를 맞추는 수준에 불과했다.

그 무렵 삼일회계법인으로부터 경상남도 양산에 위치한 Kaiser

전자의 매각 자문 업무를 맡게 되었다. 고 선배님과 내가 이 회사의 내용을 분석한 결과, 예상 외로 회사의 기술력과 자산 가치, 해외 바이어들의 인지도와 신용도를 고려할 때 회생 가능성이 매우 높다고 판단했다. 결국 우리는 직접 이 회사를 인수해 운영하기로 결심했다.

영어가 유창한 고 선배님은 직접 미국의 주요 수입처인 De'Longhi를 방문해 회사의 주요 경영진을 만났다. 그리고 우리가 새로운 주인이 될 것임을 알리고, 향후 그들이 기대하는 수입 품목과 단가까지 대략적으로 협의한 뒤 돌아왔다. De'Longhi 측에서는 그동안 Kaiser와 거래하며 가장 힘들었던 점이 영어 소통이었다면서, 고 선배님의 유창한 영어와 경력을 듣고 크게 기대한다는 반응을 보였다.

모든 준비를 마치고 회사를 인수하러 양산으로 내려갔다. 그러나 이게 웬 운명의 장난인가? De'Longhi 방문 결과를 공장장에게 알리자, 그들은 향후 오더에 대한 기대와 함께 회생할 수 있다는 기쁨으로 들떠 있었다. 하지만 부산 상고 출신의 경리 책임자가 지인을 통해 우리가 합의했던 매입 가격을 흘려 지역사회의 유지인 다른 투자자를 끌어들였고, 우리가 도착하기 하루 전에 삼일회계법인과 이미 계약을 체결해 버린 것이었다.

우리는 상황을 번복해 보려 했지만 이미 때는 늦었다. 닭 쫓던 개 지붕 쳐다보는 격이 되어 버린 것이다. 멘붕에 빠진 우리는 도무지 주체할 수 없는 화를 억누르기가 어려웠다.

그동안 기껏 일을 마쳐 놓으면 찔끔찔끔 돈을 주면서 이런저런 핑계로 계약 금액을 깎으려는 사람들도 많았다. 그래서 직접 회사를 인수하여 열심히 해 보려고 했는데, 이마저도 인수하기로 한 날 허무하게 날아가버리니 우리의 의욕은 완전히 꺾여 버렸다.

억지로 마음을 다스린 뒤, 우리는 분당 서현역 앞의 킴스클럽 매입 건을 맡게 되었다. 한신공영의 노옥건 사장님을 만나 그분의 인수 스토리를 듣고 보니 매우 파란만장했고 흥미롭게 느껴졌다. 노 사장님이 인수자금 중 부족한 430억 원을 투자자를 찾아 충당하고 킴스클럽 매입을 종결하도록 도왔지만, 법정관리인의 최종 승인을 받지 못해 다시 어려움을 겪었다.

그동안 작은 사업 몇 개를 수주하면서 회사의 경영을 간신히 유지하고 있었지만, 고 선배님과 내가 받았던 월급을 고려할 때 도무지 성이 차지 않았다. 동시에 우리는 한국에서 창업하여 성공하는 것이 얼마나 어려운 일인지 절감하게 되었다.

다시 돌아온 대우, 그리고 다시 중국으로

2004년 5월 즈음, 나는 고 선배를 따라 인천 계양구에 있는 대우자동차판매㈜ 건설부문의 박용호 사장님을 만나게 되었다. 박 사장님은 대우건설에서 근무하시다가 이 회사의 초창기부터 임원으로 파견되어 사장까지 오르신 입지전적인 인물이었다. 첫 만남에서 받은 인상은 매우 소탈하고 담백한 분이라는 느낌이었다.

고 선배와 박 사장님은 대우건설의 리비아 5000세대 주택 현장에서 함께 근무했던 인연이 있었는데, 두 분은 당시 호형호제하는 매우 가까운 관계였다고 들었다. 첫 만남 때부터 박 사장님이 중국에서 오랜 기간 근무했던 내 경력과 어떤 업무를 했는지에 대해 유달리 큰 관심을 보이신다는 것을 느낄 수 있었다.

이후 두 차례 더 고 선배와 함께 박 사장님을 찾아 뵈었고, 매번 인근 중국집에서 맛있는 점심을 먹으며 회사 사정에 대해 이야기를 나누었다. 박 사장님은 중국 심양에서의 아파트 개발 사업 제안이 있어 현지를 몇 번 방문했다고 하셨고, 그 사업에 대해 특별한 관심을 갖고 계셨다. 또한 중국 내 개발 사업에 대한 구체적인 질문을 하셔서 내가 아는 범위 내에서 성심껏 답변을 드렸다. 이런 만남이 몇 번 더 이어진 어느 날, 박 사장님은 고 선배와 함께 있는 자리에서 내게 중국 사업을 맡아 달라는 제안을 진지하게 하셨다.

돌아오는 길에 고 선배는 "고려할 만한 제안이니 진지하게 생각해 보라"며 현재 우리 회사의 사업이 만족스럽지 못한 상태이니 일단 재취업해서 중국에 다시 나가 보는 것이 어떻겠느냐고 제안했다. 내가 "제가 없으면 형님 혼자서 사업을 할 수 있겠어요?"라고 묻자, 고 선배는 "나도 몇 군데서 제안을 받고 있는데, 네가 결정하면 나도 다시 취직을 할까 생각 중이야!"라고 말했다.

결국 나는 박 사장님의 제안을 받아들였고, 대우자동차판매㈜ 건설부문에 해외영업부 담당 상무로 입사했다. 고 선배는 Paradise 그룹의 Paradise Planning Ltd.에 대표이사로 재취업했다. 우리는 함께 1년 반 동안 사업을 하면서 많은 성과를 올렸지만, 결국 10억 원이 넘는 미수금을 회수하지 못한 채 우리 인생의 첫 사업을 접어야 했다.

2004년 12월 30일, 나는 북경 지사장으로 발령을 받아 가족과 함께 출국하게 되었다. 2005년의 첫날을 새로운 마음으로 중국에서 맞이하기 위해 서둘러 연말에 출국한 것이었다. 한중 수교 훨씬 전인 1990년 1월에 중국에 첫발을 내디딘 이후, 이번이 네 번째 중국 근무였다. 다시 중국으로 돌아가게 된 나는 남다른 각오를 품고 있었다.

이제 막 친구들을 사귀며 한국 생활에 익숙해질 무렵, 다시 중국으로 떠나게 된 두 딸은 불만이 컸지만, 어린 딸들을 서울에 두고 혼자 떠날 수는 없었다. 그러나 이렇게 중국으로 떠난 우리 가족 모두가 이 회고록을 쓰고 있는 지금까지 한국으로 돌아가지 못하게 될 줄은 그때는 상상조차 하지 못했다.

중국 부동산 열풍, 성공을 위한 발판을 놓다

중국 경제는 2000년대에 접어들며 빠르게 성장했다. 연평균 GDP 성장률은 8~11%에 달했고, 특히 2007년에는 무려 14.2%를 기록하며 중국이 세계에서 가장 빠르게 성장하는 나라로 자리매김하는 데 큰 역할을 했다. 당시 중국의 고속 성장을 이끈 요인은 크게 두 가지로 꼽을 수 있다.

첫 번째는 2001년 12월 세계무역기구(WTO)에 가입한 것이다. 이는 중국이 더욱 많은 외국인 직접 투자를 유치하고, 세계의 공장으로서의 역할을 공고히 하게 되는 중요한 전환점이 되었으며, 중국의 수출입 규모를 급격히 승가시키는 계기가 되었다. 두 번째는 막대한 무역수지에서 확보한 자금을 활용해 도시화와 인프라 투자를 크게 확대했다는 점이다. 대규모 교통 인프라 프로젝트와 새로운 산업단지 건설 등을 통해 주택 공급을 크게 늘렸으며, 이는 다시 경제 성장을 촉진하고 도시화를 가속화하는 선순환 구조를 만들었다. 반면, 같은 시기 한국의 경제성장률은 3.5%에서 4%대에 머무르며 점차 성장 동력을 잃어가고 있었다.

나는 바로 이러한 중국 경제가 날개를 달고 비상하기 시작한 시점에 다시 중국으로 돌아왔다. 불과 10년 전만 해도 중국의 주택 공급은 국가의 배급제에 의존하고 있어 절대적인 공급량이 부족했으며, 공급되는 주택 역시 30㎡ 미만의 소형 주택 위주로 극소수만이 혜택을 받을 수 있었다.

하지만 다시 돌아와 보니 중국은 모든 분야에서 완전히 새로운 시장경제 체제로 전환되고 있었고, 특히 민영주택 시장이 급속히 활성화되며 과열 조짐을 보이고 있었다. 나는 이를 매우 큰 기회라고 판단했다. 북경에 한국형 아파트를 개발하면 성공할 것이라는 확신이 생겼고, 이에 주택 개발 사업을 회사의 중점 사업으로 삼았다. 과거 중국 사업에서 쌓은 경험과 든든한 본사의 지원만 있으면 어떤 일도 성공시킬 수 있다는 자신감이 있었다.

내가 본사에서 직원을 데려오지 않고 현지 인재 중심으로 팀을 구성한 이유는 분명했다. 현지 문화를 이해하고 언어 장벽이 없으며, 중국에서의 사업 경험이 풍부한 인재가 있어야만 효율적이고 신속하게 일을 추진할 수 있다고 믿었기 때문이다. 나는 작지만 강력한 팀으로 시작하는 것이 성공을 위한 첫걸음이라 확신했다.

북경의 주택시장이 본격적으로 뜨거워지기 시작하자, 토지출양금 가격이 급등했다. 당시 주택 공급이 막 시작되던 시기라 개발 가능한 부지가 많았고, 어느 한 곳을 선정해 사업을 시작하기만 하면 무조건 성공할 수 있는 그런 시대였다.

　북경의 한인촌으로 불리는 왕징(望京) 지역과 삼환로에서 사환로 사이의 여러 주택 개발 부지를 다수 찾아내 사업성을 검토한 후 본사에 보고했다. 박 사장님을 비롯한 담당 임원들이 수차례 북경을 방문해 부지별 사업성을 면밀히 검토했지만, 당장 큰돈을 들여 대규모 개발 사업을 추진할 의향은 없다는 점을 확인할 수 있었다.

　사실, 내가 회사에 입사할 당시 이미 박 사장님을 포함한 임원들이 관심을 가지고 있던 사업 부지는 요녕성(遼寧省) 심양시(瀋陽市)에 있었다. 나는 일단 이 사업을 우선순위에 두고 집중적으로 추진했다. 하지만 안타깝게도 소위 '알박기'로 인해 부지의 일부를 누군가 미리 권리를 확보해 놓았기 때문에 우리 회사가 개발을 추진할 수 없는 상황이 되어 버렸다. 당시 심양의 토지출양금은 북경에 비해 훨씬 저렴했지만, 사업의 위험성은 오히려 더 컸기 때문에 결국 이 사업을 접고 수도인 북경에서의 개발 사업에 집중하기로 결정했다.

　문제는 본사에는 중국 사업 경험을 가진 인력이 없었고, 유일한 중국 경험자인 나 역시 이 회사에 입사한 지 1년도 채 되지 않았다는 사실이었다. 박 사장님은 본사의 임직원들이 최소한 2~3년간 중국 시장을 학습하고 경험을 쌓은 뒤 투자를 결정하는 것이 바람직하다고 생각하고 있었다. 따라서 나에게도 너무 서두르지 말고 천천히 사업을 추진해 줄 것을 당부하셨다.

박 사장님의 조언은 마치 흐르는 강물을 가로막지 않고 그 흐름을 타며 자연스럽게 나아가라는 것이었지만, 내가 찾아놓은 수많은 사업 부지들은 나를 향해 손짓하며 "서둘러라, 놓치지 말라"고 속삭이는 듯 가격이 계속 오르고 있었다. 그러다 보니 돈을 쌓아놓고 마음껏 사업을 추진하던 론스타 시절이 문득 그리워지곤 했다.

중국은 분명 기회의 땅이었지만, 당시 한국의 많은 사람들은 과실송금 문제나 투자 위험성을 지나치게 걱정하며 중국 시장 진입을 꺼리는 분위기였다. 나는 이런 분위기 속에서 우선 본사의 직원들과 내 팀원들이 중국 시장을 제대로 이해할 수 있는 사업을 먼저 시작해야겠다는 판단을 했다. 그리고 프로젝트 건설 관리 사업(Construction Management)을 통해 경험을 쌓으면서 점차 독자적인 개발사업을 추진하는 방향으로 전략을 전환하기로 결정했다.

곧바로 건설과 관련된 전 과정을 아우를 수 있는 건설관리면허(Construction Management License)를 취득했다. 이 면허를 바탕으로 북경에 법인을 설립하고 본격적으로 중국 시장에서의 발판을 마련하기 시작했다. 이는 단지 투자 위험을 줄이기 위한 것만이 아니라 현지 시장에 대한 이해를 깊게 하고 장기적인 사업 기반을 다지기 위한 전략적 선택이었다.

운 좋게도 첫 사업은 법인 설립과 거의 동시에 수주할 수 있었다. 강소성(江蘇省) 쿤산시(崑山市)에서 개발하는 1,300세대 규모의 주상복합 아파트 프로젝트였다. 본사에서 김자겸 차장을 소장으로 임명하고 장덕수 과장, 박영조 대리를 함께 현지에 파견해 사업을 성공적으로 수행했다. 첫 번째 프로젝트를 통해 현지 시장에 대한 이해와 경험을 높였고, 신뢰를 쌓는 좋은 계기가 되었다.

그로부터 일 년 후, 두 번째 사업으로는 흑룡강성(黑龍江省) 대경시(大庆市)에서 8,000세대 규모의 대형 아파트 프로젝트를 수주했다. 대경시는 유전지대로 유명한 도시였는데, 첫 번째 쿤산 프로젝트에서 충분한 경험을 쌓은 장덕수 과장을 소장으로 발령했고, 본사에서 김동호 대리를 추가 파견하여 현지 프로젝트를 성공적으로 수행하게 했다.

세 번째 프로젝트는 강소성 소주(苏州)에서 한국의 KB자산운용㈜과 SK㈜가 공동 투자한 '시대광장(Time Square)' 오피스 건물을 완공 시까지 건설 관리한 후 매각하는 사업이었다. 이 프로젝트에는 북경 법인에 소속된 좌용재를 현장 소장으로 발령하여 성공적으로 완공을 이끌었으며, 이후 송병용을 소장으로 새롭게 임명해 현장에서의 사업을 원활히 마무리했다.

이렇게 북경 법인을 설립한 지 3년도 채 되지 않아 현지 인력을 포함하여 총 40명 규모의 중견 법인으로 성장할 수 있었다. 비록 규모는 크지 않았지만, 첫해부터 세후 수익률이 35~40%에 이를 정도로 안정적인 흑자 운영을 지속하며 탄탄한 기반을 다졌다.

건설 관리 사업이 빠르게 자리를 잡아가던 시기에 나는 다시 주택 개발 사업을 위한 부지 물색에 나섰다. 그러나 지난 2년간 북경의 주택시장은 과열을 넘어 펄펄 끓고 있었다. 북경의 거의 모든 개발 프로젝트들이 법정 분양 기준 시점 이전에 조기 완판되는 상황이었고, 주택 가격은 매주 오를 정도로 부동산 시장은 사상 최고의 전성기를 누리고 있었다.

이러한 현상은 상하이, 광저우, 선전 등 주요 도시들도 마찬가지였다. 불과 2년 만에 주택 가격은 두 배에서 세 배 이상 폭등했고, 토지 공급 시스템도 입찰을 통한 공매 방식으로 바뀌었다. 외국 업체로서는 낙찰 즉시 토지 대금을 전액 납부해야 했기에, 사전에 자금 준비를 위해 사내의 승인 절차를 미리 완료해야 하는 어려움까지 있었다.

공매에 참여해 토지를 확보해야 하는 상황에서 매입 가격은 2년 전과 비교할 수 없을 만큼 급등했다. 이는 박 사장님과 본사의 담당 임원들을 놀라게 만들었다. 이제 단순히 부지를 물색하는 것을 넘어 급변하는 시장의 흐름에 발맞춰 전략을 재정비해야 하는 시점이 되었다. 주택 개발 사업은 더 이상 쉬운 선택지가 아니었지만, 여전히 기회는 남아 있었다. 나는 이 변화하는 시장 속에서 새로운 가능성을 찾기 위해 끊임없이 고민하며 다음 단계를 준비해 나갔다.

신안빌딩(迅安大廈)에서의 좌절과 다시 만난 기회

론스타는 한국에서 부실채권(Non Performing Loans)과 부실자산(Distressed Assets or Properties)에 투자하여 상당한 이익을 얻었던 기억이 떠올랐다. 또한 과거 광서성 계림에서 법원으로부터 쉐라톤 호텔을 인수하여 성공적으로 정상화시켰던 경험도 생각이 났다. 즉, 은행에서 대출을 받아 추진하던 사업이 상환 불능 상태에 빠지면, 은행은 법원의 경매를 통해 이를 회수하게 되고, 이 경매를 통해 인수하면 시세보다 훨씬 낮은 가격에 자산을 매입할 수 있으며, 현지 은행을 통한 금융 지원이라는 큰 이점도 누릴 수 있다. 나는 이러한 매물을 찾기 시작했고 얼마 후 북경시 고등법원 경매부에 계류되어 있던 85% 완공된 건물을 찾아냈다.

  이 건물은 북경의 조양구 북삼환로 요충지에 위치한 쌍둥이 오피스 건물로, 신안빌딩(讯安大厦)이라 불렸다. 전직 안전부(安全部, 한국의 안기부) 고위층 출신의 개발자가 파산하여 법원 경매부에 넘어간 자산이었는데, 법원은 경매를 진행하기 이전에 먼저 우리에게 매각 의사를 전달했다. 나는 과거 계림 쉐라톤 호텔을 유사한 방식으로 매입했던 경험이 있었기에, 당시 협력했던 북경 현지 변호사를 다시 선임하여 매입을 추진하게 되었다. 신안빌딩은 이미 공사가 중단된 지 7년 가까이 지났고, 디자인도 낙후되어 있었지만, 우리가 디자인을 새롭게 변경하여 완공한다면 매우 큰 수익을 얻을 수 있을 것으로 기대되었다.

  다만 문제는 자금이었다. 박 사장님께서 직접 북경으로 출장을 나오셔서 건물의 위치와 상태, 그리고 예상 매입 가격을 확인하신 후, 처음으로 긍정적인 반응을 보이셨다. 그러나 회사가 국내에서 진행 중인 사업으로 자금 상황이 여의치 않아 단독 투자에 대해서는 결정을 미룬 채 귀국하셨다. 그렇게 또 다시 하릴없이 시간이 흘러가고 있었다.

  북경에 돌아온 지 약 1년쯤 되었을 무렵, 중앙대학교 대학원의 양승무 주임교수로부터 전화를 받았다. 그는 건설대학원 석사과정 학생들과 함께 중국을 방문할 예정이라며, 나의 중국 사업 경험을 바탕으로 세 시간 정도의 강의를 부탁했다.

나는 북경연사중심유한공사, 계림 대우 쉐라톤 호텔, 연길 대우 호텔에서의 경험을 중심으로 학생들에게 강의를 진행했다. 학생들의 반응이 좋았던 것인지, 이후 양 교수는 매 학기마다 두 번씩 추가로 강의를 해달라는 요청을 했다. 이번에는 중국에서의 사업 경험과 함께 당시 사회적 이슈가 되었던 론스타 사례를 중심으로 강의를 해 달라고 하셨다. 박 사장님의 허락을 받고 흑석동 본교로 가서 대학원의 최고 경영자 과정과 건설대학원 학생들에게 내 경험을 공유했다.

강의차 서울에 방문했던 나는 예전에 김우중 회장님의 비서실장이자 대우중공업 사장을 지낸 추호석 사장님이 생각났다. 그분은 대우 사태 이후 파라다이스 그룹의 부회장으로 계셨고, 마침 나와 함께 사업을 잠깐 했던 고강 선배님 역시 그룹의 계열사 대표이사로 근무 중이셨다.

나는 두 분을 찾아가 신안빌딩을 공동으로 인수하여 사업을 진행해 보자는 제안을 했다. 결국 우리 회사와 파라다이스 그룹은 50:50 합작으로 신안빌딩 프로젝트를 진행하기 위한 약정서를 체결했고, 사업은 빠르게 추진되기 시작했다. 그동안 혼자서 모든 일을 주도해 왔던 나는 가장 신뢰하는 고 선배와 함께 일을 진행하게 되면서 매도인과 건물 매매계약을 체결했고, 북경시 고등법원에서도 이 계약에 대한 가승인을 받아냈다.

양측 회사에서 기술자와 재무관리자가 북경으로 파견되었고, 나는 합작회사의 사장으로서 양사의 전폭적인 지원 아래 열심히 일을 추진했다. 그러나 건물 매매계약서와 법원의 가승인서를 가지고 중국의 국가발전개혁위원회로부터 투자 최종 승인을 받아야 했는데, 여기서부터 문제가 발생하기 시작했다.

국가발전개혁위원회는 법원의 가승인서가 아닌 정식 승인서를 요구했고, 법원은 발전개혁위원회의 승인이 먼저라며, 그 승인이 없으면 정식 승인을 내줄 수 없다는 입장이었다. '닭이 먼저냐, 알이 먼저냐'의 문제로, 두 기관의 책임자를 수없이 만나 해결책을 찾으려 했지만 상황은 나아지지 않았다. 간혹 이 문제를 해결해 주겠다며 접근한 중국인들이 있었지만, 그들의 지나친 탐욕에 놀라 양사에 보고조차 할 수 없는 상황이었다.

그렇게 시간이 흐르던 중, 예상치 못한 비보를 듣게 되었다. 신안빌딩의 매도인이었던 곽개주(郭凱周) 회장이 우리가 외자기업으로서 투자 승인에 어려움을 겪고 있는 사이 현지 부동산 개발회사인 중야그룹(中冶集團)에 권리를 팔아 버린 것이었다. 법원의 가승인서가 있었음에도 이런 일이 벌어지다니, 얼마나 분통이 터지는 일이었는가? 이를 되돌리기 위해 해남도에 있는 그의 사무실까지 찾아갔지만, 그는 끝내 나를 피했고 전화로 그가 남긴 말은, "당신도 알다시피 북경시 부동산 가격이 폭등하는 상황에서 1년 넘게 투자 승인을 받지 못한 당신들의 잘못 때문"이라는 것이었다.

곽 회장의 배신은 내 모든 커리어를 통틀어 가장 큰 충격을 준 사건이었고, 최초의 큰 시련이었다. 돌이켜 보면, 중간에 문제를 해결할 수 있는 기회가 분명히 있었지만 부당한 돈을 건네 문제를 해결하려는 방식을 철저히 거부했던 나의 결정이 원인이기도 했다. 나는 평생 일을 하면서 어느 누구에게도 1원도 주지 않았고, 1원도 받은 적이 없었기에 항상 자부심을 갖고 있었는데, 이 사건을 돌아볼 때면 과연 내가 예외적으로 일을 처리했어야 했는지에 대한 의문을 아직도 품곤 한다.

박 사장님께는 진심으로 죄송했고, 파라다이스 그룹의 추호석 부회장님께도 매우 죄송스러웠다. 무거운 마음으로 전화를 드렸건만, 오히려 나를 위로해 주셨던 그분들의 따뜻한 목소리는 지금도 잊지 않고 있다. 그들의 너그러운 마음과 이해는 내게 큰 위로였고, 동시에 더 큰 책임감을 느끼게 했다.

한편 중앙수사부의 론스타에 대한 수사는 집요하고 끈질기었다. 여러 명의 임원이 구속되고 기소가 끝난 후에야 비로소 나는 안도할 수 있었다. 내가 잘못한 것은 없었지만, 내 금융 계좌 압수수색 결과가 내 주민등록지인 어머님의 집으로 두 번이나 배달되면서 긴장이 계속되고 있었다. 주변 사람들도 많은 고초를 겪었지만, 그들이 해준 우호적인 진술 덕분인지 추가 조사 없이 수사는 종결될 수 있었다. 백주 대낮에 떳떳하게 거리를 활보할 수 있다는 자유가 새삼 소중하게 느껴졌다.

본사는 2007년에 양재동 남부터미널 사업에 비교적 큰 규모의 투자를 진행하고 있었기에 더 이상 해외 투자 여력이 없었다. 나는 건설 사업 관리가 아닌 주택개발 사업을 통해 회사에 더 큰 기여를 하고 싶었지만 이제는 그마저도 여의치 않게 되었다. 다행히 세 곳의 건설 관리 사업은 순조롭게 진행되고 있었다.

그러던 중, 예전 한국에서 사업을 잠깐 할 때 도움을 드렸던 A 공영의 R 회장님이 북경으로 나를 찾아왔다. 과거 도움을 드렸던 일이 성공하여 큰 수익을 얻었다며, 미국 로스앤젤레스에 투자 법인을 세우고 자금을 준비했으니 회사를 맡아 달라는 제안을 했다. 이는 새로운 기회이자 도전일 수 있었겠지만 나는 쉽게 받아들일 수 없었다. 박용호 사장님은 내가 모셨던 분 중 가장 진솔하고 업무에 대한 열정과 직원들을 아끼는 리더십을 갖추신 보기 드문 리더였다. 검도 5단답게 직선적이고 간결한 성품의 그는 마음속 큰 형님 같은 존재였기에 결단이 더욱 어려웠다.

 2008년 7월 말, 나는 북경에서 국제학교 10학년과 8학년에 다니던 두 딸의 미래와 직장 내에서의 나의 비전에 대해 깊은 고민을 한 끝에 결국 나는 회사를 떠나기로 결심했다. 중국 법인장을 하던 임원으로서 갑자기 사표를 내고 떠나게 되니 박 사장님과 모든 임직원들에게 큰 미안함을 남긴 채 새로운 길을 떠나게 되었다.

미국으로, 그러나 리만브라더스의 파산

 2008년 8월 8일, 로스앤젤레스에 도착했다. 미국은 모든 면에서 풍요롭고 넘쳐났으며, 호황을 누리고 있는 모습이었다. R 회장님은 미국 교포로 오랜 기간 LA에서 생활하셨기에 현지 사정에 매우 밝으셨다. 도착하자마자 메르세데스-벤츠 매장으로 나를 데려가 가장 비싼 모델인 벤츠 S500을 사 주셨고, 아이들의 학군을 위해 베벌리힐스(Beverly Hills)에 아파트를 얻도록 배려해 주셨다. 하지만 나는 새로운 업무에 먼저 익숙해진 후에 가족을 데려오기로 마음먹고 당장 집을 구하지는 않았다.

9월 15일, 비자 수속 등 필요한 일들을 처리하기 위해 잠시 한국에 들어가기로 하고 서울행 비행기를 탔다. 서울에 도착한 그날, 리만브라더스(Lehman Brothers)가 무려 6,000억 달러의 부채를 감당하지 못하고 파산 신청을 했다는 충격적인 뉴스를 접했다. 얼마 전 우리나라의 IMF 사태를 경험했던 나는 세계 경제가 완전히 뒤집혔음을 본능적으로 직감했다. 집에서 뉴스를 보면서 이젠 미국에서의 사업은 한동안 불가능하겠다는 생각이 들었다.

곧바로 R 회장님께 전화를 드렸고, 며칠 후 서울에서 직접 만나 "당분간 미국에서 아무것도 하지 않는 것이 최선입니다"라고 말씀드렸다. 글로벌 금융위기의 거센 파도가 몰아치고 있었고, 지금 우리가 할 수 있는 유일한 전략은 폭풍이 지나갈 때까지 무작정 기다리는 것이었다. 북경에서 잘 지내던 나를 굳이 불러왔는데 이런 큰일이 터지자, 회장님께서 나에 대한 경제적 부담을 느끼시는 듯한 기색을 나는 은연중에 감지할 수 있었다.

미국에서 돌아온 당일 밤, 어머니 집에서 TV를 보며 잠을 청하려던 순간, 한 통의 전화가 걸려 왔다. 아랍에미레이트 연합국(UAE)의 MIDEIN Group 회장인 Mr. Al Dhahari Omair가 한국에 와서 나를 찾는다는 연락이었다. 곧바로 그와 통화가 연결되었고, 그는 지금 당장 만나자고 했다. 이틀 전 한국에 도착해 시차 적응이 덜 된 그를 밤 11시가 넘어서 플라자 호텔에서 만날 수 있었다.

그는 내가 얼마 전까지 북경에서 근무하던 당시, 중국 사업을 위해 여러 차례 중국을 방문하면서 알게 된 UAE(아랍에미레이트)의 영향력 있는 기업인이었다. 그는 세계 최대 규모의 국부펀드인 ADIA(아부다비 투자청)의 글로벌 부동산 투자 총책임자이기도 했다. 그는 중국을 방문할 때마다 나와 꼭 한 번씩 만나 그의 중국 사업에 관해 여러 자문을 구했고, 때로는 그의 자문 변호사를 통해 중요한 사항들을 내게 확인하곤 하였기에 비교적 친밀한 관계를 유지하고 있었다.

그는 한국을 떠나기 전에 3일 동안 자신과 함께 다니며 시간을 보내자고 제안했고, 특별히 일정이 없던 나는 그와 동행하며 그의 일정을 함께 소화했다. 내가 최근 미국으로 자리를 옮긴 사실을 알게 된 그는, "미국에서는 당분간 할 일이 없을 텐데 거기서 뭘 하겠느냐"고 말하며, "지금 같은 상황에서는 중동에서 일하는 것이 가장 좋을 것"이라고 말하고 다시 한번 나를 자신의 회사로 초빙한 후 한국을 떠났다.

이후 나는 R 회장님을 찾아가 이 상황에 대해 말씀드렸다. 그는 예상 밖으로 흔쾌히 "당신은 실력이 있으니 잘된 일"이라며, 기꺼이 나를 보내주겠다는 긍정적인 대답을 해 주셨다.

아랍의 기업문화와 철마는 달리고 싶다!

2008년 10월 1일, 나는 아랍에미레이트의 수도 아부다비에 위치한 MIDEIN Holding Group의 CEO가 되었다. MIDEIN Holding Group은 부동산 개발 전문 회사로, Umm Al Quwain에서 Amwaj

라는 호텔, 오피스, 백화점이 결합된 복합 상업시설을 개발하고 있었다. 총 건축 면적이 250,000㎡에 달하는 대형 프로젝트였으며, 이와 별개로 오피스 건물 두 동과 아파트 건물 한 동을 임대하고 있어 자금 수지에 문제가 없는 안정적인 회사였다. Omair 회장과 그의 부인은 왕족 출신으로 현지에서 확고한 지위를 가지고 있었으며, 특히 Omair 회장은 상공회의소의 임원이자 세계 최대 국부펀드인 ADIA(Abu Dhabi Investment Authority: 아부다비투자청)의 글로벌 부동산 투자 책임자로 활동하고 있었다.

이번이 두 번째 아랍에서의 근무였지만, 아랍 회사에서의 근무는 처음이었다. 큰 아이가 대학시험을 앞둔 고등학교 2학년이라 가족을 북경에 두고 단신 부임했다.

한국이나 서방 회사와는 너무나 다른 문화와 시스템에 적응하는 데 어려움을 겪었다. 대부분의 직원은 이집트, 요르단, 팔레스타인 등 인근 10여 개 아랍 국가와 인도, 파키스탄 등에서 온 다국적 인력으로 구성되어 있었다. 이들을 통솔하여 한 방향으로 이끌어가는 일은 정말 쉽지 않았다.

기본적으로 출퇴근이라는 개념이 희박했고, 하루 이틀 출근하지 않는 것조차 "Inshallah(신의 뜻대로)"라는 말로 넘어가는 분위기였다. 기한 내에 끝내야 하는 업무 역시 "Bukra(내일)"와 "Malish(걱정 말라)"라는 말로 미뤄져 도무지 믿고 맡기기 어려웠다.

아랍인 직원들은 기강을 잡으려는 나에게 대놓고 이렇게 말했다.

"우리 아랍 사람들은 먹을 것을 주는 주인에게 충성을 바치는데, 당신은 우리에게 월급을 주는 사람이 아니잖아요?"

나는 이를 참고 또 참았지만, 결국 인력의 20%를 정리 해고하기로 결심했다. 회장님의 승인을 받아 부임한 지 두 달 만에 이를 실행에 옮겼다. 모든 직원이 외국인이었기 때문에 해고 통지를 받으면 72시간 이내에 출국해야 했다. 한국에서 온 내가 한 번에 전체 직원의 20%나 되는 인력을 해고하자, 회사는 완전히 혼란에 빠졌다. 그토록 당당하게 "누가 모이를 주는지" 따지던 직원조차도 내 앞에 와서 펑펑 울며 용서를 구했다. 고향에 있는 가족에게 돈을 보내야 하는데, 이렇게 갑자기 귀국하면 글로벌 불황 속에서 새 일자리를 찾는 것이 불가능하다며 구제해 달라고 간청했다.

이렇게 직원들을 정리하자 회사 분위기는 하루아침에 바뀌었지만, 그들을 해고하여 보내야 했던 내 마음은 무겁기만 했다.

아무리 오일 머니가 넘치는 중동 국가라 할지라도, 리만브라더스(Lehman Brothers)의 파산은 전 세계 금융시장에 큰 충격을 주었고, 두바이 역시 이를 피해 갈 수 없었다. 특히 두바이의 부동산 시장은 심각한 타격을 입었는데, 고급 주택과 상업용 부동산의 가치가 평균 50% 이상 하락하는 등 극심한 침체를 겪었다. 이는 두바이 부동산 시장이 글로벌 자본의 흐름에 크게 의존하고 있었기 때문이었으며, 급격한 금리 상승으로 인한 금융 부담과 부동산 가치 하락은 차입자들에게 채무 상환의 동기를 완전히 잃게 만들었고, 시장의 불안정성은 더욱 심각해졌다.

아부다비는 두바이나 다른 에미리트보다는 상대적으로 경제적 여건이 나았지만, 건설 중이던 프로젝트 대부분이 중단되거나 계획 중이던 프로젝트들의 착공이 지연되는 사태가 발생하기 시작했다. 두바이의 부동산 시장이 깊은 수렁에 빠지자, 많은 회사가 구조 조정에 들어가 직원들을 대폭 해고해야 했다.

이로 인해 수많은 외국인 근로자들이 시장 가치 이하로 떨어진 집과 차량을 대출금도 갚지 않은 채 버려두고 귀국하는 사태가 벌어졌다. 이 시기 두바이 국제공항 주차장에 버려진 람보르기니, 페라리, 벤츠, BMW 등의 고급 차량들은 전 세계의 주목을 받으며 화제가 되기도 했다.

두바이 경제 불황의 여파는 우리가 Umm Al Quwain Emirate에서 추진 중이던 AMWAJ Project에도 직격탄처럼 닥쳤다. 이 프로젝트는 두바이 중심부에서 25분 거리에 위치한 워터프런트의 고급 주거 및 상업 단지와 5성급 호텔을 조성하는 사업이었다. MIDEIN Holding의 핵심 개발 프로젝트 중 하나로, 이미 착공을 시작했고 주거 시설의 약 40%까지 분양이 완료된 상태였다. 하지만 두바이 경제 불황으로 인해 공사를 중단할 수밖에 없게 되었다.

분양 홍보를 위해 러시아 모스크바의 프로축구팀을 MIDEIN의 이름으로 후원했기 때문에 대부분의 매입자들은 러시아인이었다. 그들은 아마 따뜻한 햇살과 안정된 생활을 꿈꾸며 먼 곳을 선택했을 것이다. 외환 이동이 자유롭고, 날씨, 주거, 교육, 쇼핑, 의료, 치안 등 모든 생활 환경이 다른 나라보다 월등했기에 러시아인들은 현재까지도 아랍에미레이트 부동산 시장의 주요 고객층으로 자리 잡고 있다.

아랍에미레이트의 부동산 시장이 최악이라는 뉴스가 전해지자, 러시아인 수분양자들은 중도금 납부를 중단했고 공사 진행 상황과 완공 시기에 대한 질문을 끊임없이 쏟아내기 시작했다. 처음에는 이런 상황이 오래가지 않을 것으로 생각했지만, 중동 국가 전반적으로 상황은 나아질 기미가 없었고, 두바이의 경제는 점점 더 깊은 수렁으로 빠져들고 있었다. 러시아인들은 삼삼오오 그룹을 지어 직접 회사를 찾아와 대표와의 면담을 요구하기 시작했다.

아랍어와 영어로 작성된 계약서를 자세히 살펴보니, 계약 내용은 분양자인 우리 회사에게 절대적으로 유리하게 작성되어 있었다. 완공일은 명시되어 있었지만, 분양자인 우리가 임의로 이를 조정할 수 있었고, 수분양자는 이에 대해 이의를 제기할 수 없다고 명시되어 있었다. 수분양자들은 공사 진행 상황과 상관없이 중도금 납부 일정을 무조건 따라야 하는, 사실상 식민지 시대 수준의 계약서였다. 내가 만난 러시아 고객들 대부분이 영어를 거의 하지 못했는데, 도대체 어떻게 아랍어와 영어로 된 계약서에 서명을 하게 되었는지 도무지 이해가 가지 않았다.

계약서가 아무리 우리에게 유리하더라도 상식과 공정성, 정의를 중시하는 나로서는 그들을 냉정하게 대할 수 없었다. 그들이 찾아오면 나는 한 번도 피하지 않고 만나 이야기를 들어주었다. 곧 착공할 예정이니 걱정하지 말라고 안심시켰지만, 언제 완공될지에 대한 질문에는 속 시원한 답을 줄 수 없어서 답답했다. 러시아인들과의 만남은 내가 MIDEIN을 떠나는 날까지 나의 주요 업무 중 하나가 되었는데, 이들과의 대화는 단순한 업무를 넘어 인간으로서의 공감과 책임감을 다시 한번 돌아보는 계기가 되었다.

Abu Dhabi 시내 Mariner 해변

글로벌 금융시장이 얼어붙기 시작하자, 유럽과 미국의 기업들이 Omair 회장을 찾아오기 시작했다. 여기서 그 회사들의 이름을 밝힐 수는 없지만, 그들이 찾아온 목적은 분명했다. ADIA(Abu Dhabi Investment Authority: 아부다비투자청)로부터 투자나 차입을 받기 위해 회장을 만나러 온 것이었다.

2009년 중반쯤, Omair 회장은 ADIA 경영진에서 물러나 고문 역할을 하고 있었는데, 그는 찾아오는 사람들을 결코 거절하지 않았다. 많은 사람들이 희망을 품고 찾아와 투자나 차입을 요청했지만, 회장은 늘 모든 것을 하늘의 뜻에 맡긴다는 의미의 "인샬라(Inshallah)"라는 말로 대화를 마무리했다.

어떤 이들은 사전에 예약을 하고 아부다비에 도착했지만, 삼사일씩 기다린 후에야 겨우 회장을 만날 수 있었다. 그 며칠 동안 나는 그들을 응대해야 했기에 마음이 결코 편하지 않았다. 만나기로 한 시간도 바뀌기 일쑤였고, 저녁 식사는 대부분 밤 열한 시에 시작하여 새벽 두 시가 넘어 귀가할 수 있었다.

아랍 상인들이 비즈니스를 잘한다는 이야기를 들어왔는데, 그들은 자본력을 바탕으로 모든 대화에서 상대방에게 조금도 주도권을 양보하지 않았으며, 명확한 답변을 주지 않는 모습을 보였다. 상대방은 그들의 애매모호한 말에서도 희망을 품고 원하는 방향으로 해석하려고 했고, 때로는 나를 통해 Omair 회장의 진의를 파악하고자 했다.

그들과의 대화에서 내가 얻을 수 있었던 유일한 소득은, 그들이 Lehman Brothers 사태로 인한 경제 위기가 언제쯤 끝날지 예측한 논리가 꽤 근거가 있고 합리적으로 느껴졌다는 점이었다. 간단히 말해, 그들은 미국의 경우 실업률, 주택 보급률, 자동차 판매 추이라는 세 가지 지표가 경기 불황과 회복을 판단하는 주요 기준이 된다고 설명했다.

투자를 받으려는 이들은 대부분 이러한 자료와 그래프를 보여 주며, 세 가지 그래프가 하락을 멈추고 동시에 상승하는 모멘텀이 곧 발생할 것이라고 주장했다. 그리고 2011년 말 즈음부터 경기가 회복되기 시작해 2012년부터는 본격적인 경기 호황이 올 것이라고 자신 있게 예측했다. 시간이 지나고 보니 신기하게도 그들의 예측은 정확히 맞아떨어졌다. 그들이 제시한 데이터와 분석은 단순한 추측이 아니라, 경제의 흐름을 정확히 꿰뚫는 통찰력 있는 것이었다.

그들과 만나며 나는 세계 경제의 흐름을 읽는 데 있어 데이터와 분석이 얼마나 중요한지 알게 되었다. 그들의 예측이 맞아떨어지는 것을 보면서 경제라는 복잡한 퍼즐 속에서도 논리와 근거를 바탕으로 한 판단이 얼마나 강력한지 다시 한번 실감할 수 있었다. 또한 이러한 논리가 끈질긴 인내와 결합될 때 비로소 아랍인들과의 사업이 성사될 수 있음을 깨닫게 되었다.

아랍에미레이트에 진출하는 외국회사는 내국인 회사의 스폰서십을 받아야 하는 법적 요구사항이 있는데, 많은 외국 회사들이 현지에서의 사업 확장성을 고려하여 실력 있는 스폰서를 찾아 진출하게 된다. MIDEIN Holding Group은 다수의 한국 및 외국 회사들에게 스폰서십을 제공하고 있었다. 이러한 외국 회사들로부터 받는 스폰서 수수료가 적지 않았기 때문에, 나의 업무 중 상당 부분은 그들의 요구사항을 듣고 회장에게 보고하여 문제를 해결해 주는 역할이었다.

그러나 나는 돈을 받는 만큼 그 이상의 도움을 줘야 한다고 생각했는데, 내 할 일을 다하지 않고 모든 것을 하늘의 뜻에 맡기는 아랍의 비즈니스 문화와는 결코 좁힐 수 없는 간극이 있었다.

나는 마치 철마처럼 달리고 싶었지만, 점점 녹슬어가는 철마가 되어가는 기분이었다. 회장에게 몇 번의 진지한 변화를 제안했으나 그는 "천천히 하세요. 당신은 일 중독자 같아요. 모든 것이 난 만족스러워요…"라는 답을 내놓았다. 나는 사업이란 상대방이 있기에 변화를 원했고 더 나은 방향으로 나아가고 싶었지만, 이런 대답은 나를 더 이상 그곳에 머물지 못하게 만들었다.

다시 시작된 도전, 잃어버린 신뢰

2010년 9월 즈음, 나는 이제 사업을 시작해야 할 때가 되었다는 생각으로 가족이 있는 북경을 거쳐 서울로 돌아왔다. 그런데 서울에 돌아오자마자 우림건설이 워크아웃에 들어갔다는 소식을 듣게 되었다.

문득 강소성(江苏省) 쿤산(昆山)에서 아파트 건설 관리 사업을 진행하던 시절이 떠올랐다. 당시 같은 지역에서 우림건설이 추진하던 아파트 부지가 생각나, 나는 곧바로 채권단장에게 전화를 걸었다. 그 사업장이 매각될 예정이라는 이야기를 듣고, 나는 경기상고 동창인 손석태에게 이 사업의 가능성을 설명했다. 우리는 함께 쿤산의 우림 건설 사업장을 방문해 사업 내용과 지역의 아파트 분양 동향을 면밀히 검토한 후, 사업성이 매우 뛰어나다는 확신을 얻었다. 이후 손석태와 이전에 알고 지내던 장윤배 회장님과 함께 자금을 마련해 삼주개발 주식회사를 설립했고, 내가 대표이사를 맡게 되었다.

내가 반드시 사업을 해야겠다고 마음먹었던 것은 대학 시절부터였다. 그 이전까지는 단순히 열심히 돈을 벌어 나의 부모와 형제, 그리고 나의 가정을 가난으로부터 구해야겠다는 생각만 있었다. 우리 집안의 가난을 내 손으로 끊고, 우리 가족만이라도 남보다 더 나은 삶을 살아야 한다는 생각이 전부였다.

하지만 시간이 흐를수록 내 주변에는 각자 나름대로의 어려움과 사연을 가진 사람들과 도움의 손길이 절실한 이들이 많다는 것을 알게 되었다. 특히 그런 가정에서 자라는 어린이들의 미래를 위해 내가 반드시 무언가를 해야 한다는 사명감을 늘 가슴 속에 품고 살았다. 이러한 사명감이 내 안에서 사업에 대한 열정을 식지 않게 해 주었다.

누구나 인생을 살다 보면 한 번쯤 행운이 찾아온다고 한다. 나는 바로 이 쿤산의 부동산 개발 사업이 내 인생의 행운이라고 믿었다. 이 사업이 성공하면 음지에서 희망을 잃고 살아가는 청소년들에게 모든 지원을 아끼지 않겠다고 스스로에게 다짐했다. 그들에게 귀인이 되어 희망의 '양지회관'이 되어 주고 싶다는 마음이 깊어졌다. 이 사업은 단순히 돈을 벌기 위한 목적이 아니라, 내가 오랫동안 품어왔던 꿈과 사명을 실현할 수 있는 소중한 기회로 다가왔다.

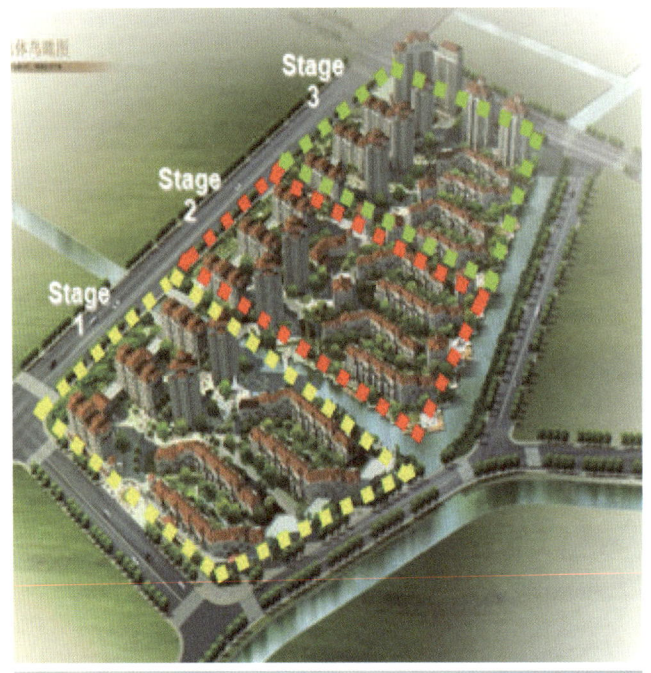

사업 추진 과정에서 몇 가지 어려움과 진통이 있었지만, 마침내 KB은행 담당 부행장과 우림건설 대표를 설득해 최종적으로 매매 계약을 체결할 수 있었다. 계약을 체결한 날, 나는 드디어 나의 시대가 열리는구나 하는 감격에 세상이 내게 손짓하고 있는 듯한 벅찬 기분을 느꼈다. 다음 날부터는 프로젝트 파이낸싱(PF)을 받기 위해 여러 금융기관을 찾아다니기 시작했다. 미래에셋과 현대증권 등으로부터 긍정적인 사인을 받으면서 모든 것이 조만간 순조롭게 마무리될 것이라는 확신을 가지게 되었다.

나는 이 기쁜 소식을 전하기 위해 곧바로 고강 선배님을 찾아가 자랑스럽게 설명했다. 당시 고 선배는 파라다이스 그룹을 떠나 K 건설의 해외사업 담당 본부장으로 근무하고 있었다. 나는 그에게 군산 사업의 성공 가능성과 현지의 과열된 아파트 분양 시장 상황을 흥분된 목소리로 상세히 전달했다.

다음 날, 고 선배가 다시 전화를 걸어왔다. 그는 사장님께 내 프로젝트 이야기를 했더니, 한 번 가서 직접 확인해 보라는 말을 들었다고 했다. 갑작스러운 제안에 나는 조금 당황했다. 그래서 나는 "왜요? 프로젝트 파이낸싱도 거의 세팅이 다 되었는데, K 건설에는 기회가 없을 텐데요!"라고 물었다.

그러나 고 선배는 더 이상의 자세한 설명 없이, 네가 중국통이고 네가 발굴한 사업이니 한번 보고 오라는 얘기뿐이라고 했다. 그러면서 모든 경비는 자기 회사에서 부담할 테니 2~3일 정도 다녀오자고 했다.

나는 그동안 내가 진행했던 일을 고 선배에게 보여 줄 겸 함께 쿤산으로 떠났다. 그곳에서 모든 일이 순조롭게 진행되고 있다는 자신감이 있었지만, K 건설의 관심은 예상치 못한 변수였다. 현장에 도착해 사업 부지와 뜨거운 현지의 분양 시장을 확인한 고 선배는 마치 자기 사업인 양 진심으로 축하해 주었고, 오랜만에 둘이서 홀가분한 마음으로 출장을 즐기고 돌아왔다.

귀국한 바로 다음 날, 고 선배의 사장님이 나를 찾으신다고 하여 만나게 되었다. 그는 나를 보자마자 "고 전무한테 들어 보니 좋은 사업을 찾았다면서요? 내가 요즘 건강검진 때문에 시간이 좀 나는데 나도 한 번 보여 줄래요?" 하시며, 다음 날 셋이서 함께 1박 2일로 다시 쿤산을 방문하자고 제안하셨다. 나는 이분이 사업에 대한 욕심이 크다는 것을 잘 알고 있었고, 그분 또한 나를 잘 알고 계셨기에 왜 가보자고 하시는지 금세 짐작할 수 있었다.

다음 날 우리는 다시 셋이서 쿤산을 방문했고, P 사장은 몇 시간에 걸쳐 사업 부지와 현황 등을 꼼꼼하게 확인하셨다. 그리고는 내게 이렇게 말씀하셨다.

"임 사장, 좋은 사업 잘 찾았네요! 지금 얘기하는 회사랑 다 끊고, 이 사업 우리랑 같이 해요! 자금은 걱정하지 말고 우리가 다 지원해 줄 테니까!"

나는 우선 기존 파트너들과 협의 후 다시 알려 드리겠다고 말씀드리고 서울로 돌아왔다. 돌아와 손석태와 장 회장님의 의견을 물었더니, 그들은 네가 대표이니 알아서 하라며 나에게 모든 결정을 위임했다.

이렇게 해서 나는 고 선무님을 다시 입무직으로 만날 수 있게 되었다. 굳이 이렇게 할 필요가 없었을 수도 있었지만, 전혀 모르는 사람들과 일을 하는 것보다는 훨씬 편하고 수월할 것이라는 생각과 그에 대한 순수한 믿음과 감사한 마음으로 P 사장의 제안을 받아들였다. 그러나 머지않아 이것이 나의 큰 실수였다는 것을 깨닫고 뼈저리게 후회하게 되었다.

매매 계약에 따라 잔금을 지급해야 하는 날이 60일 정도 남아 있었다. 주주 약정서를 확정하는 과정에서 K 건설측이 요구하는 조건 대부분을 수용하며 모든 합의를 마쳤다. 대기업의 특성상 내부 결재 과정이 필요했기에, 나는 별다른 의심 없이 기다리기로 하고 그사이 다른 급한 일에 집중하며 시간을 보냈다.

그러나 K 건설 내부의 심사 과정을 거쳐 그룹 회장실의 최종 승인을 받기까지는 생각보다 많은 시간이 소요되었다. 나는 프로젝트 전반에 걸친 설명과 삼주개발 회사에 대한 부차적인 사항까지 논의하기 위해 거의 두 달 내내 K 건설로 출근해야 했다. 이렇게 모든 과정이 순조롭게 진행되었고, 잔금을 치르고 사업을 인수받기로 한 날이 불과 3일 앞으로 다가왔다.

나는 시간이 얼마나 빨리 흘러가는지 실감할 수 없을 정도로 지난 두 달 동안 희망으로 가득한 하루하루를 보냈다. 세상이 이토록 아름답게 느껴진 적이 없었다. 그 당시 나는 북경에 있는 가족들과 거의 1년 가까이 떨어져 송도의 사무실과 그곳에 딸린 작은 방에서 홀로 지내고 있었는데, 이제는 곧 개선장군처럼 가족을 다시 만날 희망으로 가슴이 벅차 있었다.

안일하게 쉬운 길을 선택한 대가는 혹독했다

그런데 고 전무님이 급히 만나자고 전화를 걸어왔다. 그의 목소리는 유달리 작고 떨리는 듯했다. 사무실로 올라오지 말고 1층 로비에서 보자고 하니, 가슴이 덜컹 내려앉았다. 고 전무는 어렵게 입을 열었다. 사장님께서 방금 지시를 내렸는데, 우리가 추진하던 프로젝트를 넘겨받으라는 것이었다. K 건설이 작은 회사와 합작하는 것이 어울리지 않으니 단독으로 진행해야겠다는 것이었다. 그것도 잔금 지급일을 불과 3일 남겨 둔 시점에서 말이다. 고 전무는 우리 회사가 지금 발을 빼면 내가 잔금을 마련하지 못해 큰 손해를 볼 테니, 지금이 사업을 가져올 최고의 타이밍이라는 말을 덧붙였다.

그 말을 듣고 어찌나 기가 막혔던지, 나는 무슨 말을 해야 할지도 몰랐다. 속이 메스꺼워 급히 화장실을 다녀와야 했다. 난감해 어쩔 줄 모르는 고 전무님은 사장님을 오래 모셨지만 그런 사람인 줄 몰랐다며 자책했다. 일단 사업권 양도 금액을 제시하면 최대한 사장님을 설득해 보겠다는 말 외에는 더 이상 할 수 있는 이야기가 없다고 했다.

사무실로 돌아와 손석태와 장회장님을 만나 이 상황을 설명하니, 그들의 충격도 이만저만이 아니었다. 이미 계약금 30억원을 지급한 우리로서는 P 사장의 말대로 성질만 내며 펄쩍 뛸 일이 아니었다. 일단 사업권 매각 제안을 받아들이고, 합리적인 금액을 제시한 후 최종 판단을 하자고 설득했다.

다음 날 아침 일찍 K 건설로 가 고 전무님을 만나 사업권 매각을 원치 않지만, 굳이 원한다면 이 정도 금액을 요구하겠다고 말했다. 그러나 P 사장은 그마저도 거부했다. 나는 직접 사장실로 가 P 사장을 만나 담판을 벌였다. 여러 말이 오갔지만, 요약하자면 이러했다.

"인간적으로 당신한테 이러면 안 되는 것 잘 안다. 하지만 나는 공인이고 당신은 개인이다. 게다가 우리 관계가 특수하니 그룹에서 오해할 소지가 있다. 사업을 넘겨라. 네가 원하는 금액은 줄 수 없지만, 분양권은 너희 회사에게 주겠다. 분양수수료도 적지 않을 테니 잘 생각해봐라. 이틀 안에 돈을 못 구하면 당신은 큰 손해를 입을 것이다."

불과 엊그제까지만 해도 점심도 사 주시며 좋은 말씀을 해 주던 분이, 하루아침에 안면을 바꿀 수 있다는 사실이 믿기지 않았다. 숨이 턱 막혔다. 내가 개인이고, 특수한 관계 때문에 사업권을 넘기라는 말은 핑계일 뿐이라는 것을 그의 방을 나오기 전에 이미 알고 있었다. 차라리 "너와 함께 사업을 못 하니 이해해 달라"고 했더라면 달리 생각할 수도 있었을 것이다.

고 전무를 철석같이 믿었고, P 사장의 능력과 명석한 업무 처리에 대한 존경심도 컸는데, 도대체 무엇이 그를 그렇게 바꿔 놓았는지 안타까웠다. 잔금을 치르는 날까지 고 전무님에게 어떻게 할 것인지 확인하는 전화를 받았지만, 딱히 할 말이 없었다. 그 이후로는 연락을 끊었다.

나의 파트너들은 몹시 분개했다. 그동안의 서류와 미처 서명하지 못한 약정서를 들고 K건설을 상대로 제소하자고 했고, 언론을 통해 대기업의 횡포를 호소하자고도 했다. 하지만 나는 인간으로서의 선을 넘고 싶지 않았다. 속으로는 억장이 무너져 멘붕 상태였지만, KB은행을 통해 잔금 납입일을 30일 연장할 수 있도록 집중해야 했었다. 그러나 그 틈을 타 우림건설은 중국 동관의 한 기업에 사업권을 매도하려 했고, 결국 나는 계약금을 온전히 회수하며 이 사업을 접을 수밖에 없었다.

나는 앞서 주역에 심취했던 적이 있다고 말한 바 있다. 인간관계는 우리 마음과 같지 않아, 아무리 정성을 다해도 서로 인연이 없는 사람들끼리는 결코 좋은 결과를 맺지 못한다는 것을 일찍이 알고 있었다. P 사장과의 관계에서 덕을 볼 수 없다는 것을 알았음에도, 고전무님이 중간에 있어 그 인연에 미련을 가졌던 것 같다. 때가 영웅을 만든다고 했는데, 그 좋은 사업을 손에 쥐고도 다수의 금융기관이 펀딩을 해 주겠다고 했는데도 불구하고 이렇게 다 잡은 고기를 놓쳐 버리고 말았다. 안일하게 쉬운 길을 택했던 내가, 믿었던 사람에게 입은 상처는 정말 깊었다. 그저 나의 두 파트너에게 미안할 뿐이었고 아무것도 할 수 없었다.

1년 반이 훌쩍 넘어 북경의 가족에게 돌아왔다. 참으로 오랜만에 씁쓸한 기억을 품고 돌아온 나를 아내와 아이들은 반갑고 따뜻하게 맞아 주었다. 시간이 흘러도 마음의 상처는 쉽게 아물지 않았지만, 아이들과 함께 하는 시간을 통해 서서히 마음을 다잡아가고 있음을 느낄 수 있었다.

얼마 후 큰 딸 수진이는 북경에서 고등학교를 졸업하고 미국 펜실베니아 주립대학교(Pennsylvania State University)의 Pre-medicine 과정에 입학해 유학을 떠났다. 아이들이 성장하던 가장 중요한 순간에 그들과 함께하지 못했던 나는 늘 미안한 마음을 품고 살았다.

후배와의 동행, 신뢰의 끝에서 멈춘 발걸음

경기상고와 대우실업 인사과 후배인 박용길로부터 전화를 받았다. 그는 S DVD라는 회사를 설립해 코스닥에 상장까지 시켰던 능력 있는 후배였다. 중국 광동성(廣東省) 주해시(珠海市)에 사 놓은 33,000㎡ 규모의 공장 부지가 있는데, 이를 아파트나 오피스텔로 개발해 달라는 제안을 해 왔다. 삼주개발의 파트너인 손석태와 장회장님과 협의한 끝에, 지난번 쿤산 사업 때 계약금을 돌려받은 금액을 투자하여 박용길과 합작 파트너가 되었다. 나는 아내와 고등학생인 둘째 딸 수연이를 데리고 북경에서 광동성 주해로 이사를 했다.

일 자체는 그리 어렵지 않았다. 이 공장은 SKC㈜가 30년 전에 주해시에 투자한 SMAT TAPE 공장이었다. 그러나 세월이 흐르면서 사양 산업으로 전락해 문을 닫게 된 상태였다. 그런데 주해시는 30년 동안 비약적인 경제 성장을 이루었고, 이 공장 부지는 중요한 주거 지역의 중심으로 자리 잡게 되었다. 과거의 산업 시설이 이제는 도시의 새로운 중심지로 변모한 것이다. 나는 시청의 성시개발위원회와 부동산 관리국을 상대로 개발 가능성을 확인한 후, 주상복합 오피스텔 건립 계획을 수립하고 설계원에 모든 설계를 맡겼다.

기존 공장은 제3자에게 전부 임대해 회사의 운영 경비를 확보했고, 가끔씩 한국에서 제품을 수입하여 광주의 중국 테이프 도매상에게 판매하기도 했다. 이러한 일들은 그동안 긴장된 직장 생활을 해 왔던 나에게 오히려 휴식 같은 시간이 되었다. 북경에서 건설 관리 사업을 하던 시절과 비교하면, 지금은 여유롭고 한결 수월한 일상이었다.

그동안 나는 골프를 의도적으로 멀리 했었지만, 최근 몇 년 사이 건강이 나빠진 것을 계기로 운동을 시작하기로 결심했다. 박용길과 나는 거의 매일 열두 시 반쯤 일을 마치고 골프장으로 향했다. 우리가 도착할 때면 주해에서 중소기업을 운영하는 한국 기업인들이 기다리고 있었는데, 매일 두 팀에서 세 팀이 꾸려질 정도로 모두가 열성적인 분들이었다. 그렇게 매일 열정적인 사람들과 어울려 운동을 하면서, 내가 평생 멀리했던 골프가 이렇게 재미있는 운동이라는 것을 처음 알게 되었다.

주해는 전형적인 고온다습의 열대성 기후를 가진 지역이라, 여름에는 1번 티박스에 설 때쯤이면 이미 바지가 다 젖을 정도로 더웠다. 전반 9홀을 다 돌고 나면 옷을 갈아입어야만 운동을 계속할 수 있었다. 매일 그토록 땀을 흘리고 물을 많이 마시다 보니 체중도 8kg이나 줄일 수 있었다.

그렇게 1년이 지난 어느 날, 의사 선생님으로부터 나의 건강 상태가 모두 정상으로 돌아왔다는 말을 들었을 때의 기쁨은 이루 말할 수 없었다. 돌이켜 보면, 그곳에서 여유롭고 건강한 시간을 보내지 않고 숨 가쁘게만 살아왔다면, 아마도 나는 한 번쯤 병원 신세를 졌을지도 모르겠다는 생각이 든다.

오피스텔 도면을 확정한 후 설계원과 2차 계약을 체결하며 본격적인 건축 허가 절차를 진행하려던 어느 날이었다. 공장 부지에 주상복합 오피스텔을 짓기 위한 토지 형질 변경 절차를 시작하던 바로 그때, 박용길이 진지한 표정으로 나에게 다가왔다.

그는 공장 부지를 매각하기로 결심했다고 말했다. 개발이나 건설 경험이 전혀 없어 자신이 없다는 이유를 내세웠다. 지금 사려는 사람이 있느냐는 내 질문에 그는 몇 명이 있지만 아직 얘기를 해봐야 안다고 대답했다. 그러나 그의 말은 이미 모든 것을 정해 놓고 내게 통보하는 듯한 느낌이었다. 삼주개발의 파트너에게 이 사실을 전달해 달라는 그의 의중을 파악한 순간, 더 이상의 대화는 필요하지 않았다. 만약 그가 땅을 되팔 생각이었음을 미리 알았다면 처음부터 이곳에 오지도 않았을 것이고, 투자 또한 하지 않았을 것이 자명했기 때문이다.

나는 감정을 억누르며 손석태와 장회장님에게 전화를 걸어 상황을 설명했다. 처음엔 그들도 펄쩍 뛰었지만, 이내 침착해지는 모습이 느껴졌다. 결론은 대주주의 뜻이 그렇다면 소주주로서는 어쩔 수 없다는 것이었다. 그들의 말은 현실적이었고, 오직 나만이 변화 앞에서 소신과 믿음으로 고집을 부리고 있다는 생각이 들었다. 나는 선배로서, 그리고 동문이라는 인연으로 얽혀 시작한 사업이었기에 조용히 물러날 준비를 해야겠다는 다짐을 했다. 연거푸 얻은 아픈 경험이 내가 지금까지 지나치게 순수하고 고지식했던 건 아닐까 하는 후회가 밀려왔지만 건강을 회복할 수 있었던 소중한 시간이었기에 담담한 마음으로 한국으로 돌아왔다.

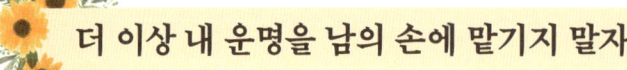

더 이상 내 운명을 남의 손에 맡기지 말자

며칠을 고민하던 중, 미국에서 유학 중인 수진이가 방학을 맞아 집에 돌아왔다. 그 아이는 의사가 꿈이어서 의예과에 진학했지만, 영주권이 없어 수련의 본과 과정에 진학할 수 없다는 이야기를 하며 다시 떠났다.

작은 성취가 쌓여 큰 소망을 이루고, 그것들이 모여 대망을 이룬다는 말이 떠올랐다. 나는 지난 몇 년 사이 인생의 부침을 뼈저리게 느꼈다. 지난 30년간 시련은 있었지만, 그때마다 잘 극복해 왔던 내가 이제 와서 목표를 눈앞에 두고 맥없이 좌절하는 모습이 너무도 쓰라렸다.

곰곰이 생각해 보니 내가 극복할 수 있었던 일과 그렇지 못했던 일의 차이는 단 하나였다. 바로 남의 돈에 의지해 내 운명을 그들에게 맡겼다는 점이었다. 나는 진정으로 사업을 통해 성공하기를 원했고, 그 목적도 분명했다. 하지만 자본을 내가 통제할 수 없는 한 끊임없이 실패를 반복할 것이라는 확신이 들었다.

'그래, 이제부터는 나 혼자의 자본과 노력으로 다시 시작해 보자! 아무리 좋은 기회라도 내가 혼자 해낼 수 있고 가장 잘할 수 있는 일에 승부를 걸어 보자!'

이렇게 결심하니 마음이 한결 편해졌고, 오랜만에 깊은 잠을 잘 수 있었다.

한편, 수연이가 고등학교를 졸업하고 싱가포르의 대학에 입학했다. 졸업 후 3년간 공무원으로 채용되는 조건으로 장학금을 받고 진학한 것이었다. 아이들이 모두 유학을 떠나니 마음이 텅 비고 허전했지만, 다른 한편으로는 이제 어딘가에서 아내와 단둘이 새로운 길을 모색하기에 좋은 시기라는 생각도 들었다. 인생은 늘 새로운 시작의 연속인 것 같다.

이렇게 새로운 길을 찾아 북경과 한국을 오가며 시간을 보내던 어느 날, 내가 오랜만에 여유로운 휴가를 즐기는 것처럼 보였는지 어머니가 내게 말씀하셨다.

"너 요즘 바쁘지 않은 것 같은데, 네 동생 미국 집에 나 좀 데려다 줄 수 있겠니?"

동생은 몇 년 전 사업 비자를 받아 온가족과 함께 미국 워싱턴주(Washington State) 올림피아(Olympia)로 이주했는데, 바쁜 탓인지 한 번도 한국에 다녀가지 못하고 있었다. 아마 연로하신 어머니가 걱정이 많으셨던 모양이다. 동생이 어머니께 그렇게 부탁해 보라고 한 듯했다.

수진이가 얘기했던 영주권 문제도 마음에 걸리던 차에, 미국에 가서 영주권을 해결할 수 있는 방안도 알아볼 겸 아내와 함께 어머니를 모시고 동생을 방문하기로 했다. 때는 2012년 4월 초였다. 어머니는 몇 년 만에 아들을 보게 되니 기쁨을 거의 감추지 못하셨다. 그 모습을 보며 나는 늘 바쁘다는 핑계로 잊고 지냈던 동생과 어머니의 마음을 헤아리지 못했다는 생각이 들었다. 하지만 이내 오랜만에 아들 노릇을 한 것 같은 뿌듯함도 함께 느꼈다.

30일의 일정으로 머물며 타코마(Tacoma)와 시애틀(Seattle)의 교포 부동산을 방문해 단기간 내 영주권을 받을 수 있는 방법에 대해 문의해 보았다. 조언을 구하니 그들은 이구동성으로 10명의 풀타임 종업원을 고용할 수 있는 업체에 직접 투자하는 것이 가장 빠른 방법이라고 했다. 커다란 주유소나 쇼핑몰, 규모 있는 슈퍼마켓이나 호텔과 같은 곳에 투자하면 그 조건을 충족할 수 있다는 것이었다. 하지만 주유소나 슈퍼마켓은 내가 해 본 일이 아니었고, 호텔은 경험이 충분했지만 투자가 많이 요구되어 내가 감당하기엔 벅찬 사업이었다.

당시 미국은 리먼브라더스 파산 사태에서 아직 완전히 벗어나지 못하고 있어 불황의 그림자를 피부로 느낄 수 있는 시기였다. 문득, 아부다비의 MIDEIN HOLDING에 근무할 당시 우리 회사를 찾아온 미국 투자자들이 생각났다. 예전에 그들이 내게 준 자료들을 모두 다시 찾아보았다. 나의 관심사는 도대체 언제쯤 미국이 회복할 것인지였다. 그들이 준 자료를 바탕으로 최근 미국 경제 통계를 대입해 보니, 실업률, 자동차 판매 추세, 주택 보급률 이 세 가지 모두가 상향 곡선을 그리며 이미 회복이 시작되었음을 알 수 있었다.

미국은 모든 통계와 정보가 투명하게 공개되어 있었고, 인터넷을 통해 얻을 수 있는 정보의 양과 질이 엄청나게 방대했다. 동생 집에 머무르는 동안 법원 경매와 공매를 통해 많은 사업체들이 새 주인을 찾고 있었던 시점이었다. 10명 이상 고용 가능한 업체도 상당수 시장에 나와 있었고, 그 가격이 예전에 비해 30% 이상 저평가되어 있음도 알 수 있었다. 하지만 30일 기간 동안 내가 할 수 있었던 것은 거기까지였다.

나와 아내는 먼저 귀국할 예정이었기 때문에 떠나기 3일 전 어머니를 모시고 오리건주(Oregon) 포틀랜드(Portland)를 방문하기로 했다. 차로 약 두 시간 남쪽에 위치한 포틀랜드는 예전 대우건설 해외투자사업실에서 다루던 프로젝트가 있던 지역이기도 해, 그곳이 아름답고 살기 좋다는 말을 들었기에 꼭 한번 가보고 싶었다.

포틀랜드 시에 거의 다다랐을 때, 'VANCOUVER CITY'와 'VANCOUVER MALL'이라는 도로 안내판이 크게 눈에 들어왔다. 캐나다 밴쿠버와 영문 철자가 똑같은 곳이라는 생각이 들며 그곳을 지나쳐 포틀랜드에 도착했다. 시내 구경을 마친 후 올림피아로 돌아가는 길에 다시 한번 'VANCOUVER MALL'이라는 간판을 보았다. 나는 아내에게 귀국 전 조카들 옷을 좀 사 주자고 하며 몰로 방향을 틀었다. 차에서 기다리겠다는 어머니를 두고 바쁘게 쇼핑을 마치고 나오니, 어머니가 갑자기 화장실에 들러야 한다고 하셨다.

바로 맞은편에 세 개의 호텔이 있었고, 그중 하나에 들러 아내와 어머니를 내려드린 후 나는 밖에서 기다리고 있었다. 3층짜리 노란색 아담한 호텔이었다. 주차장에서 기다리던 중, 한 중년의 백인 여성이 내게 다가와 물었다.

"이 호텔을 사러 오셨나요? 이 호텔 좋지 않으니 사지 않는 게 나아요."

잠시 후 차로 돌아온 아내와 어머니는 프런트 데스크 직원이 호텔을 보러 왔느냐고 묻더라는 이야기를 했다. 돌아오는 길에 우리는 웃으며 농담을 했다.

"우리가 돈이 많게 보였나 봐! 하나 살까?"

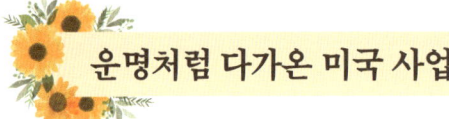
운명처럼 다가온 미국 사업

　서울로 돌아온 지 한 달이 넘은 6월 초순이었다. 오랜만에 만세력을 펼쳐 들고, 내가 사업을 시작하려는 시기가 적절한지 살펴보았다. 의심의 여지가 없었다. 상장회사를 포함한 몇 군데의 회사에서 만나자는 제안을 받았지만, 모두 거절했다. 중국 친구들에게 연락하며 사업을 준비 중임을 알렸고, 사업 자금을 마련하기 위해 주식과 집도 정리해 북경으로 돌아갈 계획을 세웠다.

　모든 가능성을 열어둔 채 사업을 찾고 있던 어느 날, 미국에 있는 동생에게서 전화가 걸려 왔다. 형이 만났던 이상규 부동산에서 연락이 왔는데, 밴쿠버 시티에 좋은 호텔이 싸게 나왔다는 소식이었다. 무심코 자료를 보내 달라고 했고, 그날 밤 집에 돌아와 메일을 열어 보니 소스라치게 놀라지 않을 수 없었다. 우리 셋이 들렸던 바로 그 호텔이었다. 63개의 객실과 식당, 실내 수영장, 회의실을 갖춘 아담한 규모의 호텔이었는데, 최근의 불황으로 인해 미국인 오너가 더 이상 버티지 못하고 은행에 넘어갔다는 것이었다. 현재는 종업원들이 은행의 지원 하에 운영하고 있었고, 은행은 공매를 통해 채권을 회수하려 하고 있었다.

　나는 론스타에서 근무할 때 부실자산과 채권을 정리한 경험이 있었고, 중국에서도 법원을 통해 호텔을 인수한 경험이 있어, 이 호텔이 운명처럼 내게 다가온 것 같다는 직감이 들었다. 아내에게 말했더니 그녀도 깜짝 놀라며 웃으며 말했다.

　"이번엔 당신의 목적지가 미국인가 봐!"

결혼 후 이사를 많이 다니다 보니, 아내도 이제 움직이는 것에 거부감이 없어진 듯했다.

다음 날 저녁 비행기에 올랐다. 미국으로 가는 내내 많은 생각이 머릿속을 맴돌았다. 생소한 미국 땅에서 가진 돈을 털어 사업을 하는 것이 옳은 판단일까? 영어도 부족하고 현지 경험도 없는데, 덜컥 겁이 났다. 만약 실패하면 어떻게 하지? 다시 옛날로 돌아가게 된다면 큰일이다. 결코 그 시절로 돌아가서는 안 된다는 생각이 들자, 캄캄한 태평양 하늘을 나는 비행기 창문에 비친 내 모습이 초라하게 느껴졌다.

하지만 곧 마음을 다잡았다.
'가서 결정하자. 미리부터 겁먹을 필요는 없잖아!'
만세력에서 본 나의 운명과 미국 경제가 이미 회복했다는 그래프가 떠올랐다. 경기가 풀린다는데, 설마 다 잃겠어? 도박을 하러 미국에 가는 것도 아닌데. 이런저런 생각을 하며 시애틀 공항(Tacoma Seattle International Airport)에 도착했다.

다음 날 이상규 사장을 만나 그의 차로 밴쿠버를 두 번째 방문했다. 500실 규모 이상의 호텔 두 곳을 경영해 본 나는 이 작은 호텔이 마치 나를 기다리고 있었던 것 같은 첫인상을 받았다. 은행은 종업원들을 통해 호텔을 운영하고 있어 여기저기 거슬리는 부분이 눈에 띄었지만, 내가 맡으면 금방 바꿔낼 자신이 들었다. 위치도 호텔로서는 입지 조건이 좋아 살려낼 수 있다는 자신감이 들었다.

이틀을 더 기다린 후 입찰에 참여했고, 최고 낙찰가를 쓴 나에게 낙찰이 되었다. 이번만큼은 실패하고 싶지 않았다. 불과 몇만 달러 차이로 남의 손에 넘겨 주고 떠나기가 싫었다. 나만의 사업이라고 생각하니, 예전 회사원 시절의 결정보다 훨씬 수월했고 부담도 덜했다. 오직 미국인들이 보여 준 통계 그래프만 믿고 질러버린 것이었다. 내가 최종 계약자가 된 순간이었다.

정식 계약을 앞두고 보니, 나는 비자도 없는 방문객 신분이었다. 이대로는 아무것도 진행할 수 없음을 깨닫고, 인터넷을 뒤져 워싱턴 주의 회사 설립 규칙과 외국인의 투자 절차 및 법규를 꼼꼼히 살펴보았다. 회사를 설립하면 은행 계좌를 열 수 있다는 사실을 알게 되었고, 서둘러 워싱턴 주 웹사이트에 접속해 200달러의 수수료를 내고 회사 이름을 등록했다. 이어서 IRS(국세청) 웹사이트에서 EIN(Employer Identification Number)을 발급받았다.

새벽 다섯 시가 되니 동이 트기 시작했다. 무비자로 미국에 들어와 사업을 하겠다고 결심한 후, 변호사나 회계사의 도움 없이 독학으로 회사 설립과 Tax 번호까지 받는 데 불과 대여섯 시간이 걸렸다. 마음이 바뀔까 봐 서둘러 모든 것을 처리해 버린 것이었다.

잠도 자지 않고 바로 타코마(Tacoma)의 Uni Bank 지점으로 향했다. 새벽에 설립한 Samjoo Properties LLC 명의와 EIN 번호를 사용해 계좌를 개설했다. 동생 집에 돌아와 인터넷 뱅킹으로 50,000달러를 송금했다. 한국의 외환 관리법상 자기 계좌에서 해외 송금 한도가 50,000달러로 제한되어 있었기에 바로 송금이 가능했다. 동생에게 부탁해 똑같이 50,000달러를 법인 계좌로 송금받아, 총 100,000달러의 계약 보증금 (Earnest Money)를 마련했다. 이렇게 해서 계약을 체결할 수 있었다. 미국은 한국과 달리 프로젝트 파이낸싱이 가능한 나라였기에 감히 내가 호텔 계약을 할 수 있었던 것이었다.

나는 매입금액의 62%를 은행에서 5년 거치 일시상환으로 빌린다는 신청서를 은행에 제출했고, 이자는 조만간 오를 수 없다고 판단되어 4.25% 고정이자로 신청했다. 계약서에는 내가 미국 은행으로부터 위와 같은 조건에 30일 내 차입을 하지 못하면 계약금을 돌려받을 수 있다는 조건을 달아 놓았다.

6일 만에 이 모든 일을 마치고 다시 귀국했다. 진인사대천명(盡人事待天命)의 마음으로 하늘의 뜻을 기다렸다. 나는 만약 은행에서 대출을 받지 못해 이 사업이 성공하지 못하더라도, 수진이의 진로를 위해 아비로서 최대한의 노력을 했다는 것에 만족하기로 했다. 이제 모든 것은 하늘에 맡기고, 내가 할 수 있는 일을 다 했다는 안도감이 밀려왔다.

그런데 미국의 은행에서 대출 심사를 위해 나의 영문 이력서가 필요하다는 연락을 받아 제출한 후, 아무런 소식이 없었다. 정식 비자도 없는 단순한 외국인이었기에 대출이 안 될 수도 있다는 생각이 들었다. 계약 종결일 3일 전, 부동산 중개인을 통해 은행에서 신청한 대로 대출 승인이 나왔다는 소식을 들었다. 기쁨보다는 '이제 올 것이 왔구나'라는 생각과 함께 비장한 각오를 다져야 한다는 본능이 가슴 한 편에서 소용돌이치며 휘몰아치는 것을 느꼈다. 이제 진짜 온전히 나만의 게임이 시작되고 있었다.

해외 투자 신고를 마치고 자본금을 송금한 후, 집으로 돌아오는 길에 대형 태극기를 한 장 사서 짐 가방에 챙겨 넣었다. 호텔 앞에 두 개의 국기봉이 있었는데, 성조기와 프랜차이즈 기가 걸려 있던 것이 떠올랐다. 비록 프랜차이즈 호텔을 운영하게 되었지만, 그곳에는 태극기가 더 어울릴 것 같다는 생각을 품고 귀국했기 때문이었다.

전장으로 떠나는 장수의 심정으로 미국땅을 밟다

2012년 8월 20일, 드디어 시애틀에 도착했다. 마치 전장으로 떠나는 장수와 같은 비장한 마음으로 미국에 입국했지만, 여전히 무비자 방문 프로그램(ESTA VISA)에 의한 단기 방문자 신분이었다.

공항에서 바로 린우드(Lynnwood)의 BBCN 은행으로 직행하여, 차입한 자금과 자본금 전액을 에스크로 계좌(Escrow Account)에 이체한 후, 에스크로 담당자인 채상일 변호사 사무실로 향했다. 모든 서류에 서명을 마치고 나니 매수자로서의 모든 의무가 완결되었다. 변호사로부터 호텔의 명의가 나의 회사로 이전되었다는 통지를 받았을 때는 오후 여섯 시가 조금 넘어가고 있었다. 나는 서둘러 동생의 집이 있는 올림피아(Olympia)로 향했다.

다음 날인 8월 21일 오전 11시쯤 호텔에 도착했다. General Manager와 간단히 인사를 나눈 뒤, 가져온 태극기를 성조기 옆의 국기봉에 게양하는 일로 나의 사업을 시작했다. 프런트 오피스 뒤쪽에 있는 사무실에 들어가 책상 배치를 다시 하던 중, 책상 밑에서 100만 달러짜리 가짜 돈을 발견했다. 나는 좋은 징조라 여기고 얼른 그것을 지갑에 넣으며 "일을 시작하기도 전에 100만 불  을 벌었네!"라는 혼잣말을 하며 빙그레 웃었다. 그때의 기분이 지금도 생생하다.

그러나 호텔의 상태는 내가 상상했던 것보다 훨씬 더 심각했다. 객실 63개 중 15개는 여러 가지 이유로 판매 가능한 상태가 아니었고, 종업원들이 자기들끼리 운영한 지 벌써 5개월이 지나 모든 것이 뒤죽박죽이었다. 어디서부터 손을 대야 할지 엄두조차 나지 않았다. 90대의 차량을 수용할 수 있는 주차장도 아스팔트 위의 주차 경계선이 희미하게 남아 있었고, 주변의 관목은 전혀 관리되지 않은 채 방치되어 있었다. 객실 카펫은 오랫동안 샴푸 청소를 하지 않아 위생적으로도 심각해 보였고, 실내 수영장의 타일과 기계실의 보일러, 필터 역시 언제 고장 날지 모를 만큼 관리가 소홀했다.

하나부터 열까지 철저히 개선하지 않으면 나 역시 전 미국인 주인과 같은 운명을 맞게 될 것이 뻔했다. 이 상태로 호텔 영업을 계속해야 한다는 생각에, 서둘러 게양한 태극기를 다시 내려야 하는 것은 아닌가 하는 마음까지 들었다. 그러나 나는 마음속으로 그 태극기를 나의 부적처럼 삼기로 결심했다.

늦은 저녁 호텔 밖으로 나와 석양의 빛을 받은 노란색 호텔 건물을 바라보니, 그 모습이 문득 아름답게 느껴졌다. 이 넓은 미국 땅에 나만의 작은 점 하나를 찍었다는 뿌듯한 자부심이 밀려왔고, 오후에 가졌던 근심이 조금씩 누그러졌다. 어린 시절 눈 덮인 길 위에서 얼어붙은 발을 동동 구르며 신문을 돌리던 내 모습이 떠올랐다. 그리고 여러 나라를 떠돌며 치열하게 살아온 지난날이 주마등처럼 눈앞을 스쳐 지나갔다. 하지만 오늘 나는 나 자신에게 큰일을 해냈다고 칭찬하며, 사업 첫날을 기쁜 마음으로 마무리했다.

이 기쁨을 가족들과 나누고 싶었지만, 중국 주해에서 집 정리를 하고 있는 아내, 미국 펜실베이아 주립대학교에 다니고 있는 큰 딸, 싱가포르에서 대학을 다니고 있는 작은 딸, 그리고 워싱턴주 밴쿠버(Vancouver)에 있는 나까지 모두 서로 다른 공간에 흩어져 있었다. 서로의 소식을 주고받는 일조차 쉽지 않았다.

태극기 아래 쓴 미국 성공기

　새벽 세시에 일어나, 산더미처럼 쌓인 일들을 하나씩 정리하며 우선순위를 정했다. 가장 먼저 해결해야 할 일은 비자 문제였기에 변호사를 선임해 이 문제를 처리하기로 했다. 두 번째는 자동차를 구입하는 일이었고, 세 번째는 호텔 주변의 관목 정리와 주차장 아스팔트 보수, 그리고 주차 경계선을 다시 마킹하는 작업이었다. 네 번째로는 전체 객실의 카펫을 샴푸 청소하는 일을 시작으로, 총 100개의 긴급히 처리해야 할 과제들을 정리했다. 이 모든 일을 100일 안에 완수하겠다는 목표를 세우고, 그 목록을 책상 앞에 붙여 놓았다.

　호텔 사업에서 8월은 최고의 성수기였다. 다행히 고장 난 열다섯 개의 객실이 아쉽긴 했지만, 전체적인 영업은 잘되고 있었다. 그러나 General Manager의 운영 능력은 기대 이하였다. 주말을 맞아 객실이 모두 예약되었는데, 마그네틱 객실 카드가 부족해 비상이 걸렸다. 하지만 오후 세시가 되자 그녀는 아무런 조치도 취하지 않은 채 퇴근해 버렸다. 예약은 되어 있지만 방 열쇠가 없어 손님들에게 배상을 해야 하는 상황이 되었는데도, 그녀는 퇴근 시간이 되자 뒤도 돌아보지 않고 떠났다. 이런 모습을 보며, 과연 이 사람을 믿어도 되는지 깊은 의문이 들었다.

　급한 대로 맞은편 호텔에 가서 객실 카드 키 100여 장을 빌려 왔지만, 하루밖에 사용할 수 없는 양이었다. 다음 날에는 카드키 대신 키 홀더만 배달되었고, 결국 내가 직접 새로 주문을 넣은 후에야 제대로 된 카드키를 받을 수 있었다. 이 과정에서 일주일이나 걸렸다.

호텔을 인수한 첫 일주일 동안, 내가 가장 많은 시간을 투자한 일은 부동산 브로커가 소개해 준 다른 한국인 호텔들을 돌아다니며 객실 키를 빌려 오는 어처구니없는 일이었다.

호텔을 인수한 지 닷새째 되던 날, 나는 General Manager를 해고했다. 그녀가 해고 사유를 묻자, 나는 이렇게 말했다.

"며칠간 당신과 함께 일해 보니, 우리 사이에는 해결하기 어려운 화학적 문제가 있는 것 같아요."

아직 호텔 건물과 직원들, 프랜차이즈 운영 지침 등 모든 것에 익숙하지 못했지만, 이미 경영에 실패한 호텔의 새로운 주인이 된 나로서는, 그녀가 영어 외에는 잘하는 것이 없다는 판단을 내릴 수밖에 없었다.

삼수갑산을 넘더라도, 내가 세운 계획대로 호텔을 운영하기 위해서는 주인인 내가 전면에 나서야 한다는 원칙을 세웠다. 이는 정말로 위험하고 쉽지 않은 일이었지만, 나는 이미 이 길을 선택했기에 모든 것을 내 손으로 해결해 나가야 했다.

이른 아침, 옆 호텔의 주차장에서 보수 공사와 라인 마킹 작업을 하는 일꾼들이 분주히 움직이는 모습을 보았다. 나는 그들의 팀장을 찾아, 일이 끝나면 우리 호텔도 작업해 달라고 부탁하며 견적을 요청했다.

그는 바쁘게 움직이는 인부들과 달리 한가해 보였지만, "우리는 사무실의 작업 오더에 따라 움직이기 때문에 사무실에 전화로 예약을 한 후에야 작업을 시작할 수 있습니다"라고 말했다. 본사 직원까지 포함해 모두 일곱 명밖에 안 되는 소규모 업체였지만, 철저히 예약 원칙을 고수하는 모습에서 한국과는 많이 다른 문화를 느낄 수 있었다.

그들이 작업하는 모습을 한동안 지켜보니, 간단한 장비만 있으면 나도 할 수 있겠다는 생각이 들었다. 얼마 후, 호텔에 투숙 중이던 한 손님이 다가와 "필요한 자재만 사 준다면 내가 해 줄 수 있다"며 숙박비와 인건비를 바터로 해 달라는 조건을 제시했다. 나는 즉시 수락하고 그와 함께 작업을 시작했다. 그 작업은 콜럼버스의 달걀처럼 간단했다. 하지만 정오가 되자 그는 점심 식사 후에 다시 시작하겠다며 방으로 들어갔고, 오후가 되어도 돌아오지 않았다. 나는 이미 옆 호텔에서 그들이 작업하던 모습과 그 손님의 작업을 지켜본 터라, 그가 두고 간 장비와 자재를 이용해 혼자 주차장 라인 마킹 작업을 시작했다. 오후 여덟 시쯤 되자 모든 작업이 완료되었다. 다시 돌아보니, 내가 했다고는 믿기 어려울 만큼 깔끔하게 마무리된 모습이었다.

그때 그 객실 손님이 돌아왔다. 이미 작업이 끝난 것을 확인한 그의 얼굴에는 믿기 어렵다는 표정과 함께 당황스러움과 아쉬움이 묻어나왔다. 아마도 그는 이 작업을 핑계 삼아 적어도 사흘에서 나흘 정도는 무료로 호텔에서 숙박할 생각이었던 모양이었다. 회사에 의뢰했다면 최소 4000~5000달러를 지불해야 했던 작업을, 나는 500달러도 채 되지 않는 비용으로 호텔을 인수한 지 열흘도 안 되어 마무리한 것이었다.

객실 카펫 샴푸 작업도 마찬가지였다. 내가 연락한 모든 업체들은 예약 순서대로 작업을 진행하는 원칙을 철저히 지키고 있었다. 하지만 나는 매일 손님을 받아야 했기에 그렇게 오랫동안 기다릴 수 없었다. 결국 직접 카펫 샴푸 머신 두 대를 구입해 작업을 시작했지만, 결국 네 대의 머신을 번갈아 사용하며 혹사시킨 후에야 겨우 객실의 위생 상태를 만족시킬 수 있었다.

그러나 카펫 자체를 교체해야 할 시점이 다가왔음을 깨달았다. 밴쿠버 시내의 거의 모든 카펫 업체를 찾아다니며 객실과 복도의 카펫 전체를 교체하려고 했지만, 그들은 예약 상황을 확인한 뒤 빠르면 3개월 후에나 작업이 가능하다는 답변만 돌려주었다. 그들이 보여 준 예약 리스트는 대부분 일반 주택의 소규모 교체 작업으로, 내가 요구하는 규모와는 비교도 되지 않았다. 그런데도 업체들은 단호히 3개월을 기다려야 한다고 했다.

주인의 입장에서는 상황이 다를 것 같아 업체 사장님을 직접 만나 협의하려고 했지만, 그들의 규칙을 깨는 것이 쉽지 않음을 깨달았다. 그들은 발주 금액의 크고 작음에 관계없이 철저히 "First Come, First Serve(선착순)" 원칙을 고수하고 있었다. 나는 이 상황에서 어떻게 해야 신속히 작업을 마치고 호텔을 새롭게 탈바꿈시킬 수 있을지 고민에 빠졌다. 결국, 카펫 구입과 설치를 따로 분리해 발주하면 기간을 단축할 수 있을 뿐만 아니라 비용도 절감할 수 있다는 결론에 도달했다. 하지만 미국에 온 지 얼마 되지 않은 나에게 이 방법은 커다란 도전이자 모험이었다.

영어로 소통하는 것은 중국이나 아랍에서의 경험과는 전혀 달랐다. 미국 밖에서 내가 만난 사람들 대부분은 영어가 모국어가 아닌

제2외국어였기 때문에 소통이 상대적으로 수월했지만, 여기서는 원어민들과 직접 소통해야 했기 때문에 어려움이 컸다. 나는 항상 의사소통이 업무를 완벽하게 수행하는 데 가장 중요하다고 생각했기 때문에 완벽한 상호 이해를 원했지만, 내 영어 실력으로는 아직 부족한 부분이 많았다. 그러나 인터넷을 꼼꼼히 검색한 끝에 조지아주에 위치한 한 공장을 찾아냈고, 그곳 창고에 오랫동안 보관된 재고 카펫을 발견할 수 있었다. 재고로 남아 있던 제품은 신제품에 비해 가격이 약 30% 저렴했고, 호텔 면적 29,475 평방피트에 적합한 수량을 확보할 수 있었다.

설치 인력 문제는 Craigslist를 검색하여 멕시칸(Mexican) 업자를 찾아 해결했다. 두 업체 모두 맡은 일을 끝까지 완벽하게 처리해 주었고, 덕분에 나는 다시 한번 내가 운이 좋은 사람이라는 것을 확인할 수 있었다. 다른 여러 업체로부터 받은 견적보다 최소 30% 이상 저렴하게 공사를 마무리할 수 있었으며, 성수기가 시작되기 전인 3월에 모든 공사를 완료하여 호텔을 완전히 새로운 모습으로 바꿀 수 있었다.

객실에 있던 구형 Sony TV를 모두 삼성 LED TV로 교체했다. 비용을 절감하기 위해 COSTCO Fife 지점에 연락해 고객들로부터 반품된 제품을 재포장한 TV를 구입했는데, 덕분에 약 25%의 비용을 절감할 수 있었고 적립금도 쌓을 수 있었다. 식당과 회의실의 가구도 잘 찾아본 끝에 재고로 남아 있는 상품을 구입해 교체했다.

마지막으로 프랜차이즈 회사를 Choice Group에서 Wyndham Group으로 변경하여, 호텔 명칭을 Howard Johnson Inn &

Suites로 바꾸었다. 아울러 문제로 인해 판매가 불가능했던 열다섯 개의 객실도 모두 수리를 마치고 정상적인 객실로 되돌릴 수 있었다. 이 모든 작업이 완료된 시점은 2013년 3월 말이었다. 이제 호텔은 완벽히 새로운 모습으로 손님들을 맞이할 준비가 되었다.

그때까지 목표로 세웠던 100가지 개선 프로그램 중 약 60%를 달성했지만, 나머지 항목들은 수익이 발생하는 대로 꾸준히 실행해 나가기로 결정했다. 이는 지난 6개월간 프랜차이즈 변경과 호텔 개조 공사로 인해 매출과 수익이 크게 줄어들어, 내가 준비해 온 자금이 거의 바닥났기 때문이었다. 미국에 대한 경험이 전혀 없었음에도 불구하고 이렇게 과감하고 대담하게 투자를 진행할 수 있었던 이유는 미국 경제 회복에 대한 굳은 믿음과 함께, 태극기를 달고 사업하는 나로서는 정정당당한 승부를 해야 한다는 강한 신념이 있었기 때문이었다.

앞서 언급했듯이, 나는 합법적인 비자 없이 무비자 방문 프로그램(ESTA)으로 미국에 입국했기 때문에 90일 이내에 한국으로 돌아가야 했다. 부동산 중개인을 통해 소개받은 한국계 변호사에게 영주권 신청을 맡겼는데, 인상이 좋아 보였던 이 변호사의 어머니가 사무장을 맡고 있고, 미국에서 태어난 딸이 변호사로 활동하는 작은 법률 사무소였다.

미국에서는 변호사와 회계사를 조심하라는 말을 들었지만, 나는 바로 그 덫에 걸리고 말았다. 나는 외국에서 오랜 기간 워킹 비자를 받아 일한 경험이 있어 체류 신분의 중요성을 누구보다 잘 알고 있었고, 큰 투자를 하고 들어온 나로서는 불법적인 신분으로 인해 사업이 위태로워질 수 있다는 점을 깊이 이해하고 있었다. 무엇보다 큰 딸 수진이가 21세가 되기 전에 영주권 문제를 해결해야 한다는 절박한 이유가 있었기에 위험을 무릅쓰고 미국으로 들어온 것이었다.

변호사에게 수시로 비자 신청 진행 상황을 문의했지만, 제대로 진행되고 있다는 확신을 주지 못했고 불안감만 커져갔다. 그런 와중에 인보이스를 받았는데, 당초 약정한 금액의 50%를 번역비라는 명목으로 청구한 것이었다. 곧 90일 체류 기간 만료가 임박하자, 나는 변호사에게 직접 찾아가 진행 상황에 대해 다시 물었다. 그녀는 "90일을 넘겨 문제가 되더라도 제가 다 해결할 테니 걱정하지 마세요"라고 답하며, 정확한 진행 상황에 대해서는 여전히 제대로 설명하지 않았다. ESTA의 규정을 다시 한 번 철저히 살펴보니, 단 하루라도 체류 기간을 초과하면 불법 체류자가 된다는 경고가 명확히 적혀 있었다.

다음 날 변호사를 찾아가 이 규정을 언급하며 다시 확인을 요구하자, 그녀는 짜증스러운 목소리로 내게 말했다.

"사장님, 제가 변호사인데 왜 남의 말을 듣습니까? 저는 미국 사람이고, 사장님은 한국 사람이신데 미국에 와서 왜 한국 사람처럼 행동하세요?"

순간, 오장육부가 뒤집히는 듯한 분노가 치솟았지만, 나는 침착하게 서류를 모두 돌려달라고 요청했다. 두 번 더 강력하게 요청하자, 그녀는 마지못해 모든 서류를 내게 건넸다. 서류를 챙겨 사무실을 나서니 밖에는 굵은 빗줄기가 세차게 쏟아지고 있었다. 그 빗소리가 내 분노를 조금이나마 가라앉혀 주었다.

이제 불과 3일 뒤면 90일 체류 기간이 끝나는 시점이어서, 나는 무조건 출국을 해야 했다. 다행히 아내는 나와 같은 신분이었지만 한 달 전에 미국에 입국해 아직 시간이 여유로웠다. 나는 당장 해결책이 떠오르지 않아 정말 막막했다. 다급한 마음에 지역 광고지에서 자주 봤던 김왕진 변호사에게 전화를 걸어 긴박한 상황을 설명하자, 그는 기꺼이 서류를 가지고 사무실로 오라고 말했다.

그는 영주권 신청은 당장 어렵지만, 일단 사업 비자(E2 Visa)를 먼저 신청한 후 한국에 나가 E2 Visa를 받고 다시 미국에 입국하여 영주권을 신청하는 방안을 제시했다. 통화하면서 느껴지는 그의 겸손하고 상대를 배려하는 말투는 이전의 변호사와는 전혀 다른 깊은 신뢰감을 주었다. 나는 즉시 그의 사무실로 향했고, 모든 서류를 영문으로 다시 번역하여 준비했다. 김 변호사는 밤늦게까지 함께 앉아 인터넷으로 우리 가족의 비자 신청을 마쳤다. 큰딸 수진이는 이미 학생 비자로 유학 중이었기에 작은딸 수연이와 우리 부부만 비자를 신청했다. 거의 자정이 되어서야 모든 신청 절차를 끝낼 수 있었고, 나는 다음 날 급히 한국으로 출국했다.

만약 내가 앞선 변호사의 말만 믿고 90일 체류 기간을 초과했다면 나는 불법 체류자가 되어 앞으로 어떤 합법적인 비자도 받을 수 없는 신세가 되었을 것이다. 교포 사회에서는 변호사의 말만 믿다가 본의 아니게 불법 체류자가 된 사람들이 많다는 이야기가 돌고 있지만, 실제로 불법 체류자가 되면 변호사를 상대로 법적 다툼을 벌일 수도 없고 경비도 감당할 수 없는 처지가 되어 버린다.

이후 김 변호사의 세심하고 적극적인 도움 덕분에, 우리 가족은 모두 문제없이 영주권을 획득하게 되었다. 그는 우리 가족의 케이스가 어떠한 서류 보완 요청도 없이 빠르게 승인된 드문 사례였다고 말해 주었다. 특히 직접적인 개인 투자를 통한 영주권 획득은 보통 긴 시간이 걸리는데, 우리는 평균 소요 기간보다 훨씬 빨리 영주권을 취득하게 된 것이었다.

호텔을 인수한 지 5개월이 지나 새해 1월이 되자, 재산세(Property Tax) 고지서가 도착했다. 금액을 확인한 순간, 나는 깜짝 놀라 말문이 막혔다. 상상했던 것보다 너무 큰 금액이었기 때문이다. 관련 규정을 찾아보니, 상업용 자산(Commercial Property)의 재산세는 자산 평가 금액의 1.2%~1.5%로 책정되며, 자산 평가 금액은 시장 가격(Market Value)을 기준으로 한다는 내용이 있었다.

문제는 내가 호텔을 채권은행의 공매(Public Auction)를 통해 매입했다는 점이었다. 공매를 통해 낙찰된 가격은 시장 가격과 같다고 나는 생각했기에, 전 소유자의 높은 자산 가치에 근거해 책정된 재산세 금액은 분명히 과도하고 잘못된 것이라고 믿었다.

다음 날, 회계사에게 전화를 걸어 재산세를 낮출 수 있는 방법이 있는지 물었다. 내가 찾아낸 규정과 근거를 설명하며 가능성을 타진했지만, 그의 대답은 냉정했다.

"한 번 부과된 재산세를 낮추는 건 거의 불가능합니다. 가능성의 여지조차 없습니다."

단호한 그의 말에 나는 당황했지만, 쉽게 포기할 수 없었다. 만약 내가 회사원으로서 이런 상황을 마주했다면 어떻게 했을까? 스스로에게 질문하니, 나는 결코 포기할 사람이 아니라는 생각이 들었다. '밑져야 본전이니, 이 기회에 미국의 재산세 규정을 제대로 알아보자!'는 결심으로 다음 날 곧바로 시청의 재산세 담당자를 찾아갔다.

담당자는 회계사와 비슷한 이야기를 했다. 다만, 작년에 이미 호텔의 자산 평가 금액을 통지했고, 이의 신청 기간이 지났으니 납부할 수밖에 없다는 점이 새로웠다. 나는 최근 한국에서 온 이방인 사업가(Alien Businessman)라는 점을 강조하면서, 호텔을 공매로 인수했으며 자산 평가 금액을 통지받은 적이 없었다고 설명했다. 담당자는 내가 준비해 간 서류와 자신의 컴퓨터 기록을 비교한 뒤, 재산 평가 위원회(Property Appraisal Committee)에 직접 이의를 제기해 보라고 권유했다.

위원회 사무실의 위치를 알려 주었지만, 나는 그 지역이 익숙지 않았고 영어로 된 복잡한 길 안내를 알아듣기도 쉽지 않았다. 담당자는 안타까웠던지 직접 나를 안내하여 시청에서 세 블록이나 떨어진 위원회 사무실까지 함께 동행해 주었다. 걸어가던 중, 그는 나를 향해 "당신은 정말 용감한 사람이에요. 나라면 당신의 나라에서 사업을 시작할 엄두도 못 냈을 겁니다"라고 격려해 주었다. 그의 따뜻한 말에 잠시나마 마음이 훈훈해졌다.

위원회 사무실에 도착하자 담당자는 직원들에게 나를 소개하며 말했다.

"여러분! 오늘 내가 한국에서 온 매우 용감한 이방인 사업가를 데려왔습니다. 재산세 고지 금액에 이의가 있다고 하네요."

나는 이의 신청서를 제출하고 가져온 서류를 건네며 불복 의사를 전달했다. 이후, 법원에서 선임한 감정평가사와 약 석 달 동안 협상을 진행한 끝에 총 고지 금액에서 USD 5,800를 감액하는 데 성공했다. 회계사뿐 아니라, 훗날 호텔 협회를 통해 만난 수십 년 경력의 회원들도 이런 성과는 놀라운 것이라고 평가해 주었다. 이 일은 내게 정말 쉽지 않은 도전이었지만, 작은 승리를 통해 큰 자신감을 얻었다. 단순히 세금을 줄였다는 것을 넘어, 모두가 불가능하다고 하는 상황에서도 포기하지 않고 끝까지 도전하는 것이 얼마나 중요한지 깨닫게 해 준 사건이었다.

예상했던 대로, 2012년 이후 미국 경제는 금융위기에서 점진적으로 회복되기 시작했다. 고용시장도 실업률이 10%에서 6%대로 떨어지며 안정세를 보였고, 자동차 판매 증가율 역시 7.6%대를 유지하며 소비심리가 꾸준히 개선되는 추세였다.

이러한 경제 흐름 속에서 내 호텔은 2013년 1월 최저점을 찍은 뒤 꾸준히 성장했고, 2017년 6월 호텔을 매각할 당시 초기 매출 대비 무려 3.5배 이상의 성장을 기록하며 안정적이고도 눈에 띄는 성과를 이루었다. 이 기간 동안 나는 정말 온 힘을 다해 열심히 일했다. 특히 첫해에는 하루 20시간씩 호텔을 뛰어다니며 운동화가 닳아 구멍이 날 정도로 일을 했던 기억이 생생하다. 새벽 5시에 일어나 출근했고, 자정이 넘어서야 집에 돌아왔지만, 영업이 정상화된 1년 후부터는 밤 9시쯤이면 퇴근할 수 있었다.

내 호텔 바로 옆에는 두 개의 경쟁 호텔이 자리 잡고 있었다. 나는 호텔을 인수한 바로 다음 날부터 매각한 날 아침까지 그 두 호텔을 반드시 지나며 출퇴근했다. 이는 그 호텔들의 주차장에 있는 차량 수를 파악하여 우리 호텔과 비교하기 위함이기도 했지만, 무엇보다 내 마음속 깊은 곳에서 경쟁 호텔들을 내 에너지로 반드시 이기고야 말겠다는 강한 승부욕이 있었기 때문이다.

호텔은 마치 내가 집에서 편히 쉬는 것을 허락하지 않는 듯했다. 가끔 일찍 들어가 쉬려고 해도, 호텔에 무슨 일이 생겨 곧바로 돌아가 문제를 해결해야 했기 때문에 집에서 불안한 마음으로 쉬는 것보다는 호텔에 있는 편이 훨씬 마음이 편했다. 이전에는 주말마다 거의 매일 골프를 쳤지만, 호텔을 운영하던 2년 동안은 단 한 번도 골프채를 잡지 못했다. 골프 환경이 환상적이라는 미국이었지만, 산더미처럼 쌓인 일을 뒤로 하고 골프를 치러 나간다는 생각 자체가 불편했기 때문이다.

호텔 운영 3년 차쯤 되던 어느 날, 교회에서 알고 지내던 집사님들의 끈질긴 권유로 골프장을 찾았다가, 수영장에 문제가 생겼다는 연락을 받고 중간에 포기하고 돌아와야 했다. 이후 몇 번 더 골프장을 찾았지만, 내가 호텔을 비운 사이마다 작은 문제부터 큰 문제까지 끊임없이 생겨 결국 호텔을 운영하는 동안은 거의 골프를 치지 못했다.

영업에 자신감이 생기자 이번에는 모든 가구를 교체하기 시작했다. 비용 절감을 위해 중국 동관에 있는 생산 공장에 직접 연락해 가구를 수입하기도 했다. 가구는 모두 넉다운(Knocked Down) 상태로 들어왔기 때문에 현지에서 마땅한 일 없이 돌아다니는 젊은이들을 데려와 함께 조립하고 설치했다.

 욕실의 세면대(Bath Countertop)를 교체하기 위해 모든 객실에 있던 기존 세면대를 일일이 직접 자로 재어 주문했다. 설치 또한 내가 직접 판매처를 찾아가 기술을 배운 뒤, 가구 교체 때 함께 일했던 백인 청년들에게 가르쳐 마무리했다. 일꾼들이 전문가가 아니었기에 돌과 돌을 붙이는 접합 부분에 불량이 많이 발생할 수 있다는 점을 고려해, 이 부분은 내가 직접 모두 처리했다. 인건비가 비싸고 정교한 작업에 취약할 수 있는 일용직 인력을 쓰기 위한 나의 고육지책이었다.

 이 외에도 엘리베이터, 보일러, ICE 머신, 세탁기 등 거의 모든 시설을 보완하거나 교체했다. 나이 오십이 넘어 미국에 온 나의 생활은 지난 직장 생활 때 못지않게 바쁘게 흘러갔다. 문득 한국을 떠나 미국에서 사업을 하겠다고 인사를 드렸던 직장 상사의 말이 떠올랐다.

 "임 사장, 회사 다닐 때 하던 것의 70%만 해도 성공할 수 있을 겁니다."

 사실 나는 회사 다닐 때만큼만 바빴으면 하는 바람으로 사업을 시작했다. 하지만 현실은 그렇지 않았다. 모든 것이 새로웠고, 모든 결정이 내 손끝에서 이루어져야 했다. 때로는 지치기도 했지만, 그럴 때마다 상사의 말을 떠올리며 스스로를 다잡았다. 어려운 일에 봉착할 때면, '내가 이것을 계속해야 하나?'라는 의문도 수없이 가졌었다. 바로 이때 나는 먼 훗날 나의 좌충우돌 미국 정착기를 한 번

써 봐야겠다는 생각을 처음으로 했었는데, 오늘 이렇게 그 이야기를 쓰고 있는 것이다.

　이제 나의 미국 생활 좌충우돌 정착기라고 하기보다는, 내가 호텔 운영 중 겪었던 이야기 몇 가지를 더 소개해 볼까 한다.
　태극기를 달면서 시작한 나의 미국 사업은 결과적으로 기대 이상의 성공을 거두었지만, 그 과정은 결코 순탄하지 않았다. 여러 번의 위기를 겪었고, 호텔을 운영하는 동안 수많은 도전에 직면했지만, 그 모든 것을 극복할 수 있었던 힘은 호텔 앞 게양대에 걸려 있던 태극기 덕분이었다고 생각한다.
　나는 애국자라서 태극기를 가져온 것이 아니었다. 단지 대한민국 국민으로서의 정체성을 한순간도 잊지 않았고, 늘 명예를 지키며 비굴하지 않게 살아가고자 하는 마음으로 살아온 사람이었다. 미국 땅에 와서도 그 태극기가 내 마음이 흐트러질 때마다 다시 잡아 줄 것이라는 희망을 품고 가져왔던 것이다. 그것은 단순한 깃발이 아니라 내가 이곳에서 버텨낼 수 있는 상징이자 희망이었다. 그러나 한편으로는 그것을 내려야 할지 고민이 많았을 만큼, 그 태극기와 얽힌 이야기는 많았다.
　호텔을 운영한 지 육 개월이 지났는데도 영업은 나아질 기미가 보이지 않았다. 각종 리노베이션으로 인해 가져온 돈은 바닥을 드러내며 초조함과 긴장이 나를 계속 옥죄었다. 그런 어느 날, 얼마 전부터 태극기가 바로 옆 나무에 걸려 축 처져 있는 것이 눈에 들어왔다. 반면 바로 옆의 성조기는 바람에 힘차게 펄럭이고 있었다. 그 순간, 나무에 걸려 버둥대는 태극기의 모습이 마치 생존을 위해 발버둥치고 있는 내 모습과 너무 닮아 보였다.

나는 500달러를 주고 고소 작업차를 빌려 태극기와 맞닿는 쪽의 나뭇가지를 전부 베어냈다. 그 결과, 나무는 왼쪽에만 가지가 있고 오른쪽은 하나도 없는 기형적인 모습으로 변했지만, 다시 힘차게 펄럭이는 태극기를 보며 내 가슴도 다시 뛰는 것을 느낄 수 있었다.

태극기를 보고 예약 없이 찾아온 미국 손님들도 많았다. 그들 중에는 한국전쟁 참전 용사들도 있었고, 한국에 군인으로 파견되어 다녀왔다는 분들도 많았다. 이야기 나누기 좋아하는 미국 손님들은 한국에서 겪었던 추억을 끝도 없이 이야기했다. 나는 그런 분들에게는 항상 스위트룸으로 업그레이드해 주며, "당신들의 희생 덕분에 오늘의 한국이 있을 수 있었다"고 진심 어린 감사의 마음을 전하곤 했다.

그러나 또 다른 손님 중에는 태극기를 내리라고 강요하는 이들도 있었고, 태극기와 성조기가 같은 높이에 게양된 것이 잘못이라며 나를 찾아와 "한국 국기는 성조기보다 낮게 게양해야 하는 것이 미국법"이라며 터무니없는 요구를 하는 이들도 있었다. 나는 인터넷으로 미국 국기 게양 규정을 확인한 후 그들에게 단호히 사과하고 떠나지 않으면 인종차별로 고소하겠다고 강경하게 대응했으며, 그들은 결국 꼬리를 내리고 도망치듯 사라졌다.

2012년 11월, 워싱턴주와 콜로라도주는 미국 최초로 마리화나를 합법화했다. 그때부터 생전 구경도 못해 본 마리화나 냄새가 호텔 곳곳에 퍼지기 시작했다. 금연 호텔이라고 안내했음에도 불구하고 객실에서 마리화나를 피우는 손님들과 분쟁이 자주 발생했다. 마리화나와 각종 마약을 팔러 다니는 이들을 통제하는 일은 쉽지 않았다. 이들은 자정부터 새벽 사이 잠도 자지 않고 돌아다니며, 우리 호텔 인근에 밀집해 있는 대여섯 개의 호텔을 돌며 마약을 판매했다.

그중 한 흑인 청년이 내 눈에 띄어 몇 번 직접 주의를 주었지만, 그는 전혀 아랑곳하지 않고 새벽마다 활보하고 있었다. 그에게 출입금지(No Trespassing) 조치를 취하려면 경찰의 현장 확인이 있어야 했지만, 그는 가끔씩 나타났다 금방 사라졌기에 내가 할 수 있는 일은 별로 없었다.

비가 엄청나게 내리던 어느 밤 자정쯤, 한 백인 목사님이 초라한 모습의 한 가족을 데리고 와서 그들에게 3일 정도 방을 줄 수 없겠냐고 부탁했다. 물론 숙박비는 교회에서 빈민 구제사업으로 대신 내겠다는 것이었지만, 호텔을 운영한 지 1년이 훨씬 지난 나는 이미 이런 사람들을 받아서는 안 된다는 것을 잘 알고 있었다. 그러나 그 늦은 시간, 비에 젖은 가족의 처량한 모습과 목사님의 간곡한 부탁을 외면하기가 쉽지 않았다. 마치 내가 하나님께 죄를 짓는 것 같다는 생각이 들어 결국 그들에게 방을 내주었다.

약속했던 사흘이 지났지만 그들은 떠나지 않았고, 숙박비도 내지 않으며 나를 피해 다녔다. 그 가족의 부인은 모르쇠로 일관했고, 방 청소마저 거부했다. 호텔 전체의 위생을 위해서라도 그냥 내버려둘 수 없었다. 나는 잠복근무를 하듯 남편을 찾아가 방값을 받지 않을 테니 이틀 안에 나가 달라고 부탁했지만, 그는 약속을 지킬 생각이 없어 보였다.

며칠 뒤, 그와 실랑이를 벌이던 중 문제의 약장사 청년이 밤 열한 시가 넘은 시각 비상문을 통해 그 가족의 방으로 들어가는 것을 목격했다. 나는 즉시 911에 전화를 걸어 경찰에 신고하고, 약장사가 호텔에 있다는 사실과 함께 그에게 출입금지 조치를 요청했다. 결국 경찰이 출동하여 그 방에서 약장사 청년과 그 가족의 남편, 그리고 또 다른 한 명을 체포했는데, 그들은 모두 중범죄로 수배 중인 범죄자들이었다. 세 명 모두 수갑을 차고 경찰차에 태워질 때, 나는 그들이 다시 돌아오지 못하도록 출입금지 조치를 요청했다. 바로 그때 약장사 청년과 눈이 마주쳤다. 비가 세차게 내리던 그날 밤, 수갑을 뒤로 찬 채 나를 노려보던 그의 분노 어린 눈빛에서 난생처음 살기(殺氣)를 느꼈다.

경찰은 나의 신고 덕분에 세 명의 수배자를 검거한 후, 다음날 나에게 증인 보호 프로그램과 유사한 신고자 보호 프로그램에 참여할 것인지 물었고, 나는 당연히 그렇게 해달라고 요청했다.

그렇게 3년이 흘렀지만, 그의 살기 띤 눈빛을 여전히 잊지 못하고 있던 어느 날, 교정국에서 한 통의 메일을 받았다. 약장사 청년이 가석방되어 출소한다는 내용을 나에게 알려 온 것이었다. 즉시 교정국에 전화를 걸어 우리 호텔에 다시 오지 못하도록 출입금지 조치를 요청했지만, 그들은 그가 실제로 우리 호텔에 다시 나타나야만 그런 조치를 할 수 있다고 하면서 필요하면 그의 최근 사진을 보내주겠다는 기가 막힌 말을 했다.

벤쿠버 검찰청에 아내와 함께 가 교정국에서 온 편지를 보여 주며 신변 보호 요청을 했지만, 지금으로서는 자기들이 해 줄 수 있는 것이 아무것도 없다는 이해할 수 없는 말만 들은 채 돌아와야 했다. 교정국으로부터 받은 최근 사진을 프런트 데스크 안쪽에 붙여놓고, 그가 출감하는 날을 아이러니컬하게도 손꼽아 기다리고 있었다. 출감한 지 꼭 이틀이 되는 날 저녁, 그가 다시 호텔을 찾아왔다. 프런트에서 근무하던 직원이 그의 얼굴을 알아보고 내게 전화를 걸었고, 나는 즉시 911에 연락해 경찰과 교정국에 알렸다. 그는 가석방 보호담당관에게 다시 붙잡혀 갔지만, 이번에는 내가 일부러 그 자리를 피했다.

또다시 1년이 지나자, 교정국에서 그가 만기 출소한다고 알려 왔다. 이번에는 나의 호텔 근처에 접근할 수 없도록 조치를 취했으니 안심하라고 친절히 알려 주었다. 그러나 나는 지금까지도 그의 얼굴을 잊을 수 없으며, 불안한 마음을 완전히 지울 수가 없다.

이 외에도 마약과 관련해 떠오르는 사건들이 많다. 약에 취해 3층 창문에서 뛰어내리려던 중년 남자를 구하기 위해 영어로 그를 설득했던 기억이 생생하다. 그 긴박한 순간에 적절한 표현을 찾으려 허둥대던 내 영어 실력을 떠올리면, 지금도 웃음이 난다.

또한, 말끔한 정장을 입은 중년 남성이 마약에 취해 객실의 매트리스와 벽지를 전부 뜯어낸 후 도망쳤던 사건도 기억난다. 겉모습만으로는 그들을 구별할 수 없다는 것이 더 큰 문제임을 깨닫게 해 준 사건이었다.

우리나라도 최근 마약 유통과 소비가 급증하며 사회적 문제로 대두되고 있다는 보도를 자주 접한다. 더욱 엄격한 법적·사회적 통제로 이 망국의 병을 사전에 막아야 할 것이다. 무엇보다 중요한 것은,

나쁜 것은 처음부터 손대지 말아야 한다는 평범한 진리를 학교에서 부터 진지하게 가르쳐야 한다고 믿는다.

작은 호텔을 운영하다 보면, 주인은 다재다능한 사람이 되어야 하고, 직원들 사이의 빈틈도 스스로 메워야 한다. 어느 날, 폭풍우가 몰아치며 3층 빗물받이의 수직 배수관이 분리되어 지붕의 빗물이 3층과 2층 객실 창문으로 흘러 들어오는 일이 발생했다. 세찬 비바람 속에서 긴 사다리를 펼쳐 수리하라고 메인터넌스 직원에게 지시했지만, 그는 위험하다며 단호히 거절했다.

창문 틈새로 쏟아지는 빗물을 그냥 두고 볼 수 없었다. 내가 직접 올라가겠다며 사다리를 잡아달라고 했지만, 강풍에 사다리는 출렁였고 빗물은 폭포처럼 쏟아졌다. 두려웠지만, 주인으로서 해야 한다는 책임감이 나를 움직였다. 그 순간, 군복무 시절의 구호가 떠올라 "유~~격 유~~격, 유격대!"라고 큰 소리로 외치며 사다리를 올랐다. 신기하게도 그 구호는 내 공포심을 덜어 주었고, 침착하게 수리를 마칠 수 있었다. 밖으로 나온 직원들은 미친 듯한 한국인 주인의 모습을 바라보며 "Incredible"과 "Crazy"라는 말을 연발했다.

미국에서 호텔을 운영한다는 것은 참으로 어려운 일이었다. 한국 교포사회에서 호텔 사업은 그들의 로망이기도 하다. 분명 다른 직종보다 돈을 벌 수 있는 가능성이 있지만, 365일 24시간 내내 베이비 시터와 같은 일이며, 종업원 관리가 특히 힘든 직종이다. 나는 미국에서 약 5년간 호텔을 운영하며 대략 150명 정도를 해고했던 것 같다. 그중 어떤 이는 근무를 시작한 지 5분도 안 되어 해고한 적도 있었다.

처음 2년은 인력 관리가 너무나 힘들었다. 직원들의 태도와 업무 능력에 문제가 많아 자주 해고해야 했다. 하지만 이후 3년은 가족 같은 분위기 속에서 직원 문제없이 함께할 수 있었다. 그 기간 동안은 서로를 존중하고 신뢰하는 분위기가 형성되었고, 그 덕분에 호텔 운영이 한결 수월해졌다. 지금도 기억에 남는 직원이 여러 명 있다.

머리를 아주 짧게 깎은 히스패닉계 여성이 힘든 하우스키퍼 일을 하겠다며 나를 찾아왔다. 이런저런 이야기를 나누던 중, 왜 머리를 짧게 깎았는지 물으니 지난 2년간 암 투병으로 고생하다 최근에야 의사로부터 가벼운 일이라도 할 수 있다는 진단을 받았다고 했다. 암에 걸렸었다는 말에 잠시 채용을 주저했다. 고용주의 책임이 큰 미국에서 그녀를 채용하는 것이 쉬운 결정은 아니었다. 그러나 곧 마음을 바꾸었다.

'내가 이 사람을 채용하지 않으면 누가 암에서 막 벗어난 그녀를 고용해 줄까?'

그녀는 처음엔 일을 조금 느리게 했지만 매사에 꼼꼼히 처리했고, 얼마 지나지 않아 모든 하우스키퍼 중 에이스가 되었다. 함께 일한 지 2년쯤 되던 어느 날, 그녀가 암이 재발했다며 눈물을 보였다. 나는 그녀의 손을 꼭 잡고 지난번처럼 암과 싸워서 다시 돌아오라고 격려했다. 회사 회식 때마다 그녀의 가족을 초대했고, 작은 금전적 도움도 주었다. 그녀는 다시 돌아왔고, 나는 약속대로 그녀를 모든 직원들과 함께 따뜻하게 환영했다.

또 다른 직원은 첫눈에 봐도 굉장히 뚱뚱한 여성이었다. 그녀는 한때 몸무게가 200kg을 넘어 집 밖에도 나가지 못하고 살았는데, 좋은 남자친구를 만나 40kg 정도를 감량했다며, 일을 통해 더 감량할 수 있다는 자신감을 보였다. 나는 그녀의 이야기가 너무 좋아 단번에 채용했다. 그녀에게 매주 한 번씩 얼마나 감량했는지 물어보며 함께 기뻐해 주었다.

어느 날 점심시간, 한 직원이 울고 있었다. 이유를 물으니 중학생인 큰 딸이 학교에서 마리화나를 피우다 적발되어 열흘간 정학 처분을 받았다는 것이었다. 싱글 워킹맘이었던 그녀는 아이 셋을 키우며 너무 힘들다고 하소연했다. 나는 그녀의 이야기를 끝까지 듣고 난 뒤, 딸이 학교에 가지 않는 동안 함께 호텔에서 일하게 하자고 제안했다. 며칠 후 그 아이는 엄마를 따라 호텔로 나왔고, 나는 엄마와 딸이 함께 일할 수 있게 하면서 그 아이에게 매일 현금으로 보수를 주었다. 정학 기간이 끝나는 날, 나는 아이에게 물었다.

"엄마랑 일해 보니 어때? 엄마가 힘들게 일하는 모습이 보이지 않니?"

그리고 언제든 엄마를 돕고 싶으면 다시 호텔에 나오라고 말하며 아이를 배웅했다. 그날은 내 어린 시절의 모습이 그 아이에게도 비치기를 바랐던 특별한 날이었다.

또 하나의 보람 있었던 일은 밴쿠버 지역과 오리건주에서 호텔을 운영하는 한인들을 모아 '오리건 한인호텔 협회'를 창립하고 총무로서 5년간 봉사한 일이다. 미국에 온 바로 다음 날부터 호텔 사업을 시작한 나는 모든 면에서 서툴렀고, 늘 누군가의 도움을 갈망하고 있었다.

우연히 알게 된 밴쿠버 몰 뒤편에서 Holiday Inn & Express를 운영하시는 방한선 사장님과 Portland International Airport 근처에서 Ramada 호텔을 하시는 장경래 사장님을 만나게 되었다. 이후 McMinnville에서 Red Lion 호텔을 운영하시는 이대우 사장님과 Garden Grove에서 Best Western Plus Hotel을 하시는 김영기 사장님, 그리고 Kelso에서 Quality 호텔을 운영하시는 신진호 사장님까지 알게 되면서 주변에 호텔을 운영하는 한인 교포들이 많다는 사실을 알게 되었다. 이 다섯 분의 도움을 받아 협회를 설립하고, 초대 회장으로 이대우 사장님을 모신 뒤 나는 미국을 떠나는 날까지 만년 총무를 맡아 봉사했다.

불과 대여섯 명의 호텔 오너로 시작한 작은 모임은 1년도 채 되지 않아 22개의 호텔을 가진 조직으로 성장했다. 협회 규모가 커지자 많은 벤더들이 관심을 보였고, 그들로부터 상당한 금액의 후원을 받아 회비 없이도 운영할 수 있을 만큼 재정적으로 탄탄한 조직이 되었다. 변호사와 회계사 등 전문가를 초청해 회원들의 궁금증을 해결하고 친목을 다지는 모임을 꾸준히 이어가다 보니, 어느새 카카오톡 단체방에 '흔치 않아'라는 이름으로 소통하게 되었다. "이런 모임, 흔치 않아!"라는 구호는 우리의 상징이 되었다.

6년이 채 되지 않는 기간 동안, 나는 너무나 많은 일들을 경험하며 수많은 에피소드를 만들었다. 더 많은 이야기를 여기에 소개하지 못하는 것이 못내 아쉽다.

〈전미한인호텔 회장님, 오레곤한인호텔 회장님과 함께〉

아메리칸 드림의 문을 열다

2014년부터 미국 경제가 본격적으로 회복되기 시작했음을 확연히 느낄 수 있었다. 모든 분야가 활기차게 돌아갔고, 나의 사업도 눈에 띄게 성장하고 있었다. 많은 사람들이 나의 호텔에 관심을 보였으며, 실제로 매력적인 가격에 구매 의사를 밝히는 이들도 있었지만, 그때까진 매각할 마음이 없었다. 거래 은행 역시 나의 인상적인 현금 흐름을 눈여겨보며 또 하나의 호텔을 매입해 보라고 권유했다. 이번엔 내가 자본금 20%만 준비하면 나머지 80%는 기꺼이 은행에서 파이낸싱해 주겠다고 제안했다.

"임 사장님, 처음 한국에서 오셔서 사업을 하신다고 했을 때는 저희도 많이 걱정했어요. 그런데 너무나 잘 운영하고 계셔서 저희도 놀랐습니다. 만약 하나 더 하신다면 적극 도와드리겠습니다."

은행으로부터 이런 기분 좋은 칭찬을 들으며 나 역시 이제 '아메리칸 드림'을 꿈꿀 시점이 왔다고 생각했다.

2015년에 들어서면서 드디어 중요한 결정을 내렸다. 아직 여러모로 부족한 내가 두 개의 호텔을 동시에 운영한다는 것은 이치에 맞지 않는다는 결론이었다. 그래서 과감히 지금의 호텔을 매각하고, 보다 규모가 큰 호텔을 인수해 사업을 확장해가겠다고 마음먹었다. 미국에 처음 들어올 때 아내에게 했던 말이 떠올랐다.

"5년 안에 이 호텔을 팔고 뉴욕 허드슨 강이 보이는 곳까지 가서 좀 더 큰 호텔을 할 거야."

이제 그 계획이 현실로 다가오고 있었다.

2017년 6월 21일, 마침내 호텔을 매각했다. 지난 5년간 쉬지 않고 열심히 일한 덕분에 좋은 가격을 받을 수 있었다. 만약 계속 직장 생활을 했다면 꿈도 꾸지 못할 만큼 큰 돈을 벌었다. 상당한 금액의 양도 차익이 발생했기에 그에 상응하는 양도소득세를 납부해야 했지만, 미국에는 이 세금을 유예할 수 있는 훌륭한 제도가 있었다. 나는 이를 적극적으로 활용하여 규모가 더 큰 호텔을 인수하기로 계획을 세웠다.

바로 미국 세법상의 '1031 세금 연기(1031 Tax Deferred)' 제도였다. 이는 미국 세법 Section 1031에 근거하여, 자산을 매각한 뒤 그 수익금을 유사한 다른 자산에 재투자하면 발생하는 자본 이득세

(Capital Gains Tax)를 연기할 수 있는 제도였다. 주로 부동산 투자자들이 활용하며, 이를 통해 자산을 교환하면서 다음 자산의 매각 시점까지 세금 납부를 미룰 수 있었다. 이 제도를 효과적으로 활용하면 비교적 빠른 시간 내에 '아메리칸 드림'을 실현할 수 있다고 믿었다.

나는 이후 남쪽으로는 텍사스주의 달라스, 휴스턴, 샌안토니오를 방문했고, 동쪽으로는 뉴어크 공항 일대와 버지니아 비치 지역의 규모가 큰 호텔들을 직접 찾아다녔다. 그중에서 뉴어크 공항 인근에 위치한 Holiday Inn과 버지니아 비치에 있는 Crown Plaza를 주요 후보로 정해 본격적으로 협상을 시작했다. 결국 최종 후보를 Crown Plaza와 텍사스 샌안토니오의 Candlewood Hotel로 압축하고 본격적인 오퍼를 넣은 뒤 협상을 진행하고 있었다.

마진 회장과의 만남

미국에 정착한 이후 오랫동안 연락이 없었던 고강 선배에게 전화를 걸었다. 나는 호텔을 성공적으로 매각하고 더 큰 규모의 호텔을 매입하기 직전까지 왔다고 자랑스럽게 알렸다. 한국을 떠날 당시 나는 모든 야망을 접고 은퇴하는 심정으로 미국에 와서 내 손으로 직접 무언가를 만들어 보겠다는 결심을 했기에, 오랫동안 거의 모든 사람들과 연락을 끊고 지냈다.

며칠 후 고 선배가 다시 연락을 해 왔다. 그는 조심스럽게 내게 시간적 여유가 있는지 물으며, 이라크 파트너 회사인 Harlow International Group의 마진 와지(Mazin Wajih) 회장에게 나에 대한 이야기를 했더니, 그가 나를 만나고 싶어 한다고 전해 왔다. 나는 그 의미를 금방 알아차리고 고 선배에게 이렇게 말했다.

"형님, 저는 이미 은퇴하고 미국에 왔어요. 더 이상 정글 같은 세상에서 헛된 야망을 쫓으며 살고 싶은 마음이 없습니다. 지금은 여기 미국에서 작더라도 내 손으로 직접 만들어가는 과정에 재미를 느끼고 있어요."

몇 번의 전화 통화가 더 오간 후, 고 선배는 사실 자신이 전무에서 고문으로 물러나게 되면서 회사에서의 비전과 도전을 접게 되었다는 이야기를 들려주었다. 그의 말을 듣고 크게 놀랐고 마음이 아팠다. 내가 아는 한 고 선배는 누구보다도 일에 대한 열정과 집착이 큰 사람이었으며, 사업을 보는 식견과 계약 업무 능력 면에서는 한국 최고의 임원이었다. 그런 그가 전무직에서 물러나게 되었다는 말을 듣고 나니 마음이 매우 착잡했다.

고 선배는 이어서 마진 회장이 단순한 월급쟁이 사장을 찾는 것이 아니라 진정한 사업 파트너를 오래전부터 찾고 있었고, 고 선배 생각에 확고한 오너십을 가지고 일을 해 왔던 내가 적임자라며, 알게 되어도 손해 볼 사람은 아니니 한 번 만나 보라는 조언을 해 주었다. 결국 항공권을 보내와 2박 3일 일정으로 두바이에서 마진 회장을 만나게 되었다.

그의 사무실에서 기다리며 사무실 내부 장식과 배치, 가구와 진열품 등을 둘러보는 동안, 나는 문득 '이 사람은 나와 같은 부류의 사람이겠구나'라는 생각을 하게 되었다. 한 시간이 조금 넘는 시간 동안 마진 회장은 영국에서 처음 사업을 시작한 동기와 배경, 그리고 현재 그룹의 상황에 대한 전반적인 이야기를 들려주었다.

그는 나에 대해서는 오래전부터 고 선배를 통해 많이 들어 첫 만남이지만 낯설지 않다고 말했다. 나 역시 숨김없이 대우에서 시작하여 중국을 떠나기까지의 경험과 지난 6년 동안 미국에서 고군분투하며 작은 성공을 이뤘고 더 큰 미래를 위해 다시 도전하고 있다는 이야기를 편안하게 나누었다. 그리고는 웃으며, "솔직히 저는 당신이 어떤 사람인지 궁금해서 왔습니다"라고 덧붙였다.

나이가 비슷한 또래라서였는지, 우리는 매우 우호적인 분위기에서 부담 없이 친구처럼 대화를 나누고 헤어졌다. 다시 미국으로 돌아온 나는 고 선배에게 전화를 걸어 이렇게 말했다.

"좋은 인상을 갖고 돌아왔습니다만, 마진 회장님은 저보다는 형님과 같은 분을 찾고 계신 것 같습니다. 오히려 형님이 더 도움이 될 것 같아요."

이렇게 정중하게 거절의 뜻을 전달했다.

한편, 텍사스주 샌안토니오(San Antonio)에 있는 Candlewood Suites를 한달 간의 Feasibility 기간을 조건으로 계약을 체결했고, 대출을 받기 위한 감정평가를 의뢰했다. 동시에 버지니아주 버지니아 비치(Virginia Beach)에 위치한 Crown Plaza와도 오랫동안 협상을 진행하고 있었지만, 양측의 조건이 좀처럼 좁혀지지 않고 있었다.

결국 텍사스의 호텔로 결정을 내리고 버지니아 측에 이를 알리자, Crown Plaza 측에서 내가 원했던 조건대로 가격을 100만 달러 추가로 인하해 주겠다는 제안을 보내왔다. Crown Plaza는 객실이 180실이며 30,000 스퀘어피트가 넘는 연회장을 갖추고 있어, 규모나 매출 면에서 Candlewood Suites보다 훨씬 더 매력적이었다. 마음이 점점 Crown Plaza로 기울어지기 시작했다.

이렇게 '아메리칸 드림'을 이루기 위한 계획이 착착 진행되고 있던 중, 고 선배에게서 다시 연락이 왔다. 마진 회장이 서울에 오는데 나를 꼭 만나고 싶어 하며 항공권을 보내겠다는 내용이었다. 새로운 호텔을 인수하면 당분간 어머니를 찾아뵙기 어려워질 것 같다는 생각도 들어 나는 서울행 비행기를 탔다.

서울에서 마진 회장과의 두 번째 만남은 지난 두바이에서의 만남보다 훨씬 더 깊고 진지한 대화로 이어졌다. 그는 현재 이라크에서 진행 중인 송유관 공사를 중국의 건설회사와 계약했는데, 이 회사를 잘 이해하고 관리할 수 있는 능력 있는 경영자를 찾고 있다고 말했다. 아울러 그룹 내 관리 체계가 부실하여 이를 혁신하기 위해 여러 인재를 영입했으나 만족스러운 결과를 얻지 못했다며 나에게 도움을 요청했다.

나는 사실상 은퇴자의 심정으로 미국에 가 사업을 시작했고, 만약 그의 회사에 합류한다면 미국에서 발생한 양도소득세가 막대한 금액이라는 점을 설명하며 완곡하게 거절 의사를 밝혔다. 마진 회장은 저녁에 다시 만나 좀 더 이야기를 나누자며 일단 자리를 마무리했다.

고 선배와 둘만 남았을 때, 그는 진심을 담아 자신의 생각을 털어놓았다.

"이제 우리 회사에서도 나에게 남은 시간이 얼마 없어. 네가 먼저 Harlow에 가 있으면 나도 곧 따라갈 테니, 우리가 15년 전 이루지 못했던 에버브라이트 회사의 꿈을 이번에는 Harlow에서 다시 한번 함께 이루어 보자."

그의 말은 매우 진지했고 단호했다. 그는 마진 회장이 결코 작은 그릇의 사람이 아니며, 단순한 고용 경영인이 아닌 진정한 비즈니스 파트너를 찾고 있다는 점을 여러 차례 강조했다.

"이번만큼은 돈 걱정하지 말고, 마진 회장과 함께 우리 셋이 힘을 합쳐 이라크에서 제대로 큰 꿈을 이루고, 그 뒤에 다 함께 아름답게 은퇴하자."

우리의 나이를 고려했을 때, 이제 한 번의 도전만이 남아 있었다. 고 선배의 이야기를 듣는 동안 오래전에 못다 푼 숙제로 남아있던 것에 대한 미련이 마음속 한 편을 세차게 두드리고 있음이 느껴졌다. 그와 함께한다면 무엇이든 가능할 것 같았고, 믿을 수 있는 파트너와 마지막으로 큰 도전을 하고 싶은 욕구가 다시금 솟구쳤다.

미국에서의 지난 6년 동안 겪었던 수많은 일들과 시련이 머릿속을 스쳐 지나갔다. 비록 그만큼의 보상을 얻긴 했지만, 손님들과 직원들로부터 은연중에 많은 차별을 견디며 힘든 시간을 보냈고 많은 걸 인내해야 했던 것도 사실이었다. 작은 호텔을 운영하면서 지붕 위에서부터 주차장 곳곳의 쓰레기와 낙엽을 치우기 위하여 뛰어다녀야 했고, 전기와 고장 난 변기까지 직접 수리하며 힘겨웠던 순간들도 떠올랐다. 사실 마음속에는 회사원 시절이 그리웠던 순간도 많았다.

나는 이제 두 개의 선택지를 앞에 두고 있었다. 한편으로는 더 큰 호텔을 통해 '아메리칸 드림'을 향해 나아가는 길이었고, 또 다른 한편으로는 이라크라는 낯설고 험난한 지역에서 큰 사업을 위해 새로운 도전을 하는 길이었다. 두 갈래 길 앞에 다시 선 나의 모습이 이번에는 익숙해 보이지 않았다. '안정이냐 도전이냐' 어떤 선택을 하느냐에 따라 앞으로의 인생이 크게 달라질 것임이 분명했다.

가자 두바이로, 마지막 도전을 위하여…

저녁에 다시 셋이 모여 오전에 했던 대화를 이어갔다. 결국 나는 아내와 상의도 하지 않은 채 마진 회장의 제안을 수락했고, 바로 미국으로 돌아왔다. 안정보다는 또 다시 새로운 도전을 향한 첫 걸음을 내딛는 순간이었다. 이제 다시 한번 중동에서의 새로운 꿈을 함께 이뤄 나가기로 한 결정은 나에게 또 하나의 큰 전환점이 될 것 같았다.

미국에 돌아오자마자, 진행 중이던 호텔 매매 계약을 취소했고 버지니아의 Crown Plaza 호텔 측에도 더 이상 관심이 없음을 통보했다. 그리고 미국에서의 생활을 차근차근 정리하기 시작했다. 이번 결정이 과연 옳은 것인지 확신할 수는 없었지만, 그 당시 미국 경제가 과열된 조짐을 여러 곳에서 보이고 있었기에, 내 나름대로 머지 않아 미국 경제가 침체될 것이라는 판단을 내리며 마음을 편하게 먹고 떠나기로 했다.

2018년 4월 3일, 나는 아랍에미리트 두바이에 도착했다. 새로운 땅에서의 첫걸음은 설렘과 함께 불확실성으로 가득했지만, 이제 다시 한번 세 번째 중동 생활을 통해 나의 마지막 꿈을 펼쳐나갈 준비가 되어 있었다. 과거의 모든 경험을 발판 삼아 더 큰 도전을 향해 나아갈 준비가 되어 있었다. 두바이의 뜨거운 햇살은 마치 내 결정을 환영하는 듯 따뜻하게 어깨를 감싸 안았다.

Harlow International Group은 2002년 바그다드에서 이라크계 영국인인 Mr. Mazin Wajih가 설립한 기업이다. 이 회사는 전후(戰後) 이라크 재건 시대에 창립된 주요 기업 중 하나로 빠르게 성장하고 있었다. 특히 한국, 중국 및 기타 유럽 국가들의 주요 건설 회사들과 협력해 이라크에서 다양한 대규모 프로젝트를 수행하고 있었다. 최근에는 이라크 정부로부터 2,800메가와트 규모의 초대형 발전소 프로젝트를 수주하여, BOT(Build-Operate-Transfer) 방식으로 독자적으로 개발 중이었다. 이를 통해 Harlow Group은 이라크의 국가 경제와 사회 발전에 중요한 역할을 하고 있다는 자부심을 가지고 있었다.

Harlow International Group은 두바이에 Harlow Holding Company를 설립하여 그룹 내 10여 개 자회사를 효율적으로 관리하는 핵심 기능을 수행하고 있었다. 마진 회장과 CTO(Chief Technical Officer), 내부 법무팀(In-house legal Counsel), CFO(Chief Financial Officer), 나와 회장의 Assistant인 Mohammed Ahmed 등 수많은 핵심 인력들이 그룹의 성장을 적극적으로 지원하고 있었다.

나는 그룹의 부사장으로 시작하여 COO(Chief Operating Officer)를 거쳐 Vice Chairman을 끝으로 2024년 7월 은퇴하였다. 현재는 그룹의 비상근 Senior Advisor로서 회장님의 자문역할을 맡고 있다. 지난 6년 반 동안 있었던 일들을 이 회고록에 모두 기록으로 남기고 싶었지만, 주요 경영진으로서 활동한 내용 중 민감한 부분을 공개하는 데에는 어려움이 있어 부득이하게 제외할 수밖에 없었다.

〈두바이 마리나 전경〉

〈Palm Jumeirah 의 Kempinski Residences〉

두바이에 도착한 지 한 달 뒤, 아내도 두바이로 와 합류했다. 마진 회장의 특별한 배려로, 우리는 두바이 최고의 주거 지역인 Palm Jumeirah의 Kempinski Residences에 숙소를 마련할 수 있었다. 이곳은 야자수 모양의 인공섬 위에 지어져 있었고, 앞뒤로 펼쳐진 긴 해변이 매우 아름다운 곳으로 관광지로도 유명한 지역이었다.

특히 아내는 매일 아침 이곳의 프라이빗 비치(Private Beach)를 맨발로 거닐며 산책하는 것을 매우 좋아했는데, 둘이서 산책하며 보았던 황금빛 일출과 늦은 오후 반대편 바다에 펼쳐지는 저녁 노을이 온통 바다를 붉게 물들었던 장관은 표현하기 어려울 만큼 아름다웠다. 그런 멋진 풍경을 매일 보면서 즐길 수 있었던 것은 우리 부부에게는 커다란 행운이었고 평생 잊지 못할 소중한 추억으로 남을 것이다.

아내가 오기 전, 나는 이라크 수도 바그다드로 장기간 출장을 다녀왔다. 현지에서 그룹 내 주요 회사들의 운영 상태를 면밀히 점검하고 문제점과 해결책을 마련한 후 두바이로 돌아왔다. 처음 바그다드에 도착했을 때의 인상은 마치 전쟁이 아직 끝나지 않은 것 같았다. 곳곳에 설치된 검문소와 높게 세워진 콘크리트 장벽들이 주거지역을 따라 도로와 주거지역을 차단하고 있어 도심지역에서는 길에서 주거지를 볼 수 없을 만큼 장벽들이 에워싸고 있었다. 삭막한 풍경속에서 메케한 기름타는 냄새를 맡으니 중동의 산유국에 왔음을 실감할 수 있었다. 공항에서 방탄차에 오르기 전 방탄복을 입는 순간, 예전에 전방에서 입었던 방탄복과 철책선 앞에 펼쳐진 비무장 지대의 그것과 대비되어 적막함과 약간의 공포감이 떠올랐다.

이라크 전역에서는 항상 방탄차를 타고 이동해야 했다. 가끔 거리에서 내릴 때면 주변 높은 건물에서 누군가 나를 저격하기 위해 총을 내 머리에 겨누고 있을 수도 있다는 생각마저 들기도 했다. 처음에는 바그다드시 전체가 전쟁의 상처로 가득 차 보였지만, 시간이 흐르면서 도시 곳곳의 콘크리트 장벽이 하나둘 사라지고 시민들의 편의를 위한 다양한 시설들이 들어서기 시작했다. 전쟁의 상처를 딛고 미래를 향해 나아가는 바그다드의 모습은 내게 깊은 인상을 남겼다. 바그다드는 전쟁의 폐허를 품은 도시가 아니라, 오랜 역사를 가진 바빌론과 메소포타미아 문명의 유산을 간직한 역사적인 도시였다. 머지않아 많은 관광객이 이곳을 찾을 날이 오리라는 기대감을 가지게 되었다.

첫 출장을 마치고 돌아와 그룹 현황을 SWOT 분석 보고서로 정리해 마진 회장에게 보고했다. 그날 우리는 무려 다섯 시간 넘게 그룹의 혁신 방안과 미래 전략에 대해 깊이 있는 토론을 나누었다. 내가

Harlow에 재직한 기간 중 회장님과 독대한 회의로는 가장 길었던 시간이었다.

대부분의 아랍 기업 총수들은 긴 시간 동안 집중하기 어려워하는 경향이 있지만, 그날 회장님은 달랐다. 그는 끝까지 집중력을 잃지 않고 내 의견을 경청했고 적극적으로 의견을 나누었다. 그 모습을 통해 나는 회장님의 그룹 혁신에 대한 진정한 의지와 미래에 대한 확실한 비전을 확인할 수 있었다. 이 자리에서 나는 그의 진정한 열정을 느낄 수 있었으며, 내가 이곳에서 할 일이 많다는 책임감과 함께 새로운 도전에 대한 열망이 다시 한번 가슴 깊이 차오르는 것을 느꼈다.

과감한 구조조정과 속도경영

나는 그룹의 혁신을 위해 반드시 달성해야 할 세 가지 중점 목표를 설정하고 이를 마음에 새겨 재임 중 반드시 이뤄내겠다고 다짐했다. 첫째는 투명하고 예측 가능한 경영의 확립이었고, 둘째는 공정한 대우 속에서의 공정한 경쟁과 공정한 경쟁 속에서의 공정한 대우를 실현하는 것이었으며, 마지막으로는 5년 이내 매출 5억 달러를 달성하겠다는 단기 목표였다.

이라크는 오랜 전쟁의 여파 때문인지 전반적으로 재무제표 관리 표준이 서방 세계와 비교하여 제대로 확립되어 있지 않았다. 정부의 세무 행정 또한 낙후되고 전문성이 부족해, 실제 영업 활동 결과보다는 업종별로 매출의 일정 퍼센트를 세금으로 부과하는 인정 과세 방식을 취하고 있었다. 즉, 실제 수익과 비용에 따른 정확한 경영 성과보다는 단순히 매출 금액에 비례하여 세금을 부과하는 방식이어서 선진국의 일반적인 재무회계 원칙과 상당히 차이가 있었다.

또한 현지의 경영진이나 경리 회계 책임자 역시 장부의 정확성이 경영에 얼마나 중요한지에 대한 인식이 부족했다. 예측 가능한 경영을 실현하기 위해서는 정확하고 지속적인 장부 관리를 바탕으로 자금 수지표(Cash Flow)를 작성하고 이를 통해 사업을 관리해야 했는데, 이러한 관리 체계를 정착시키는 데 상당히 많은 시간이 소요되었다.

또 하나의 어려움이 있었다면, 현지 세무회계에 능통하고 경험이 풍부한 인력을 찾는 일이 여간 어려운 것이 아니었다는 점이다. 이라크는 위험 국가로 분류되어 있어 유능한 인력을 데려오기 위해 높은 연봉과 충분한 유급 휴가를 보장했음에도 불구하고, 막상 채용 후에는 면접 당시 보였던 자신감과 경험을 실제 업무를 통해 제대로 증명할 수 있는 현지 인력을 만나기 어려웠다.

모든 영수증과 재무제표, 감사 보고서가 아랍어로 작성되어야 함에도 불구하고, 앞서 언급한 현실 때문에 결국 비(非)아랍계 외국인을 재무 책임자로 채용할 수밖에 없었다. 그러나 이들 외국인 관리자들은 항목과 숫자 등 영수증을 비롯한 모든 서류가 아랍어로 되어 있어 정확한 재무 관리에 근본적인 한계가 있었다. 게다가 이들은 오랜 이라크 생활로 인해 과도하게 현지화가 되어, 업무를 정확하고 신속하게 처리하는 데 점점 무뎌지고 있었다. 정확한 답변을 요구하는 나의 질문에도 이들은 외국인임에도 불구하고 "인샬라"라는 말을 늘 습관적으로 덧붙이는 경향을 보였다.

나는 열 개가 넘는 회사를 통합 관리해야 했기에 새로운 ERP 시스템(Enterprise Resource Planning System)을 도입하여 그룹 회사 간 핵심 업무 프로세스를 통합적으로 관리할 수 있는 플랫폼을 구축하고자 했다. 이 시스템을 통해 재무, 인사, 생산, 물류, 판매, 구매 등 다양한 부서의 데이터와 프로세스를 하나로 통합하고 실시간으로 정보를 공유함으로써 운영 효율을 향상시키기 위해 많은 노력을 기울였다.

그러나 이러한 시스템을 정착시키기 위해서는 강력한 의지와 진돗개 같은 끈기로 끝까지 물고 늘어지는 사람이 꼭 필요했는데, 안타깝게도 우리 회사에는 그러한 인력이 부족했다. 이로 인해 목표했던 시간 안에 만족스러운 성과를 내기가 정말 쉽지 않았다. 행동은 소극적이면서 말로만 원대한 꿈을 이야기하는 사람들의 비율이 점점 늘어나는 현실은 한국이나 아랍이나 큰 차이가 없는 듯하다. 그저 정도의 차이만 있을 뿐이다.

미국이나 독일 기업에서는 보기 드문 인사관리 문화가 아시아 기업들에는 널리 퍼져 있는데, 나는 이러한 문화가 도저히 수긍하기 어려워 본사 근무보다는 해외 근무를 선호하는 경향이 있었다. 인사가 바로 서기 위해서는 유능한 사람이나 실제 성과를 내는 사람을 중용하여 적재적소에 배치해야 한다. 하지만 학연이나 지연, 가족 관계 등에 따라 인사를 배치하다 보면, 정작 유능한 사람들이 조직을 떠나버리는 결과를 초래하게 된다. 결국 경험이 부족하거나 능력이 없는 사람들이 높은 직위나 전문직을 차지하고, 그 사람들이 자기만의 소신과 원칙을 갖고, 부지런을 떤다면 그 회사가 어떻게 되겠는가? 이러한 모습은 우리의 미래가 되어서는 안 되는 것이다.

사실 이러한 상사들이 우리 주변에 생각보다 많다는 것이 현실이다. 그들은 자기만의 처세술에 능통하여 아랫사람들 입장에서는 어떻게 대응할 도리가 없다는 것이 요즘 젊은 세대의 불만이라고 하는데, 나 역시 이 점에 대해 책임감을 크게 느끼고 있다.

그동안의 경험을 바탕으로 조직 내 문제점들을 개선하기 위해 부단히 노력했다고 자부한다. 그러나 중요 보직에 가족들이 자리 잡고 있는 개인기업에서 조직을 개선하는 것은 정말 쉽지 않았다. 물론, 개인기업의 특성상 믿을 수 있고 신뢰할 만한 사람을 중요 직책에 앉히기 위해 가족을 임명하는 것 자체에는 공감한다. 하지만 이들이 많아질수록 조직 내 자유로운 의사소통이 어려워지고, 잘못된 조직문화를 만들어 결국 사주(社主)의 판단력과 통찰력까지 마비시킬 수 있다는 점을 늘 경계하고 방지하고자 노력했다.

나는 잘못되었거나 문제가 될 만한 상황을 알게 되면 결코 주저하지 않고 회장께 직언하여, 그의 판단이 가족들로 인해 흐려지지 않도록 최선을 다했다. 다행스럽게도 회장님은 이런 나의 불편했을 법한 충언을 단 한 번도 언짢아 하지 않으셨고, 오히려 늘 고마워하셨다.

마진 회장은 대단히 낙관적이고 긍정적인 사람이었는데, 어디서 그런 힘이 나오는지 작은 사업 기회도 절대 놓치지 않으며 열정적으로 달려들었다. 그런 그를 보면서 사업가에서 다시 월급쟁이로 돌아온 나와의 차이가 무엇인지 깨닫게 되었다. 그것은 바로 나보다 훨씬 큰 배짱과 끝없는 낙관주의였는데, 때로는 그의 지나친 도전정신과 무모할 정도의 낙관성에 혀를 내두를 때도 있었다.

지난 40여 년의 직장 생활을 통해, 나는 공정한 인사 관리가 얼마나 중요한지를 뼈저리게 느꼈다. IMF 외환 위기를 겪었고, 17세의 나이에 인연을 맺었던 대우그룹의 몰락을 가까이에서 지켜보면서, 우리가 겪었던 시련이 과연 피할 수 없는 운명이었는지에 대해 끊임없이 의문을 가져보았다. 명품 자동차는 모든 부품이 최고 품질을 유지해야 제대로 작동하듯, 조직에서도 중요하지 않은 사람은 한 명도 없다. 어느 누구도 소외되지 않도록 관리자는 세심한 주의를 기울여야 하고, 끊임없는 노력을 통해 조직을 개선하려는 의지를 결코 놓아서는 안 된다고 믿는다. 더불어 경영진과 관리자 간의 자유로운 의사소통 문화를 정착시켜, 필요할 때는 명확하게 "노(No)"라고 말할 수 있는 기업 문화를 만들어야 한다고 생각한다.

Harlow Group에 합류한 지 1년 만에 나는 주요 임원과 관리자의 약 70%를 정리 해고했다. 그중에는 영국군 대령 출신 계열사 사장과 그가 데려온 영국군 영관 장교 출신 임원, 미군 출신의 주요 관리자도 있었다. 이라크가 위험 지역으로 분류되면서 미국, 영국, 프랑스 등 이라크전에 참전했던 서방 국가의 전직 군 장교들이 많은 기업에서 임원으로 활동하고 있었다.

하지만 나의 관점에서 볼 때, 그들은 회사의 성과보다는 자신의 복지 혜택과 휴가에만 관심이 집중되어 있었다. 이미 발생한 손실과 잠재적 위험에 대해 경영진으로서 무책임한 태도를 보였고, 상황이 악화되고 있음에도 불구하고 서로의 친소관계와 연고를 앞세워 문제점을 은폐하고 있었다.

나는 입사한 지 석 달 만에 조직의 심각한 문제점(Loopholes)을 발견했고, 감춰져 있던 거액의 손실을 찾아냈다. 이는 단순히 숫자상의 손실을 넘어 조직의 근본을 흔드는 위험이었다. 나는 즉시 회장에게 보고하며 긴급한 조치를 요구했다. 회장은 처음에는 나의 속전속결식 업무처리가 다소 성급하다고 여겼지만, 결국 약 반년이 지난 뒤 나의 의견을 받아들였다. 해고는 결코 쉬운 결정이 아니었지만, 조직의 건강과 미래를 위해서는 불가피한 선택이었다. 해고된 임원들의 자리는 모두 내부 인력의 승진을 원칙으로 하여 충원했고, 일부는 충원하지 않음으로써 인건비를 대폭 절감할 수 있었다.

과거 베이징에서 근무할 때 나의 유태인 상사였던 Mr. Jean Pierre Vanluchen의 말이 떠올랐다. 그는 "회사를 건강하게 유지하고 장기적으로 존속시키기 위해서는 중간 관리자의 능력이 가장 중요한 기반이 되어야 한다. 수준 미달의 관리자를 방치하는 사장은 결국 회사를 망가뜨리며, 후임자가 그것을 개선하기를 바라는 것은 헛된 망상이다. 끊임없이, 그리고 주저하지 말고 무능하고 게으른 관리자를 솎아내는 것이 경영자가 해야 할 일의 시작이다"라고 말했던 것이 아직도 생생히 기억난다. 이런 나의 철학에 따라 나는 다시 개혁의 기수가 되어 구조 조정을 단행했다.

구조 조정 이후, 조직은 오히려 더욱 **빠르게** 활기를 되찾았다. 외부에서 사람을 데려오지 않고 내부 인재를 발탁하고 적재적소에 배치하여 각자의 역량을 극대화했기 때문이다. 구조 조정으로 인한 공백은 오히려 조직 내의 역동성을 높이는 계기가 되었고, 내부 승진으로 발탁된 직원들은 자발적이고 적극적인 태도로 새로운 조직 문화를 만들어가기 시작했다. 그렇게 조직의 효율성은 크게 향상되었고, 예상보다 빠르게 안정을 찾을 수 있었다.

〈이라크 카르발라에 완공한 Bitumen Plant〉

외부적으로는 회장님을 통해 끊임없이 밀려드는 수많은 채용 청탁과 신규 사업 제안을 검토하고 협상하느라 하루도 여유가 없었다. 이라크 내에서 우리 회사는 민간기업 중에서도 영향력과 명성을 갖추고 있었기에, 많은 사람들이 회장님께 지인의 채용을 부탁하곤 했다. 또한, 이라크 내에서 안정적으로 프로젝트를 수행할 수 있는 내국인 기업이 많지 않았기 때문에, 사업 제안 역시 쉴 새 없이 들어왔다.

나는 이런 청탁과 제안을 꼼꼼히 하나씩 검토하면서 회사의 전략과 방향에 맞는지, 실제로 현실성이 있는지를 깊이 고민하며 따졌다. 회장님 곁에서 이러한 업무를 진행하며, 각종 제안의 타당성을 분석하고, 필요할 때는 협상까지 직접 맡아 처리했다. 때로는 흥미롭고 매력적인 신규 사업 기회를 발견하기도 했지만, 대부분은 우리 회사가 가진 자원과 역량을 고려할 때 신중히 접근해야 하는 상황들이 많았다.

특히, 그룹의 관리자급 이상 간부를 채용할 때는 회장님 대신 고용인 자격으로 내가 직접 고용 계약서에 서명했다. 청탁을 받아 채용 요청을 받은 사람만 어림잡아 오십 명이 넘었지만, 나는 여러 가지 이유를 들어 그들의 대부분을 채용하지 않았다. 이로 인해 때때로 회장님과의 관계가 불편해지는 경우도 있었지만, 회사의 장기적 이익과 전략적 방향이 무엇보다 중요했기에 크게 개의치 않았다.

사업 제안들은 대부분 송유관 건설, 발전소 프로젝트, 비투면(Bitumen) 관련 사업 등 주로 에너지 부문과 연관된 것이 많았다. 사업 상대는 BP, Shell, Lukoil 같은 국제적으로 유명한 메이저 석

유회사들이었으며, Tank Farm(석유 저장 시설), 송유관 건설, LNG 선박 사업 등 다양한 에너지 프로젝트가 꾸준히 제안되었다. 특히 2,800메가와트 규모의 초대형 중유 발전소 개발사업은 중국의 CITIC(中信) 건설과 협력하며 적극적으로 추진하였고, 그 중심에 내가 서 있었다.

에너지 분야는 나에게 다소 생소한 분야였지만, 사업성 분석 보고서(Feasibility Study)를 작성하고 복잡한 계약 조건을 분석하며 리스크를 평가하는 업무는 이전에 대우건설과 론스타에서 얻었던 경험이 큰 도움이 되었다. 특히 계약서를 준비하고 각종 프로젝트의 사업성을 분석하며 회사의 이익을 극대화할 수 있는 방안을 찾는 일은 나의 핵심 역량이었기에, 이를 적극적으로 활용해 회장님을 보좌하며 회사의 전략적 방향 설정에 중요한 역할을 수행할 수 있었다.

한편, 나는 주 전공 분야인 부동산 개발에도 주력했다. 바그다드 그린존(Green Zone)의 대사관 지역 내에 호텔과 오피스를 개발하는 계획을 세우고 기본 설계를 완료하여 회장님께 보고한 뒤, 직접 투자를 위한 준비를 진행했다. 이와는 별개로 바그다드 국제공항 인근에 약 10만 호 규모의 신도시 개발 계획도 수립했다. 한국의 혜안 건축 설계회사로부터 기본 설계와 마스터플랜을 받아 준비했고, 회장님은 직접 이라크의 장관과 총리실에까지 이를 보고한 상태였다.

내부에서는 과감한 구조조정을 통해 조직이 활력을 되찾았고, 외부에서는 다양한 사업기회를 통해 회사의 위상을 높이는 과정은 결코 쉽지 않았지만 그만큼 보람과 성취감도 컸다. 특히 회장님의 강력한 리더십과 빠르고 낙관적인 판단력은 회사의 성장을 이끌어가는

데 커다란 힘이 되었다. 회장님의 신뢰 속에 나는 부사장에서 그룹 최고운영책임자(Group Chief Operating Officer)로 승진하며 더 큰 책임감과 사명감을 느끼게 되었다.

　내가 선호하는 경영 방식을 한마디로 표현하면 '속도경영(Speed Management)'이라 할 수 있다. 성공 가능성이 51%만 넘어도 주저 없이 발을 내디뎠다. 나머지 49%의 불확실성은 도전 과정에서 하나씩 해결하며 나아가는 스타일이다.
　문제가 있으면 꿈속에서라도 해결책을 고민할 정도로 집요하게 물고 늘어지며, 한 번 결정을 내리면 실패를 두려워하지 않고 밀어붙이기에 후퇴는 없었다. 실패의 조짐이 보여도 그것은 단지 새로운 데이터를 얻는 과정일 뿐이다. 그 원인을 철저히 분석하고 전략을 수정하여 다시 도전하면 반드시 절반 이상의 성공률을 넘을 수 있다는 확신이 나에게는 늘 있었다.
　마치 지도 없이 정글을 헤쳐 나가는 개척자처럼, 완벽한 계획이 없더라도 앞을 향해 나아가며 길을 만들어가는 것이 나의 일관된 경영 스타일이었다.

고 선배의 암투병과 코로나19 팬데믹

　내가 추구한 속도경영을 빠르게 정착시키기 위한 노력은 항상 내부적으로 큰 도전에 직면해야 했다. 신속한 결정을 내려도, 그것이

다시 번복되는 상황이 잦았고, 결정 과정 자체가 쉽지 않았다.

특히 아랍 회사의 독특한 기업 문화는 내게 더 큰 난제였다. 회의실에서는 침묵하고 있다가 뒤로 돌아가 잘못된 여론을 형성하고, 결국 회장님의 판단이 흐려지는 일이 빈번히 발생했다. 갑자기 결정된 사항이 중단되거나 방향이 바뀌면, 그것을 바로잡기 위해 나는 강한 의지와 고집으로 회장님을 다시 설득해야만 했다. 이러한 과정은 나에게 매우 큰 스트레스를 주었다.

고 선배가 빨리 합류하기만을 기다렸지만, 끝내 그는 오지 못했고, 결국 그를 통해 내가 이곳까지 왔건만 그가 폐암에 걸렸다는 청천벽력 같은 소식을 들었다. 그 순간의 충격과 슬픔은 이루 말할 수 없었다. 그러나 나는 그의 강한 의지와 집념을 알기에 그가 충분히 병마와 싸워 이겨 낼 것이라 믿었고, 그를 위해 기도하며 마음을 다잡았다.

상황이 이렇게 전개되다 보니 때로는 미국을 떠나면서 납부했던 거액의 호텔 양도 소득세(Capital Gain Tax)가 아깝다는 생각이 들기도 했다. 그런 순간마다 중동에 온 결정을 후회하는 마음이 스쳐갔지만, 이내 그런 후회는 짧은 찰나에 지나지 않았다. 회사는 내외부의 큰 변화 속에서도 점차 탄탄한 기반을 마련하며 성장하고 있었다.

2019년, 우리 Harlow Group은 설립 이래 최고의 매출과 이익을 기록하는 성과를 올렸다. 2020년의 사업 계획은 더욱 야심 차게 마련되었고, 이 상승세는 계속될 것이라고 믿었다. 그러나 그런 기대와 달리 예상치 못한 일이 우리를 기다리고 있었다.

2020년 3월 26일 자정, 두바이 정부가 갑작스럽게 통행 금지를 선포했다. 3주 동안 지속된 이 조치로 인해 우리는 집안에 갇혀 지내게 되었다. 코로나19 팬데믹은 전 세계에 심각한 충격을 주었고, 투자와 사업 다각화를 통해 막 성장하려던 우리 회사에도 막대한 타격을 가했다.

하지만 역설적으로, 이 사태가 서너 달만 늦게 일어났다면 우리는 이미 대규모 투자가 진행된 상태였기에 막대한 손실을 입었을 것이다. 지난 2년간 과감한 구조조정과 사업구조 개편을 통해 투자 여력을 미리 확보했던 전략이 회사에 닥칠 수 있는 큰 피해를 막는 결정적인 요인이 되었다.

모든 것이 갑자기 멈춰버린 현실을 받아들이기 어려웠다. 모든 공항이 폐쇄되고 사람들은 이유도 모른 채 죽음의 공포 속에서 살아야 했다. 상황이 얼마나 오래 지속될지 누구도 예측할 수 없다는 불확실성은 상황을 더욱 악화시키고 있었다.

인간의 마음은 참으로 간사하다. 얼마 전까지만 해도 미국 사업을 포기하고 월급쟁이로 돌아온 결정을 후회하던 내가, 코로나19 팬데믹 이후로는 오히려 내가 얼마나 운이 좋은 럭키보이인지 다시 깨닫게 되었다. 중동으로 떠나 온 그 때의 선택이 사실 하나님의 은혜였음을 깨닫고, 감사함을 넘어 경건한 마음으로 고개를 숙이게 되었다.

만약 그때 이곳에 오지 않고 가진 모든 것을 미국의 호텔 사업에 쏟아부었다면 어떻게 되었을까 하는 생각을 하면 지금도 아찔하다. 그런 엄청난 스트레스를 감당할 자신이 없었을 것이다. 이 시기 미국 호텔협회의 지인들이 내게 보내온 "신의 한 수를 두고 떠난 임 사장!"이라는 부러움의 메시지는 지금도 생생히 기억에 남아 있다.

이런 일들을 되돌아보면, 나는 어쩌면 한 곳에 안주하지 않고 끊임없이 새로운 도전을 찾고, 실패를 두려워하지 않으며 세상을 넓게 돌아다닌 사람 같다는 생각이 든다. 대학교 신입생 때 배웠던 주역(周易)에서 본 내 역마살을 믿으며 살다 보니, IMF 위기와 리먼브라더스 사태를 피할 수 있었고, 결국 코로나19 팬데믹이라는 큰 위기도 넘기게 되었다. 끊임없이 도전하는 자에게는 영광이 주어진다는 진리를 다시금 마음 깊이 새겼다.

인생은 예측할 수 없는 흐름 속에서 작은 선택 하나가 큰 기회로 이어질 수 있음을 분명히 보여 준다. 나는 이런 선택들을 통해 운명의 흐름을 잘 타고, 결국에는 안전한 항구로 들어온 럭키보이였던지도 모른다. 코로나19라는 거대한 폭풍이 전 세계를 휩쓸던 시기, 나는 비교적 평온한 상태에서 안정을 누릴 수 있었으니 말이다.

그렇지만 가끔은 아직도 미련이 남는다. 미국에서 더 큰 꿈을 품고 또 다른 도전을 했다면 어땠을까 하는 생각이다. 그 길이 훨씬 더 힘들었을지 모르지만, 그만큼 더 큰 성취와 보람을 맛볼 수도 있었을 것이다. 그런 상상을 하면 지금도 가슴 한구석이 뭉클하게 아려 오곤 한다.

멈춰진 세상 속에 도약하는 할로우 그룹

모든 것이 멈춰버린 것 같은 혼돈 속에서도, 우리 회사는 회장님의 뛰어난 사업적 감각과 추진력으로 매우 중요한 사업들을 확보했다. 첫 번째로 이라크 정부로부터 총 발전용량 2,800 메가와트(MW)에 이르는 초대형 발전소를 민간 자본이 개발하고 일정 기간 운영한 후 국가에 양도하는 방식인 BOT(Build-Operate-Transfer) 방식으로 수주했다. 더불어 이라크의 도로 인프라 확충에 필수적인 아스팔트의 주원료인 비투멘(Bitumen)을 생산하는 공장을 자체 투자로 설립하는 등 중요한 신규 사업도 시작했다.

팬데믹이라는 위기 속에서는 기술자와 엔지니어를 구하는 것은 비교적 수월했지만, 최고 수준의 유능한 기술자를 빠르게 찾기는 어려움이 있었다. 그러나 우리는 끈기 있게 노력을 기울여 적합한 인력을 지속적으로 채용하며 사업 준비를 꼼꼼히 진행해 나갔다.

이 두 가지 주요 사업 외에도, 연간 200만 톤 규모의 시멘트 공장을 세우는 계획도 병행하고 있었다. 이를 위해 나는 이집트, 이탈리아, 중국 등 다양한 국가의 회사들과 수많은 회의를 진행하며 사업성 분석(Feasibility Study) 보고서를 작성하고, 계약 조건을 협상하는 데 많은 시간을 보냈다.

이라크는 30년 가까이 이어진 전쟁과 내전의 영향으로 전력 공급이 턱없이 부족한 상황이었다. 특히 잦은 정전 사태로 인해 일상생활뿐만 아니라 산업 발전에도 심각한 어려움을 겪고 있었다. 이러한 국가적 문제를 해결하기 위해 이라크 정부는 민간 자본과 기술을 활용한 발전소 건설을 추진했고, 우리 Harlow International Group이 이 거대한 프로젝트의 개발 사업자로 선정된 것이다. 총 투자액만 50억 달러에 달하는 이 프로젝트는 중국 정부의 세계적인 인프라 확장 사업인 일대일로(一帶一路, Belt and Road Initiative)에 선정되어, 중국 금융기관으로부터 대규모 자금 지원을 받게 되었고, 중국의 CITIC(中信) 건설이 턴키(Turn-Key) 방식으로 전체 발전소 건설 공사를 맡게 되었다.

한편, 이라크의 도로 상태 또한 매우 열악한 상황이었다. 우리는 이 문제를 해결하기 위해 아스팔트의 핵심 원료인 비투멘(Bitumen)을 연간 2,000톤 규모로 생산하는 공장 설립을 추진했다. 자체 자금으로 투자하여 최근 완공을 하여 운영중인 이 공장은, 향후 이라크의 교통 인프라 개선에 핵심적인 역할을 할 것으로 기대된다.

모든 것이 멈추어 버린 듯한 어려운 시기에도, 우리는 새로운 기회를 포착하며 앞으로 나아갔다. 그 결과 이라크의 국가적 문제를 해결할 두 개의 대형 프로젝트를 성공적으로 확보할 수 있었고, 이제 우리는 이라크의 전력과 도로 인프라 문제를 근본적으로 개선하여 그들의 밝은 미래를 함께 만들어 나가는 일에 앞장설 수 있게 되었다.

인생무상, 그리고 나의 Final Mile을 위하여

 2021년 9월 26일, 고 선배는 결국 돌아올 수 없는 강을 건너고 말았다. 병마와의 싸움에서 이겨 낼 거라 믿었지만, 그는 끝내 나의 곁을 떠나셨다. 그 빈자리는 말로 표현할 수 없는 아픔과 허전함으로 가득 찼다. 그는 직장에서 만난 존경하는 선배였고, 내 인생의 진정한 형이었다. 그런 그가 65세라는 아직 젊은 나이에 세상을 떠나 버린 것이었다.

 그날, 나는 처음으로 인생의 허무함을 느꼈다. 돌이켜 보니, 지난 30년의 내 인생은 형님과 거의 같은 궤적을 그리고 있었다. 평생 일에만 열심히 매달리다가 결국 가족을 뒤로 한 채 세상을 떠난 그의 안타까운 인생이, 어쩌면 나 자신의 삶과 다를 바 없다는 생각이 들었다. 우리는 누구보다도 가족을 위해 도전했고, 우리의 희생을 바탕으로 그들의 미래가 더욱 나아지기를 바라는 마음으로 살아왔다.

그렇기에 따뜻한 대화를 나눌 여유조차 없이 모든 것을 뒤로 미뤄두고 지냈던 것이다.

형님이 마지막 2년을 병마와 싸우며 보내는 모습을 보면서, 나는 내 자신을 돌아보고 성찰하는 시간을 가졌다. 과연 내가 살아온 방식이 옳았는지, 진정으로 소중한 것이 무엇인지 다시 한번 깊이 생각하게 되었다. 형님의 죽음은 나에게 삶의 무게를 새삼스레 느끼게 해 주었고, 그 빈자리는 여전히 내 마음 깊숙한 곳에 새겨져 있다. 그의 강인한 정신과 따뜻한 미소만이 영원히 기억 속에 남을 것이다. 부디 모든 고통에서 해방되셨기를 바라며, 평화롭게 잠드시기를 간절히 기도한다.

그럼에도 나는 새로운 사업들로 인해 여전히 바쁜 나날을 보내고 있었다. 매월 한 차례씩 이라크 바그다드를 방문해 전반적인 그룹 사업 활동을 점검하고, 해결되지 않은 일들을 처리해 나갔다. 하지민 고 선배를 기다리던 나의 희망이 공허하게 사라져 버리자, 업무에 대한 의욕이 점점 예전만 하지 못했다.

팬데믹의 영향이 점차 줄어들자, 나는 이전에 계획했던 바그다드 그린 존(Green Zone) 내의 오피스와 호텔 개발 사업을 다시 추진하고자 했다. 또한 시멘트 공장 건설 프로젝트 역시 중국 업체와 협상이 잘 진행되어 거의 막바지에 이르고 있었다. 이 사업들만큼은 그 누구보다 경험이 많고 자신 있었기에, 반드시 성공시켜 마진 회장에게 선물을 주고 떠나고 싶었다. 하지만 회장님의 관심은 에너지 사업에 집중되어 있었고, 내 계획은 자연스럽게 뒷전으로 밀려나고 말았다.

아쉬움을 뒤로한 채, 결국 계획을 접을 수밖에 없었다.

1984년 대학을 졸업하고 입대한 후, 지금까지 단 한 번도 휴식 없이 앞만 보며 달려온 나는 이제는 정말 쉬어야 할 때가 되었음을 절실히 느꼈다. 매일 아침저녁으로 한 움큼씩 먹는 약의 종류와 양은 점점 늘어났고, 약만 먹어도 배가 부를 만큼 건강에는 이미 적신호가 들어온 상태였다. 당뇨, 고혈압, 고지혈증, 전립선 문제 등으로 몸의 이상을 느끼기 시작했고, 급기야는 가끔씩 머리를 떠는 증상까지 나타나 나를 불안하게 했다. 이제 진정한 휴식이 나에게 필요하다는 것을 인정할 수밖에 없었다.

아이들과 너무나 오랫동안 떨어져 지냈다. 큰 딸은 그사이 Pennsylvania State University를 졸업한 후, 자신의 힘으로 University of Maryland에서 ROTC를 하며 대학원을 졸업했고, 현재는 미국 육군 대위로 근무하고 있다. 작은 딸 수연이 역시 싱가폴을 떠나 미국 Georgia 주 Savannah에 있는 SCAD(Savannah College of Art and Design)를 졸업하고, Los Angeles에서 자신만의 꿈을 찾아 도전의 길을 걷고 있다.

아이들이 성장하는 동안, 다른 부모들처럼 옆에서 다정한 한마디와 따뜻한 격려를 충분히 해 주지 못한 데에 대한 많은 회한이 남아있다. 이미 지나간 시간을 되돌릴 수는 없겠지만, 이제부터라도 남은 시간을 더욱 소중히 여기며 그들과의 관계를 새롭게 쌓아가고 싶다. 자녀들의 성장과 도전적인 삶은 나에게 큰 기쁨과 보람이었지만, 그들과 더 많은 소중한 순간을 나누지 못한 것에 대한 미안함은 여전히 가슴 한편에 아프게 자리 잡고 있다.

나는 어린 시절부터 언젠가 나에게 귀인이 나타나 절박했던 내 손을 잡아 주고 구원의 손길을 내밀어 줄 것이라 믿었다. 그 믿음으로 수많은 어려움을 견디며 꿈을 향해 나아갈 수 있었다. 만약 일찍이 그런 귀인이 내게 나타나 고단하고 힘겨운 삶에서 나를 구해 주었다면, 더 큰 꿈을 꾸고 더 높은 목표를 향해 도전할 수 있었을까 하는 상상도 했다.

하지만 시간이 흐르고 또 흘러도 그런 귀인은 끝내 나타나지 않았다. 그리고 불과 10여 년 전에서야 나는 마침내 깨달았다. 내가 그토록 기다렸던 귀인은 바로 나 자신이었다는 것을!

한때 나는 은퇴 후 5년간 저개발 국가에 가서 힘들게 살아가는 어린 청소년들을 돕는 사회적 기업을 만들어 봉사하겠다는 꿈을 품었었다. 그렇기에 조금이라도 나에게 힘이 남아있을 때 과감히 은퇴를 해야겠다는 결심을 하게 되었다.

  나의 어린 시절, 양지회관에서 부모의 손길이 부족해 가난과 고통 속에서 성장하던 아이들과 같은 청소년들에게 뜨거운 열정과 희망을 심어 주고 싶었다. "네가 부지런하고 근면하다면, 세상은 아름답고 공정할 수 있다"는 믿음과 희망을 전하고 싶었다.

  몸 여기저기에서 이상 증세를 느끼며, 나는 마침내 조기 은퇴를 결심했다. 그리고 2024년 7월 16일, 나는 드디어 나만의 시간을 갖게 되었다. 앞으로 2년 동안은 오롯이 건강 회복에 집중할 것이다. 그리고 다시금 나의 손길을 필요로 하는 곳으로 가서, 내게 남은 마지막 여정을 도움과 용기가 필요한 청소년들을 위해 미련 없이, 후회 없이 달려 볼 계획이다.

  마진 회장은 늘 나에게 관대했고, 단 한 번도 나를 자신의 부하처럼 여기지 않았다. 우리는 진정한 형제였고, 그의 말대로 사업 파트너였다. 몇 번이나 함께 은퇴하자며 나를 붙잡았던 그의 간곡한 부탁은 아직도 가슴 속에 깊은 울림으로 남아있다. 이제 막 웅비하는 Harlow International Group의 모습을 보며, 내 역할은 여기까지라고 생각하고 떠났지만, 끝까지 함께하지 못한 미안한 마음이 여전히 남아 있다. 두바이에서의 삶은 새로운 도전과 아름다운 추억들로 가득했으며, 회사를 떠난 지금도 그들의 성공을 진심으로 기원하고 있다.

  은퇴를 하며 나는 몇 가지 소망을 나만의 Bucket List에 적어 놓았다. 그중 첫 번째가 바로 내 인생을 담은 회고록을 쓰는 것이었기에, 지금 이렇게 글을 쓰고 있다. 도봉초등학교 시절 볼품없고 미천

했던 어린 소년은, 꿈꾸었던 모든 것을 다 이루지는 못했지만, 정직하고 성실하게, 열심히 인생을 살아왔다고 자부한다. 오늘 나의 인생을 이렇게 기록으로 남기지만, 훗날 나의 마지막 도전을 완수하게 된다면, 그 여정 또한 속편으로 남기려 한다.

혹시라도 이 글을 읽는 젊은 누군가가, 양지회관에서 처음 희망을 발견했던 나처럼, 자신만의 희망을 찾아 세상의 소금과 빛이 되어주기를 간절한 마음으로 바라며, 이 글을 마무리한다.

에필로그

하고픈 말이 너무 많았는데, 처음 써 보는 글이다 보니 정작 내 안에 담긴 이야기들을 다 꺼내지도 못한 것 같고, 민감한 내용에 대해서는 차 떼고 포 떼다 보니 장기판에 졸만 보이는 형국이 되어 버린 것 같다. 그래도 이 부족한 글 속에 내 인생의 흔적과 오랜 꿈, 그리고 살아오며 간직했던 희망들을 소박하게나마 담아 보았다. 이 글이 누군가에게는 작은 불씨가 되어, 캄캄한 어둠 속에서도 스스로 빛을 찾아 나아갈 수 있는 용기를 전해 주기를 진심으로 바란다.

세상은 넓고 인생은 짧다. 그러나 우리가 서로의 길을 밝히는 작은 등불이 되어 준다면, 그보다 더 아름다운 일은 없을 것이다. 나의 이야기는 여기서 마치지만, 당신의 이야기는 지금부터 계속될 것이다. 앞으로 펼쳐질 당신의 이야기가 더욱 빛나고 아름답기를 진심으로 바라며, 이 글을 마친다.

양지회관의 소년 세계로 향하다

ⓒ 임상천, 2025

초판 1쇄 발행 2025년 10월 28일

지은이	임상천
펴낸이	이기봉
편집	좋은땅 편집팀
펴낸곳	도서출판 좋은땅
주소	서울특별시 마포구 양화로12길 26 지월드빌딩 (서교동 395-7)
전화	02)374-8616~7
팩스	02)374-8614
이메일	gworldbook@naver.com
홈페이지	www.g-world.co.kr

ISBN 979-11-388-4848-0 (03810)

- 가격은 뒤표지에 있습니다.
- 이 책은 저작권법에 의하여 보호를 받는 저작물이므로 무단 전재와 복제를 금합니다.
- 파본은 구입하신 서점에서 교환해 드립니다.